ALFRED MAME ET FILS
A TOURS

LE

JAPON D'AUJOURD'HUI

JOURNAL INTIME

D'UN MISSIONNAIRE APOSTOLIQUE

AU JAPON SEPTENTRIONAL

LE

JAPON D'AUJOURD'HUI

—

1re SÉRIE GRAND IN-8°

Un prêtre shintoïste, appelé en japonais *kannoushi*.

LE
JAPON D'AUJOURD'HUI

EXTRAITS

DU

JOURNAL INTIME

DE M. L'ABBÉ G. BRULEY DES VARANNES

MISSIONNAIRE APOSTOLIQUE

DEUXIÈME ÉDITION

ENTIÈREMENT REVUE ET AUGMENTÉE DE DIX CHAPITRES

TOURS

ALFRED MAME ET FILS, ÉDITEURS

M DCCC XCIII

A SA GRANDEUR Mgr CLÉRET

ÉVÊQUE DE LAVAL

ANCIEN AUMÔNIER DE LA MARINE

MONSEIGNEUR,

Les excellents souvenirs que vous avez rapportés du Japon m'autorisent à vous dédier ce volume, où vous retrouverez bien des noms qui vous sont chers.

Il a pour but de venir en aide à ceux qui luttent dans l'Extrême-Orient pour le triomphe du catholicisme et de l'influence française. Votre haute approbation leur sera toujours bien précieuse : elle peut aussi leur être d'un grand secours.

Ils verront que l'ancien aumônier de la marine ne cesse pas de s'intéresser à leurs patriotiques efforts.

Dans l'attente de votre sainte bénédiction, je suis avec un profond respect, Monseigneur, de Votre Grandeur, le très humble et très fidèle diocésain.

* * *

ANCIEN MAGISTRAT

ÉVÈCHÉ DE LAVAL

Laval, le 27 novembre 1891.

Cher Monsieur,

Vous avez eu l'attention de me dédier votre livre. Je l'ai lu avec le plaisir que l'on goûte à revoir des lieux ravissants et d'excellents amis.

Que de souvenirs il m'a rappelés ! Comme votre cher correspondant, j'ai visité ce Japon, qui ne ressemble à nul autre coin du monde, et dont l'image demeure comme une féerie entrevue dans un rêve. Tel en est le charme, qu'on se repose en y pensant.

Volontiers je dirai qu'il n'a qu'un tort, mais, hélas ! un tort grave, celui d'être encore païen.

Toutefois je suis de ceux qui croient à sa conversion. Rien n'est meilleur pour faire germer des chrétiens que le sang des martyrs, et la terre japonaise en est tout imprégnée.

Le séminaire des Missions-Étrangères envoie d'ailleurs en ce lointain pays d'incomparables apôtres. Je les ai vus à l'œuvre, ces hommes de Dieu, les reins toujours ceints pour la marche, pleins de vie et d'une abnégation qu'on ne saurait trop admirer. A force de chercher, ils trouvent de ces perles dont il est question dans l'Évangile et en augmentent chaque jour le nombre.

Faut-il le dire ? J'en ai voulu quelquefois à ces touristes qui reviennent en Europe ayant tout visité, sauf les établissements religieux.

S'ils avaient été moins exclusifs, peut-être eussent-ils mieux apprécié le pays. En tout cas, ils auraient constaté une chose qui vaut bien la peine d'être notée, le progrès du christianisme, et remporté cette conviction que la France n'a pas, dans l'Extrême-Orient, de représentation plus haute et plus pure que sa petite tribu d'apôtres.

Je fais des vœux, cher Monsieur, pour la diffusion de votre ouvrage. Il fera voir le Japon tel qu'il est, et les missionnaires tels qu'ils sont. Et s'il peut leur valoir quelques aumônes de plus, je m'en réjouirai cordialement avec vous.

Veuillez agréer, cher Monsieur, l'assurance de mes sentiments les plus dévoués en Notre-Seigneur.

† JULES,
Évêque de Laval.

INTRODUCTION

Ce journal intime ne devait point sortir de la famille, mais un intérêt supérieur me détermine à le publier.

La France doit connaître un pays des plus curieux, où l'attendent de précieuses sympathies.

Il faut aussi qu'elle voie à l'œuvre ceux qui la défendent au Japon.

Dans cette lutte ardente, le dévouement de nos pauvres compatriotes, prêtres et religieuses, ne peut toujours suffire. Si nous ne les secourons à temps, notre influence aura bientôt disparu.

Et cependant ce ne sont pas les élèves qui manquent à nos écoles, ni les malheureux à nos asiles : c'est même tout le contraire ; mais pour rendre nos établissements suffisants il faudrait des secours.

La foule se presse inutilement à leurs portes : on devine ce que la charité nous ferait reconquérir.

A ceux qui, pour mieux servir Dieu et leur patrie, s'en vont, sous un ciel dévorant, vivre de privations et mourir obscurément, loin de tout ce qui leur était le plus cher, aucun homme de cœur ne peut refuser sa sympathie.

Leur récompense n'est point de ce monde, mais il dépend de la France de s'assurer les fruits terrestres de leur sublime abnégation.

Finira-t-on par le comprendre ?

* * *

ANCIEN MAGISTRAT

PRÉFACE

Avant de suivre notre missionnaire dans le Japon, quelques renseignements préliminaires sur ce pays ne seront pas inutiles au lecteur.

Si l'on jette les yeux sur la carte générale de l'Asie, on voit sur la côte orientale une longue chaîne d'iles, baignées à l'est par l'océan Pacifique, et disséminées depuis la presqu'ile du Kamtchatka jusqu'à celle de Corée. C'est ce vaste archipel, formant une ligne d'environ sept cents lieues, qui compose l'*Empire du Japon*, appelé aussi l'*Empire du Soleil levant*, à cause de sa position par rapport au continent asiatique.

L'ensemble de ces iles, dont le chiffre dépasse le nombre de trois mille huit cents, peut se diviser en cinq groupes principaux :

1º Au nord, les *Kouriles ;*

2º Au-dessous, la grande ile de *Yéso,* avec quatre-vingts ou quatre-vingt-dix iles de moindre importance;

3º Plus bas, celle de *Nippon,* la plus considérable de tout l'archipel, et l'adjonction des deux grandes iles voisines de *Shikokou* et de *Kiou-Siou,* plus au sud, dont la proximité forme une sorte de Méditerranée nommée *mer Intérieure,* parsemée d'ilots couverts d'une végétation luxuriante, et réputée par tous les voyageurs le plus bel endroit du monde.

C'est dans l'ile de Nippon, au cœur même du Japon, que va nous conduire notre missionnaire.

4º Tout au sud, les îles *Riou-Kiou.*

5º Enfin, dans l'Océanie, à plus de deux cents lieues, à l'est, le groupe des îles *Bonin.*

La superficie générale de l'empire est évaluée à environ trois cent quatre-vingt mille kilomètres carrés; le nombre de ses habitants, à près de quarante millions. Peu de pays d'Europe ont une population aussi dense.

Le sol est montagneux. La plupart des volcans qui l'ont formé sont aujourd'hui éteints. Les plus célèbres sont actuellement l'*Asama-yama,* redoutable par la fréquence et la violence de ses éruptions, et le *Foudji-yama,* la montagne sacrée, au repos depuis un certain nombre d'années. Son sommet atteint trois mille huit cents mètres; il est couvert de neiges éternelles et domine tout le pays.

Ces deux hautes montagnes sont situées dans le Nippon, non loin de Tôkiô, la capitale, l'ancienne Yédo, qu'elles semblent garder.

Le Foudji-yama, objet d'une admiration justifiée par la régularité de sa forme et la fraîcheur de ses teintes, est reproduit à satiété sur toutes les porcelaines et sur toutes les laques du Japon.

Au fond de toutes les vallées coulent des torrents. D'intelligentes irrigations procurent au sol une grande fertilité; aussi la végétation est-elle luxuriante. Les arbres verts et les bambous y atteignent des hauteurs prodigieuses; les camélias et les orangers y deviennent de grands arbres. Tous les habitants ont la passion des fleurs.

Le pain et le vin sont inconnus au Japon. Le riz y remplace le blé et forme la base de l'alimentation. Le thé est la boisson dont on fait usage.

Les croyances religieuses des Japonais faisaient, autrefois surtout, obstacle à l'usage de la viande de bœuf et du lait de vache. Et il est encore très difficile à l'intérieur du pays de se procurer ces aliments. Il n'en est pas de même pour le poisson, lequel est si abondant, qu'on s'en sert quelquefois pour fumer les terres.

On trouve aussi des légumes, mais peu de fruits, car les habitants ont l'habitude de convertir cerisiers, pruniers et pommiers en arbres à fleurs doubles. En résumé la nourriture est peu subs-

Récolte du thé au Japon.

tantielle, et la maladie ordinaire est une anémie à laquelle les Européens peuvent difficilement se soustraire.

On ne trouve pas là-bas de grands carnassiers dangereux pour l'homme. L'ours seul abonde dans l'île de Yéso, mais n'y est point redoutable. Les serpents ne sont pas rares ; une seule espèce, dit-on, est venimeuse : on la pourchasse afin d'en tirer certain médicament.

La température est variable, surtout humide. Elle diffère beaucoup avec les sites et les saisons. Sur la côte est et dans le sud du Nippon, le climat est celui du midi de la France et de l'Italie. Mais dans le nord et sur les montagnes le froid est aussi rigoureux en hiver que la chaleur est étouffante pendant l'été.

Dans aucun pays du monde il n'y a autant de tremblements de terre. A part quelques constructions européennes récentes, toutes les maisons sont formées d'un châssis de bois dans lequel s'encastrent des cloisons de papier en guise de murs. On les enlève le jour ; et comme elles sont transparentes à la lumière et n'arrêtent pas le bruit, on peut dire que là-bas la vie intime des familles n'a rien de caché pour les étrangers. Ce genre de construction et l'habitude d'entretenir des braseros dans tous les appartements donnent aux incendies une fréquence et une gravité qui en font de véritables fléaux. La violence du vent multiplie les sinistres.

Des courants d'air réguliers, appelés *moussons,* soufflent six mois dans un sens et six mois dans la direction opposée. Quand ils changent et se heurtent, il s'ensuit de terribles tourbillons appelés *typhons,* auxquels rien ne résiste. On voit de grosses dalles de granit soulevées par la tempête et projetées au loin ; les vagues de la mer, dans leur fureur, rejettent les jonques pardessus les murs qui séparent les quais des propriétés riveraines. Rien en Europe ne peut donner une idée de la violence de ces ouragans.

Le fond du caractère des Japonais est la jovialité. D'une excessive politesse, ils ne tolèrent pas une injure et trouvent tôt ou tard moyen de se venger. Dans ce cas, comme tous les Orientaux, ils deviennent féroces. Ils ont aussi la prétention d'être très supérieurs à toutes les nations occidentales. Le bon accueil qu'ils font habituellement aux Européens provient du désir de leur emprunter leurs procédés industriels et leurs découvertes scientifiques. Quant ils se croient suffisamment instruits, ils se hâtent de les congédier. Ils font preuve d'ailleurs d'une merveilleuse faculté d'assimilation, si ce n'est cependant dans les choses morales, car c'est un ordre d'idées bien arriéré chez eux.

Ils sont de taille petite, mais vigoureusement charpentés, fort agiles, très adroits dans tous les exercices et d'une véritable bravoure. Il vaut donc mieux les avoir pour amis que pour ennemis.

Ils ont le génie des arts décoratifs. Très aptes à tous les genres de commerce et d'industrie, ils ont néanmoins laissé les Chinois s'emparer du monopole des affaires. Les Européens sont eux-mêmes souvent obligés de subir l'ingérence de ces courtiers plus intelligents qu'honnêtes.

Jusqu'à la révolution de 1868, le régime intérieur du Japon a été assez semblable à notre organisation féodale au moyen âge. Aujourd'hui sa constitution se rapproche de celle des États les plus civilisés.

Ils s'ingénient d'ailleurs de toutes façons à copier les habitudes et jusqu'aux modes des Européens.

Pour leur malheur peut-être, ils ont adopté notre suffrage universel, mais en le restreignant.

L'empereur du Japon, ou *mikado*, n'est donc plus le despote invisible que ses sujets adoraient comme un dieu. A l'exemple de nos souverains, il affecte de se montrer à son peuple. On conçoit que de tels changements ne se soient point produits sans convulsion.

Les *daïmio*, ou anciens seigneurs, dépossédés de leur influence et d'une partie de leurs avantages pécuniaires, ont résisté avec violence. Leur rivalité a fait le triomphe du parti progressiste, représenté par le gouvernement actuel. Mais beaucoup de sang a coulé, et les haines sont plutôt comprimées qu'éteintes. L'avenir est donc gros de périls.

Les Japonais, surtout dans les classes élevées, ne prennent guère au sérieux l'ancienne religion du pays. Le *shintoïsme*, ou culte des ancêtres, pas plus que le *bouddhisme*, ne leur suffisent plus. Ils en comprennent l'inanité et semblent hésiter dans le choix d'une religion nouvelle, qu'ils sont disposés à emprunter au christianisme, dont ils reconnaissent la supériorité, et qu'ils approprieraient à leurs mœurs. Peut-être en arriveront-ils à adopter une religion d'État. S'il en est ainsi, les difficultés seront encore accrues pour les missionnaires catholiques. Il faut néanmoins reconnaître que nos mauvais livres ont fait aussi là-bas de grands ravages parmi les prétendus lettrés, dont beaucoup sont devenus rationalistes, pour ne pas dire athées.

En résumé, le catholicisme ne fait actuellement que peu de progrès, contrairement à ce qu'ont répandu certains journaux religieux trop disposés à prendre leurs espérances pour la réalité. On verra dans ce livre tous les obstacles auxquels se heurtent nos courageux missionnaires.

Il n'en était pas de même au xvie siècle, au temps de l'apostolat de saint François Xavier au Japon. Les conversions furent même si rapides et si nombreuses à cette époque, que les empereurs du Japon s'en effrayèrent pour le maintien de leur puissance. Ils virent là le commencement d'une invasion européenne. La Hollande et l'Angleterre, nations protestantes, inquiètes, pour leur influence, des progrès des missionnaires catholiques espagnols et portugais, eurent soin d'accroître cette défiance injuste.

Au xviie siècle, les chrétiens y périrent par centaines de mille dans d'horribles supplices, inconnus des anciens, et qui ne cessèrent qu'en 1858, époque où le gouvernement japonais dut, bon gré mal gré, entrer en relations avec les États-Unis d'abord, puis avec les puissances de l'Europe.

Mais le souvenir de ces épouvantables massacres, si récents, et la crainte de les voir renaître accroissent les défiances rencontrées aujourd'hui par nos missionnaires.

La prétendue liberté des cultes, insérée dans la constitution japonaise actuelle, n'est pas faite pour rassurer pleinement les néophytes chrétiens.

Malgré le bon état actuel des relations de l'Europe avec le Japon, ce pays n'en est pas moins resté fermé aux étrangers.

Sept villes seulement leur ont été ouvertes sur le littoral. Ils ne peuvent s'en écarter à plus de quelques lieues.

Pour aller ailleurs, il faut une permission spéciale du pouvoir central. Le passeport qu'on peut obtenir est toujours limité pour le temps et pour l'espace, et il est impossible de s'en passer.

Depuis quelques années, beaucoup d'ouvrages ont été publiés sur le Japon; mais ce pays est resté presque inconnu, parce que, relativement, peu de personnes l'ont parcouru en dehors de nos missionnaires catholiques.

Le récit qui va suivre aura donc un intérêt réel. Puisse-t-il conciler à nos courageux missionnaires, qui là-bas sont tous Français, la sympathie à laquelle ils ont droit à tant de titres, et valoir à leurs œuvres si méritantes, mais si dénuées de secours, des bienfaits que Dieu saura récompenser, ainsi qu'il l'a promis.

★ ★ ★

ANCIEN MAGISTRAT

LE
JAPON D'AUJOURD'HUI

I

A bord du *Calédonien*.

C'est à la nuit que nous avons quitté Marseille, le dimanche 1ᵉʳ décembre 1889. Dès trois heures nous étions arrivés à bord du *Calédonien*. Les quais étaient remplis de curieux accourus pour assister au départ de deux grands paquebots : le nôtre et le *Sydney*. Avec peine nous pûmes atteindre la passerelle de notre bateau. Enfin, montés là-haut, nous arrivons à nos cabines pour y caser nos bagages.

Bientôt la cloche sonne, et tous les étrangers regagnent la terre : nous étions seuls sur le gaillard d'arrière. A côté de nous frémissait le *Sydney*. Nous y apercevons Mᵍʳ Lamaze, le vicaire apostolique des îles Fidji[1], avec un autre religieux mariste. Par signe, nous demandons la bénédiction de l'évêque, qui nous la donne aussitôt. Nous devions partir à quatre heures; mais les dépêches s'étant fait attendre, nous ne démarrons qu'à cinq

[1] Archipel de l'Océanie, dans le grand Océan équinoxial.

heures. La nuit commençait à venir : le soleil disparaissait dans la mer, la terre ne tarda pas à s'envelopper d'obscurité. Une dernière fois, tous ensemble, nous bénissons notre chère France et tous ceux que nous y laissons. Bientôt les phares de la côte de Provence et des îles d'Hyères nous signalèrent seuls le continent. Nous apercevions encore les feux du *Sydney*, qui nous suivait.

Dans la soirée, tandis que la plupart de nos confrères luttaient en vain contre le mal de mer, je me promenai sur le pont.

Bien m'en prit, car j'y fis la connaissance de notre commandant, M. de Maubeuge, homme fort aimable, auquel j'avais été recommandé. Nous causâmes de mille choses. Il nous permit d'allumer des cierges pour célébrer à bord.

A minuit, l'air devenant trop frais, je descendis me coucher.

Lundi, 2 décembre. — Éveillé vers cinq heures, je grimpai sur le pont pour respirer l'air frais du matin.

On devinait à l'horizon les côtes de Corse. Tout le monde levé, on prépare l'autel dans la cabine ; sur la toilette on met des serviettes, des couvertures, la pierre sacrée, et, par-dessus, les nappes bénites. On suspend un christ à la muraille ; on place deux cierges, et voilà tout. Je me revêts des ornements ; la messe commence. Notre-Seigneur allait descendre dans ce petit réduit plus étroit, plus pauvre que Bethléhem. Tous nos confrères communièrent. Nul, à bord, ne songeait à ce qui se passait au milieu de nous, et, de la côte, ceux qui apercevaient notre navire étaient loin de se douter que le *Calédonien* avait le bon Dieu lui-même pour passager.

Le soir, le tangage devint plus violent ; nous étions sortis du détroit de Bonifacio [1], et à mesure que nous nous éloignions des rivages de la Corse et de la Sardaigne pour gagner la haute mer, le bâtiment se balançait davantage sur les flots. Le pont se vida rapidement, chacun fuyant de vilains spectacles.

Le souper sonna à cinq heures et demie. Personne ne voulut s'y rendre ; cependant l'administration avait eu la complaisance de nous préparer une table à part dans une salle particulière, où nous étions seuls, tous les onze missionnaires partants.

---

[1] Le détroit de Bonifacio sépare la Corse de la Sardaigne.

Mardi, 3 décembre. — Les îles Lipari [1] apparaissent, et bientôt nous saluons, à gauche, le Stromboli, avec son cône de fumée.

Le *Sydney,* qui s'était attardé hier, nous devance et file devant nous, indiquant la route.

Les côtes de la Sicile se montrent à droite, et celles de l'Italie à gauche. Après dîner nous entrons dans le détroit de Messine [2], vrai décor de théâtre avec des montagnes couronnées de neige, des pentes semées de rochers et de verdure ; à la base, de ravissants petits villages. La mer est clémente, aussi tout le monde est sur le pont pour jouir de ce splendide panorama. Les Italiens ont soigneusement fortifié cette passe, et nous voyons, aux environs de Reggio, leurs batteries de canons assises sur les rochers, au-dessus de leurs usines de réglisse. Messine s'étend devant nous, au bas des montagnes.

Mais nous passons, quittant ces beaux rivages de la Calabre pour gagner la pleine mer. Nous ne reverrons la terre qu'à Alexandrie.

Mercredi, 4 décembre. — Toujours le ciel et l'eau ; à peine de temps en temps une voile à l'horizon.

Les distractions à bord sont peu nombreuses. Une des principales consiste, à midi, à aller voir l'heure indiquée et la latitude où l'on se trouve : c'est ce qu'on appelle aller voir le point. Chaque jour ce renseignement est indiqué à la porte du commandant, avec la distance parcourue et celle à parcourir encore.

Jeudi, 5 décembre. — Comme les jours précédents, notre journée commence par l'offrande du saint sacrifice. Mais, plus favorisés qu'hier, nous pouvons dire ce matin deux messes, le roulis n'existe plus. Nous pouvions à peine, hier, à la même heure, nous tenir debout.

Le temps est couvert, et le vent qui souffle toujours a perdu sa fraîcheur des jours passés ; on sent l'approche des déserts brûlants de l'Afrique. C'est bien beau le ciel et l'eau ; mais quelle monotonie de ne voir, de n'entendre que les vagues ! Pas un

[1] Archipel au nord de la Sicile.
[2] Entre la Sicile et l'Italie.

oiseau pour égayer le regard. Le *Sydney* lui-même a disparu : nous sommes seuls.

Enfin, demain matin, nous aborderons à Alexandrie. C'est de là que cette lettre partira pour vous porter à tous mes meilleurs souvenirs et mes plus tendres baisers. Aujourd'hui tout le monde écrit, car une affiche annonce qu'il faut que les lettres soient mises à la poste du bord avant minuit.

Vendredi, 6 décembre. — Dès trois heures du matin nous étions en face d'Alexandrie [1], à l'embouchure du Nil. La nuit nous empêche d'entrer dans le port; il faut que le jour nous amène un pilote égyptien. Il est environ huit heures lorsque nous jetons l'ancre. Aussitôt nous sommes assaillis par une flottille de barques indigènes venant s'arracher les passagers de notre bateau. C'est d'un spectacle indescriptible. Figurez-vous une centaine d'embarcations, aux mille couleurs, montées par des Arabes au teint basané, et qui va du noir d'ébène au jaune olivâtre. Ils sont affublés de chemises de toutes nuances; ils se pressent, s'entassent autour de la coupée de notre paquebot et se disputent chacun des passagers qui paraît, afin de le fourrer, de gré ou de force, au fond de leur canot, au risque, cent fois, de le faire tomber à la mer. Il faut se servir de ses poings et de sa canne pour s'arracher à ces vampires, qui déchirent nos vêtements pour avoir l'honneur de nous conduire, et de recevoir nos *roupies*.

Heureusement nous étions attendus : deux frères des écoles chrétiennes nous font signe de leur barque. Enfin, après avoir escaladé une multitude de canots, nous être assis dans je ne sais combien d'autres, et distribué un certain nombre de horions, nous nous retrouvons tous les onze ensemble, rendant grâces à Dieu d'avoir pu conserver nos soutanes à peu près intactes.

Il faut avoir vu ce peuple misérable, dégradé, pour sentir toute l'influence que l'Européen a sur lui par son simple regard.

[1] Alexandrie, ville de la basse Egypte, fondée par Alexandre; elle fut longtemps la capitale de l'Égypte. Elle était alors la principale ville du monde après Rome, et comptait neuf cent mille habitants. Elle fut le théâtre de nombreux combats; les Français l'occupèrent de 1798 à 1801. Elle sert aujourd'hui d'entrepôt au commerce de l'Europe avec l'Égypte, et n'a plus que deux cent cinquante mille habitants. Les Anglais s'en sont emparés il y a peu d'années, et la conservent frauduleusement. (*Note de l'Éditeur.*)

Insensibles aux injures, aux coups, pour un sou ils souffriraient tous les affronts.

Le policeman n'est pas armé, comme chez nous, d'un sabre ou d'une épée : il tient une cravache. C'est le seul argument compris, et encore est-il souvent insuffisant.

Débarqués sur le sol africain, nous passons à la douane ; car l'un de nous, devant rester quinze jours à Alexandrie, était porteur d'un sac. Aussitôt une troupe de vautours humains s'abat sur lui, le tire en tous sens. Alors un indigène, donnant son bâton au frère, lui dit : « Tiens, Monsieur, tape, tape ! » Ce que le frère s'empresse de faire, caressant quelque peu les mains des commissionnaires trop empressés. Tout cet acharnement pour gagner deux sous !

Vainqueurs, nous faisons notre entrée dans cette vieille ville d'Alexandrie, si pleine de souvenirs chrétiens, et dont l'évangéliste saint Marc fut le premier évêque. De tout cela que reste-t-il aujourd'hui ? Un peuple, puissant autrefois, maintenant corrompu, abaissé, misérable, rendu esclave sous le joug infâme de l'islamisme. En perdant leur foi, si vivace au temps de saint Clément, de saint Athanase, de saint Cyrille, d'Origène, des autres Pères et docteurs, scellée d'ailleurs par le sang de tant de martyrs, ils sont devenus ces mendiants drapés dans un lambeau d'étoffe, laissant voir leur corps basané par le chaud soleil africain. Leurs pieds durcis marchent nus sur de larges pavés, sortes de dalles énormes, comme sur le tapis le plus moelleux.

A Alexandrie, comme dans toutes les villes en communication avec l'Europe, on distingue deux quartiers, l'européen et l'indigène. Dans l'un on voit copiés nos maisons, nos magasins, nos squares, nos boulevards, jusqu'à nos enseignes de boutique ; on trouve rappelées les actualités de notre pays, comme la tour Eiffel. Cette partie de la ville se relève à peine des ruines accumulées par le bombardement des Anglais, en 1882. Notre consulat y fut détruit de fond en comble.

Le quartier indigène est bien plus intéressant. Vous avez vu la rue du Caire à l'Exposition ; c'est tout à fait cela, mais avec plus de longueur, d'indigènes et surtout beaucoup plus de mendiants. Ils sont seulement vêtus de vieux sacs à blé venus de France : par deux trous passent les bras ; des enfants nus courent çà et là, brûlés par le soleil, mouillés par la pluie.

Des charrettes traînées par des ânes, longues de deux mètres et larges de soixante centimètres, avec des roues oscillant au gré des cahots, vous font garer, par la crainte qu'elles ne s'échappent sur vous.

Quant aux rues pauvres, aucune description ne vous en donnerait même l'idée : les ordures répandues partout ; point de dalles comme tout à l'heure, mais des trous, vrais cloaques, formant collines et vallées ; des baraques en bois où grouillent toutes sortes d'êtres humains : voilà les boutiques et les maisons.

Les femmes ont sur la tête une grande bande d'étoffe, comme le voile de nos religieuses ; une petite pince en bambou rattache au sommet de cette coiffe une sorte de domino noir qui couvre le bas du visage depuis le nez, ne laissant percer que les yeux. Grâce à ce voile la moralité est-elle plus grande ?

Notons encore un magnifique sérail construit par un grand prince musulman et qui domine la rade. Là sont prisonnières plusieurs centaines de victimes, aspirant sans doute au bonheur de la plus pauvre mendiante, qui, libre du moins, traîne sa misère à travers les rues.

Enfin nous arrivons à la maison des frères des Écoles chrétiennes, après avoir remarqué celle des religieuses de Saint-Vincent-de-Paul et, en face, celle des pères lazaristes.

A côté des frères, à droite, se trouve la cathédrale d'Alexandrie, Sainte-Catherine, desservie par les pères franciscains. J'y célèbre la sainte messe, assisté par un petit Égyptien qui m'édifie profondément et qui me baise la main quand, pour récompense, je lui laisse une médaille de la sainte Vierge.

A gauche, on aperçoit l'église grecque schismatique.

Les bons frères nous avaient préparé un petit repas dans leur réfectoire. Ils nous servent, comme dessert, de délicieuses petites mandarines et un grand bol de café à la turque.

Du haut du couvent des pères franciscains, tout voisin de celui des frères des Écoles chrétiennes, on jouit d'une vue d'ensemble magnifique sur cette cité, évangélisée par saint Marc. Dans le lointain on aperçoit la fameuse colonne dite de Pompée.

Près de l'arsenal et des galères on nous montre, en retournant au bateau, des morceaux d'obus provenant du bombardement anglais, bombardement qui d'ailleurs ne fit pas tant souffrir la ville que le pillage des Arabes. Ces misérables allumèrent

l'incendie pour dissimuler leurs rapines. La faute en revient aux
Français, qui, au dernier moment, furent empêchés de débarquer,
bien que cela eût été convenu avec les Anglais. Mais notre amiral
avait reçu de Paris l'ordre subit de s'éloigner sans coup férir.
Les Anglais sont donc restés seuls maîtres; et aujourd'hui, dans
leur pensée, nous avons mauvaise grâce à leur reprocher d'occuper
le pays. Dans les rues nous rencontrâmes une compagnie de leurs

Port-Saïd.

soldats. Dans le port, près du stationnaire égyptien, se balance,
pavillon hissé, un de leurs gros navires de guerre, tout prêt à
rebombarder. Nos voisins d'outre-Manche savent l'importance du
canal de Suez, trop français pour eux, et comme il appartient
territorialement à l'Égypte, peuple à vendre, ils veulent acheter
ce pauvre pays tout entier. Quant à la France, comme d'habitude, elle aura tiré les marrons du feu, et ses amis les Anglais
les mangeront.

Nous quittons à dix heures et demie Alexandrie, longeant de
loin la côte jusqu'à Port-Saïd, sans la voir, à cause de son peu
d'élévation.

Samedi, 7 décembre. — Dès une heure du matin nous sommes
à Port-Saïd. Nous étant, le soir, couchés tout habillés, nous

fûmes vite sur le pont, nous préparant à descendre à terre avec quelques passagers.

Au moment où nous allions mettre le pied sur une des nombreuses barques indigènes qui entouraient notre bateau, on me dit que quelqu'un m'attendait. Je trouve un jeune homme, prévenu de mon passage par télégramme envoyé de France, et qui était venu fort à propos nous piloter dans notre excursion nocturne. Je le priai de régler notre nautonier, voulant éviter toute querelle au sujet du payement. Il le fit et donna vingt sous, conformément au tarif, car nous étions dix. Sur ce, cris épouvantables : on réclamait cette somme pour chacun de nous. Mais notre guide répondit avec calme : « Si tu n'es pas satisfait, vois-tu ce bâton ? c'est lui qui achèvera le compte. » Et toute réclamation cessa.

Port-Saïd est construit sur une plage de sable, dans un coin du désert, au bord du lac Mensaleh : une ou deux grandes rues, tirées au cordeau, et c'est tout. De grands cafés-concerts s'allument comme par enchantement à notre vue, et le son de divers instruments s'en échappe. On espérait y attirer quelques Européens et les gruger à l'aise.

Après qu'on nous eut fait voir, au clair de lune, la rue européenne, la rue grecque, et indiqué l'emplacement du quartier arabe, le désert, le lac Mensaleh, le couvent des pères franciscains, nous remerciâmes notre guide de son obligeance et prîmes congé de lui sur les deux heures et demie du matin.

Port-Saïd ne doit sa fortune qu'à sa situation à la tête du canal de Suez. Un chemin de fer la reliant au centre de l'Égypte, soit au Caire ou à Alexandrie, détruirait l'importance de cette dernière ville : tout le commerce maritime serait à Port-Saïd ; les paquebots ne feraient plus escale ailleurs. Aussi le gouvernement égyptien ne permet-il pas la construction d'une voie ferrée, voulant conserver à Alexandrie son antique prestige.

Ce qui fait le plus de plaisir, c'est de voir qu'à Port-Saïd la langue française domine ; on l'emploie dans toutes les boutiques, pour toutes les petites transactions entre Européens et indigènes. Messieurs d'Albion sont eux-mêmes obligés de parler le français. Mais combien de temps cela durera-t-il ? On maudit une fois de plus la mollesse criminelle qui nous fait perdre notre influence en Égypte.

Après avoir été sur le quai voir les bateaux qu'on chargeait de charbon, nous sommes allés errer, la nuit, dans le désert, sur les bords du lac Mensaleh. Nous ne rencontrons qu'une sentinelle arabe, fusil sur l'épaule, et enveloppée de son grand manteau.

Que c'est triste le désert! cette grande plaine de sable qui s'étend à perte de vue, comme la mer. Je suis heureux de l'avoir

Canal de Suez.

considéré de près, car cela donne une plus grande intelligence de nos saints Livres, où il en est si souvent question, à propos surtout des quarante années qu'y passèrent Moïse et les Hébreux. On comprend mieux ce qu'ils durent y souffrir, ne voyant que le ciel et cette immense mer sablonneuse, miroitant sous un soleil de plomb, ce dont rien, en Europe, ne donne une idée. La nuit même, pas de repos. Chez nous, au plus fort de la canicule, quand le soleil a disparu, on respire un peu, à la fraîcheur du soir; mais ici ce sable, qui a emmagasiné tout le jour les rayons du soleil, échauffe le vent qui passe à sa surface, vous brûlant de son haleine embrasée, desséchant tout.

Après avoir marché dans le désert, tous les dix nous nous hasardons dans le village indigène. Il était trois heures du matin; les Arabes commençaient à se lever, pour jouir un peu du manque de soleil. Ce village n'a rien de particulier : une large route et, de chaque côté, des baraques en bois; au milieu, une mosquée.

A quatre heures, quand sonne la cloche des pères franciscains, nous entrons dans le monastère pour y célébrer; mais le nombre restreint des autels et le manque de temps ne nous le permirent pas à tous. Pauvre église, qu'elle est misérable! c'est la pauvreté de saint François, doublée de celle des missions. Heureusement on en construit une autre en ce moment : on doit l'inaugurer l'an prochain.

A cinq heures, nous songeons à nous rembarquer; mais que d'événements nous attendent! Avant de nous emmener, on veut faire payer nos places : l'on demande vingt sous par tête pour faire vingt mètres. Nous nous récrions. On nous dit que c'est le tarif. Nous voulons le voir. On nous y conduit, mais il fait nuit : impossible de lire. On va chercher du feu, mais au moment où nous allons constater le mensonge, la lumière s'éteint. Nous invoquons la police. Aussitôt un indigène nous dit :

« Voilà *le* police, Monsieur! »

Et se retournant vers un individu un peu moins déguenillé ·

« N'est-ce pas, que tu es *le* police, toi? »

Et l'autre de répondre :

« Oui.

— Et que c'est le tarif ?

— Oui.

— Toi, le commissaire de police? montre ta plaque! »

Nous crions, nous tempêtons : tous nos arguments échouent, et le bateau allait partir. Ils savaient bien qu'ils étaient les maîtres.

Nous sautons dans une barque, et pour dix sous par tête nous rentrons à bord en deux coups d'aviron. Le nautonier osa réclamer un pourboire !

Notre consolation fut d'apprendre que les autres passagers avaient été plus exploités que nous. Quelle race maudite !

Un mot maintenant sur ce fameux canal. Large d'environ cent mètres, le chenal est indiqué par des bouées entre lesquelles

nous devons naviguer. Il n'y a de place que pour un seul navire ;
aussi faut-il, de temps en temps, se garer pour laisser passer
ceux qui viennent en sens inverse. Treize garages sont disposés
à cet effet. Cette manœuvre, que nous avons répétée deux ou trois
fois, demande trois quarts d'heure environ, car il faut mettre
une chaloupe à la mer pour amarrer le navire à des poteaux
placés dans ce but.

En sortant de Port-Saïd, où les vaisseaux sont toujours en
assez grand nombre, on s'engage dans ce long canal. On n'avance

Ismaïlia.

que fort lentement, pour éviter tout ensablement : un pilote de la
compagnie nous conduit.

De chaque côté le désert, l'immense désert, s'étend à perte de
vue. On longe d'abord le lac Mensaleh, où s'abattent des nuées
d'oiseaux, des flamands, des goélands gris, des ibis.

De petits bateaux, des chalands égyptiens, chargés de marchandises bien pauvres et traînés par des indigènes, nous côtoient.
Parfois nous voyons passer de petites caravanes, un garde égyptien à cheval. Dans les gares végètent, à force d'eau, un ou deux
palmiers ou dattiers.

Enfin nous arrivons à Ismaïlia, grand lac au milieu du canal.
Nous changeons de pilote.

Quelques instants auparavant, nous voyons de très nombreuses
escouades d'indigènes travaillant au canal. Des bandes de plus
de quarante chameaux montent sur leur dos des sacs de sable
extrait par les ouvriers ; tout cela, hommes et bêtes, est conduit

avec le fouet, et je vous assure qu'on ne les épargne guère. Des coups vigoureux sont assenés sur leurs jambes nues, sans qu'ils semblent beaucoup s'en émouvoir.

Le long de la rive, des enfants, des gens de tout âge, depuis trois ans jusqu'à quarante, courent en suivant le bateau pour attraper les quelques objets que leur jettent les passagers.

Quand nous quittons Ismaïlia, la nuit est venue. Le canal s'illumine à l'électricité par des bouées lumineuses. On met en tête de notre paquebot un réflecteur pour éclairer la route.

Le soir, nous traversons les lacs Amers, et avant le jour nous sommes à Suez, au nord de la mer Rouge, à la sortie du canal.

A la lueur des réflecteurs électriques on n'aperçoit que peu de chose de Suez, dont une partie est construite le long du canal.

II

Dimanche, 8 décembre. — C'est aujourd'hui dimanche, fête de l'Immaculée-Conception. Nous avions espéré pouvoir descendre à terre, à Suez, pour y célébrer plus facilement et plus solennellement la fête de la sainte Vierge ; mais nous ignorions que nous mouillerions très loin du port, et que la petite chaloupe à vapeur ne ferait le trajet entre nous et la terre qu'une fois, pour amener les partants et emmener les autres. Nous dûmes donc dire la messe à bord, dans notre cabine.

La rade où nous sommes ancrés est magnifique. Au fond le désert avec le petit port de Suez, ses mille mâts et ses minarets ; à gauche l'Égypte, aux côtes taillées à pic ; à droite, l'Arabie. Dans le lointain on aperçoit, au pied des montagnes, l'oasis appelé *Fontaine de Moïse,* qui, d'après une tradition, serait l'emplacement même du rocher miraculeux frappé par lui.

Vers sept heures du matin, réunis tous (je parle des missionnaires) sur le gaillard d'arrière, nous lisons ce fameux cantique que Moïse chanta sur les rivages de l'Arabie, après le passage à pied sec de cette mer Rouge, sur laquelle nous naviguons, et qui venait d'engloutir Pharaon, ses chars, ses guerriers , tous ceux qui poursuivaient le peuple de Dieu. Nous nous unissons par la pensée au chantre sacré; et , nous servant de ses paroles, nous louons aussi le Tout-Puissant qui sauve le juste et arrête le méchant en dépit de ses armées.

Tout le jour nous voyons la côte; mais que ce spectacle est triste! pas un oiseau, pas un insecte , pas un animal; rien de l'homme ne se montre sur la terre : la vie semble être absente de ces parages, où la végétation même n'apparaît pas. C'est bien l'Arabie Pétrée !

Parfois cependant les collines s'abaissent au niveau de la mer, comme pour laisser Moïse passer avec son peuple fugitif. Nous apercevons les sommets escarpés du mont Sinaï, noyés dans la brume , et nous aimons à remonter le cours des siècles, jusqu'au jour solennel où la loi fut donnée à Israël errant dans ce désert.

Le soir nous admirons un splendide coucher de soleil, derrière les montagnes noires de la basse Égypte : aucun pinceau ne pourrait en reproduire les couleurs rouges étincelant sur les bandes bleuâtres du ciel.

Lundi , 9 décembre. — La chaleur tropicale est venue , nous étouffons. Dès huit heures du matin, à l'ombre, sur le pont, il y a 30 degrés. Ne nous plaignons pas , car en juillet dernier il y en eut 40 dans les salons : tout l'équipage fut malade.

C'est un four brûlant que cette mer Rouge ! A peine le thermomètre baisse-t-il la nuit. Nous sommes jour et nuit en sueur, comme en France, lorsqu'un temps lourd et orageux empêche de respirer. Ici, aucun espoir de cette pluie bienfaisante qui d'ordinaire accompagne ailleurs les orages et vient rendre à chacun la vie, quand renaît la fraîcheur.

Voici que la terre même a disparu : on n'aperçoit plus que le soleil et la mer miroitante.

Mardi , 10 décembre. — La chaleur augmente. Pendant les repas, des Chinois agitent des éventails mobiles, suspendus sur nos têtes, et appelés « panca ». C'est ce qu'ils font encore pendant que je vous écris : on ne respirerait pas sans cela.

Nous apercevons quelques poissons volants.

Le soir, la mer est phosphorescente.

Steamer-Point (port d'Aden).

Mercredi, 11 décembre. — Toujours une mer brûlante. Le tangage est violent : on sent qu'on approche du fameux cap Guardafui, si fécond en tempêtes. La mer y est sans cesse agitée. Quelques lames viennent balayer le pont. Aussi, peu de monde, ce matin, au repas. La plume me tremble entre les mains et c'est à peine si je puis écrire. Tous les sabords sont fermés à cause de la violence des vagues.

Jeudi, 12 décembre. — Pendant que la mer balaye le pont, nous passons le fameux détroit de Bab-el-Mandeb[1], si bien nommé le *détroit des Larmes.* C'est un véritable cimetière de navires, nous disait le commandant, tellement sont fréquents les naufrages sur ces côtes. C'est là que se sont perdus, il y a deux ans, le *Renard* et l'*Augusta,* deux vaisseaux de guerre, l'un français, l'autre allemand, dont on n'a rien retrouvé.

Nous avions, durant la nuit, doublé l'île de Périm, qui commande l'entrée de la mer Rouge et qui, naturellement, appartient aux Anglais.

A midi, nous sommes dans la rade d'Aden[2]. Un pilote indigène monte à bord pour nous aider à franchir les passes difficiles. Près de nous émergent les trois mâts de l'*Anadyr,* paquebot des Messageries, qui coula bas dans cet endroit, l'an dernier, à la suite d'une rencontre avec l'*Oxus,* de la même compagnie.

On laisse tomber l'ancre à une demi-heure, en barque, de la jetée. Aussitôt une nuée de sauvages, aussi noirs que l'ébène, entourent notre navire avec leurs pirogues. Du pont, les passagers jettent à la mer quelques pièces de monnaie ; et tous de plonger, au risque de se faire dévorer par les requins. Mais quels admirables nageurs !

Nous sautons dans une pirogue conduite par quatre sauvages saumalis. La côte est vite atteinte.

Ce ne sont plus ici les scènes de l'Égypte.

Les *policemen* anglais, armés de cravaches, sont nombreux. Nous payons les nautoniers suivant le tarif, en leur présence.

La ville d'Aden se trouve à six kilomètres du port de *Steamer-Point,* dans une vallée profonde. Trois voitures pour nous dix,

---

[1] Situé entre l'Arabie et l'Abyssinie, à la sortie de la mer Rouge.
[2] Port d'Arabie, à l'entrée du détroit de Bab-el-Mandeb.

nous y conduisent à fond de train, par monts et par vaux.

Curieux spectacle que cette terre du sud de l'Arabie : de hautes roches abruptes, brûlées, noirâtres, sans herbe, où rien ne pousse. Jamais une goutte de pluie.

Nous passons sous les fortifications des Anglais. On ne peut se faire idée des prodigieuses défenses qu'ils ont accumulées.

On aperçoit Aden, au débouché d'un col. C'est une ville indigène de quarante-cinq mille habitants, entassés pêle-mêle dans de petites masures ruinées, toutes blanches pour se défendre de la chaleur. Les toits sont plats et permettent d'y venir, le soir, respirer un peu, car cette *ville est la plus chaude du monde*. On est actuellement en plein hiver, et cependant nous avons sur la tête nos mouchoirs, nos larges chapeaux, nos parapluies ouverts, sans pouvoir nous abriter contre les rayons qui tombent perpendiculairement. Le thermomètre Fahrenheit marque, à l'ombre, de 80 à 85 degrés (44 à 47 degrés centigrades). En été, il monte à 100, c'est-à-dire à 55 degrés centigrades.

Néanmoins en ce moment nos nègres ont presque froid, et se jettent sur les épaules un manteau de toile. Ils ne portent jamais de coiffure malgré cet intolérable soleil, qui tuerait tout Européen s'y exposant une minute. Ils sont bien faits, d'un beau type ; les enfants ont la figure ouverte et paraissent intelligents. En vieillissant ils s'abrutissent.

Nous arrivons aux citernes de Ptolémée, construites depuis plus de deux mille ans. C'est là que nous nous étions fait conduire. Mais en pleine ville indigène il n'y a plus de *policemen*, et nos cochers veulent nous gruger. Il faut donc prendre un air sévère et les envoyer promener, presque avec violence. Ils ne parlent que l'anglais : nous ne pouvons nous entendre, n'en sachant pas un mot. Plus je vais, plus je vois l'utilité de connaître cette langue : en voyage on l'emploie partout. Faute d'elle, on se fait voler et on n'obtient rien. Tous les tarifs, tous les renseignements sont en anglais. Les interprètes ne comprennent que cette langue. Ne voyagez jamais hors d'Europe si vous ne pouvez la baragouiner. Il le faut du reste bien peu pour se tirer d'affaire.

Débarrassés de nos chevaux, voitures, cochers, nous visitons les grandioses citernes creusées au flanc de la montagne par le vieux roi d'Égypte.

Elles peuvent contenir d'énormes quantités d'eau ; mais, hélas !

Citernes de Ptolémée, à Aden.

il n'en vient jamais. Depuis seize ans il a plu trois fois, et seulement pendant une heure. Aussi, pas un brin de verdure : tout le pays est grillé. C'est pour remédier à ce manque d'eau que Ptolémée avait fait creuser ces immenses citernes, afin d'emmagasiner tout ce qui s'écoulerait des montagnes. De tous les environs des rigoles s'y rendent ; mais à présent elles sont vides, et je crois que c'est l'état ordinaire.

De petits sauvages, qui dansent autour de nous, finissent par nous comprendre quand nous leur demandons de nous conduire chez les pères catholiques, car il y a des capucins à Aden. Chez ces indigènes, comme chez tous ces peuples, le mot *français* étant synonyme de *catholique,* nous sommes obligés d'employer le premier terme pour faire comprendre ce que nous cherchons. C'est pour nous un honneur montrant bien que notre pays doit sa grandeur au catholicisme plus qu'à tout le reste. On l'oublie trop en France, et les étrangers se souviennent mieux de notre glorieux passé.

On nous mène donc chez ces *Français,* où le seul missionnaire est un *Espagnol.* Quant aux religieuses, la supérieure est *Bavaroise,* deux autres sont *Irlandaises :* une seule est Française. Cependant nous recevons partout un accueil tout français, je devrais dire tout catholique.

Le P. François, nom de ce missionnaire, nous fait visiter sa chapelle : elle tombe en ruines ; son jardin est sans fleurs, sans verdure, sans eau. Il n'y pousse que des pierres, brûlées par le soleil.

Nous entrons dans la grande salle : plus de carreaux aux fenêtres, je ne sais pas d'ailleurs s'il y en eut jamais. Pour nous faire asseoir, les négrillons apportent quelques fauteuils écloppés, tous plus invalides les uns que les autres.

On causa du pays, et nous nous rafraîchîmes avec un peu de vin d'Europe, arrosé d'un peu d'eau ; car les Anglais, plus pratiques que Ptolémée, ont établi un grande distillerie d'eau de mer pour remplacer l'eau douce naturelle, absente.

Je vous ai décrit l'aspect de ce pays : voici maintenant, d'après le vieux missionnaire, l'état moral de cette pauvre mission d'Arabie.

Depuis seize ans, ce saint religieux franciscain est sur la brèche : il n'est revenu qu'une fois en Europe, cette année même, pour refaire sa santé délabrée par ce climat infernal. Eh bien! il n'a converti personne. Les quelques enfants musulmans recueillis par lui, baptisés, objet de tous ses soins, lui échappent à quatorze ans, l'oublient et retournent à l'islamisme.

Depuis seize ans un vieux sauvage le sert, et il est resté musulman : le pauvre père ne peut se fier à lui. Il y a quelques jours, l'église a été fracturée : on lui a volé la lunule en argent dans laquelle l'hostie était renfermée, et le père craint que le coupable ne soit ce vieux serviteur.

Comme domestiques, il emploie aussi deux petits nègres, baptisés, eux, et charmants, montrant toujours leurs dents blanches qu'ils nettoient sans cesse, comme les autres indigènes, avec un cure-dent de bois. Le malheureux père nous disait : « Ils s'en iront aussi, quand ils auront seize ans ! »

C'est pourquoi il n'ose plus baptiser qu'au moment de la mort, afin de ne pas être témoin de défections trop cruelles pour lui.

Près de sa maison se trouve un orphelinat où sont élevés de petits esclaves rachetés par la ligue anti-esclavagiste du cardinal Lavigerie.

Cet établissement procure plus de consolation. Ces pauvres enfants, grâce aux sœurs, chantent notre latin très bien et très juste, avec le petit timbre nasillard propre à tous les nègres.

Au salut, que je donnai le soir dans l'église de la mission, ces voix d'esclaves se mêlèrent au chant des prêtres venus leur apporter la liberté chrétienne. Nous entonnions la première strophe, que le chœur répétait, et Dieu était loué, dans une même langue, par l'esclave et par l'homme le plus libre du monde. Voilà l'œuvre du christianisme! C'est une des choses qui laissent dans l'âme un souvenir ineffaçable et qui font le mieux apprécier Notre-Seigneur.

Quand le soleil fut un peu descendu derrière les montagnes, le père nous fit gravir un rocher d'où la vue embrassait toute la ville. On apercevait sur la terrasse de la mosquée des mahométans prosternés devant le soleil couchant, faisant leurs ablutions pour se purifier des péchés de la journée.

Au retour, un repas sommaire fut organisé. Deux petites tables, bien différentes de hauteur et de largeur, furent rapprochées l'une de l'autre et recouvertes d'un beau drap de lit. Une assiette fut placée devant chaque convive, un mouchoir remplaça la serviette. La communauté fournit tout ce qu'elle possédait de fourchettes, de cuillers, de couteaux : en tout sept ou huit ; l'un avait la fourchette, l'autre la cuiller. Les bonnes sœurs firent une omelette avec quelques petits œufs de *je ne sais quoi;* on acheta du fromage, quelques boîtes de sardines et du pain, à la caserne anglaise. Comme dessert, nous eûmes quelques bananes rapportées du marché arabe. Ce fut tout. La pauvreté de ce festin apostolique n'en a pas exclu la gaieté : nous étions tous enchantés de cette réception si simple et si cordiale.

La nuit vient vite sous les tropiques : il n'y a ni aurore ni crépuscule, car le soleil descend perpendiculairement à l'horizon. Une chandelle fumeuse éclaira le festin.

Après le souper, nous dîmes adieu au capucin, aux religieuses, et, sous la conduite d'un nègre de la mission, nous reprîmes à pied, par la nuit, le chemin du rivage, pour rejoindre le paquebot, qui partait à une heure du matin.

En arrivant au port, notre guide nous fit monter sur une petite colline au sommet de laquelle est perché l'évêché. Nous tenions à saluer en passant Mgr Lasserre, un Français, vicaire apostolique de toute l'Arabie. Il nous fit un excellent accueil, et, après avoir causé quelque temps, nous regagnâmes le port.

C'est là que j'ai acheté les photographies que je vous envoie, chez un marchand turc tenant une sorte de bazar, et parlant dix langues, outre le français.

Sur des pirogues indigènes et par une nuit des plus noires, nous regagnâmes le *Calédonien;* non sans avoir failli heurter une embarcation venant en sens inverse, mais évitée grâce à la merveilleuse adresse de nos rameurs.

Ces mers sont bien curieuses à cause de leur phosphorescence. Toutes les gouttes d'eau ressemblent à des diamants étincelants, et, le soir, le vaisseau laisse derrière lui un sillage lumineux qui s'étend au loin.

Vendredi, 13 décembre. — Hier en rentrant à bord, nous trouvons le pont encombré de vendeurs de toutes sortes, de Juifs indigènes surtout, reconnaissables dans tout l'Orient à la mèche de cheveux frisés qu'ils laissent croître de chaque côté de leurs tempes. Ils vendaient principalement des plumes et des œufs d'autruche.

Samedi, 14 décembre. — L'océan Indien continue à se montrer clément. Personne n'est malade, la chaleur devient supportable. On a, paraît-il, rarement aussi beau temps.

On devine que la terre n'est pas loin, car nous voyons parfois quelques oiseaux. Nous passons en effet près de Guardafui[1], où se trouvent les terribles sauvages saumalis, et de l'île de Socotora; nous allons rester longtemps désormais sans voir la terre.

Dimanche, 15 décembre. — Toujours le ciel et l'eau. La mer moins calme, nous dansons un peu. La mousson du nord-est nous prend en flanc et retarde notre marche.

Lundi, 16 décembre. — Ce matin apparaissent autour de notre bateau d'assez nombreux poissons volants. Ces animaux, longs de vingt centimètres environ, sont blancs et noirs. Leurs nageoires, très développées, les aident à sauter hors de l'eau comme le font en été, dans nos prairies, les sauterelles. Il peut arriver que le vent les pousse sur le pont. C'est, dit-on, un assez bon manger.

Mardi, 17 décembre. — On ne peut rien faire; on a chaud, on est mal à l'aise; on manque de ce qu'il faut pour travailler ou se distraire. Le soir nous pouvons contempler à l'aise la splendide constellation de la Croix du Sud, invisible pour nos contrées d'Europe, et qui ne se compose que d'étoiles de première grandeur.

Mercredi, 18 décembre. — C'est jeûne aujourd'hui à cause des Quatre-Temps, mais nous sommes dispensés de toute abstinence. Du reste, nous n'aurions aucun mérite à jeûner, car nous nous rendons aux repas comme de véritables victimes.

Dans la matinée, on aperçoit quelques gros poissons souffleurs, lançant des gerbes d'eau. A trois heures, nous côtoyons, au nord, les îles Maldives.

Jeudi, 19 décembre. — Journée très chaude : la côte de l'Hin-

---

[1] Cap que forme la pointe orientale de l'Afrique. C'est une haute montagne qu'on aperçoit de fort loin.

doustan nous abrite de la mousson. Sur le pont, à l'ombre, 32 degrés centigrades. Doublé ce matin le cap Comorin [1] et aperçu la côte. Nous serons ce soir à Colombo, île de Ceylan.

Pour la première fois la pluie est venue nous rafraîchir un peu. Elle était annoncée par le magnifique coucher de soleil d'hier soir, le plus beau que j'aie vu.

Les plus chaudes et en même temps les plus douces couleurs teintaient l'horizon : du rouge sang sur un bleu délicieux, faisant ressortir des nuages gris-perle, le tout semé de paillettes d'or. L'admiration était générale. Il faut venir sous les tropiques pour jouir de pareil spectacle; il défie l'imagination de tous les décorateurs, même aidés de la lumière électrique.

Il fait si chaud, que l'encre épaissit au point de nous empêcher d'écrire.

[1] Cap formé par la pointe méridionale de l'Indoustan.

III

Vendredi, 20 *décembre.* — Nous sommes entrés hier soir, après souper, dans la rade de Colombo [1]. Il était nuit quand les baleinières cinghalaises accostèrent le paquebot, offrant de nous transporter à terre.

Après quelques hésitations, provenant de la crainte d'avoir à passer la nuit à la belle étoile, huit seulement d'entre nous descendirent. J'étais du nombre, et devais en être : on m'avait fait, à Paris, le supérieur de mes confrères.

Un interprète, parlant français et que nous trouvâmes au débarqué, nous conduisit dans un magnifique hôtel. Le maître parlait allemand. C'était la première fois que cette langue me servait. Le prix qu'il demanda pour la nuit était inabordable pour de pauvres missionnaires. Nous demandons une autre adresse, et nous voilà en route.

Des indigènes s'offrent pour nous conduire : c'était tout près, avait-on dit. Or, nous marchions depuis vingt minutes. Évi-

---

[1] Capitale de l'île de Ceylan, résidence du gouverneur anglais.

Entrée du port de Colombo.

demment on nous menait ailleurs : nous étions en pleine ville indigène.

Nous plantons là notre guide, revenons sur nos pas, et cette fois seuls.

Mais l'hôtel indiqué était plein ; les officiers d'un vaisseau de guerre brésilien, arrivé la veille, y logeaient.

Néanmoins notre hôte consentit à fermer son cabaret et à mettre huit matelas par terre.

Nous n'espérions guère dormir sur ces lits de camp, et sous ce hangar, exposés aux moustiques. Mais le bonheur d'être à terre, et la fatigue surtout firent que le sommeil l'emporta.

Éveillés par les premières lueurs du jour, nous partons, après nous être débarbouillés de notre mieux, comme les indigènes, à la fontaine de la rue.

On amène deux voitures : nous donnons pour adresse la cathédrale de Colombo ; mais, au lieu de partir, nos cochers commencent à discuter le prix. Comme nous ne savions pas la langue, nous les laissions crier, feignant de ne rien entendre et causant entre nous. Nous pensions bien que, fatigués de s'égosiller, ils se décideraient à fouetter leurs chevaux, et que les pères oblats se chargeraient de les solder d'après le tarif. C'est ce qui arriva : après une demi-heure de galop nous étions chez les pères, à la cathédrale.

Il était encore de bonne heure, nous dîmes la messe. Les indigènes assistant au saint sacrifice m'édifièrent beaucoup. Il n'y a pas de bancs dans les églises, chacun apporte un petit mouchoir sur lequel il s'agenouille pieds nus.

Le costume est bien simple : c'est tantôt un lambeau de toile, grand comme la main, retenu par une ficelle ; ou un morceau d'étoffe fixé sur les reins par une ceinture. Cet accoutrement est complété quelquefois par une draperie blanche rejetée sur l'épaule, un peu comme la toge des anciens Romains.

Les types sont variés par suite du nombre infini des castes, qui ne se mêlent jamais. Les uns, les Tamouls, se rasent la tête ; les autres, Cinghalais, portent les cheveux longs, retenus par un grand peigne. A Ceylan, comme en Arabie, j'ai remarqué que les enfants sont plus intelligents, plus aimables que les gens âgés. Cela tient, sans doute, à ce qu'ils ne sont pas encore abrutis par la débauche.

Nous déjeunons en compagnie des pères oblats, avec une tasse de café de Ceylan, un des meilleurs du monde, et des gâteaux de riz.

Les voitures nous attendaient, par économie, car la première heure seule est chère (une roupie); les autres n'en coûtent que le quart.

Pour nous montrer un peu le pays, on nous mène à l'établissement des frères des Écoles chrétiennes. Les jardins descendent jusqu'à la mer; de hauts cocotiers trempent leurs racines dans l'eau. Ils couvrent du reste une grande partie de l'île.

Notre admiration, nous dit-on, serait encore bien plus grande si nous voyions les environs de la ville de Kandy. Rien n'est beau comme cette végétation. Les chemins sont remplis de verdure, de fleurs de toutes sortes, aux couleurs éclatantes; des arbres, des arbustes que nous ne voyons en France qu'en serre chaude, s'étalent au grand soleil. Chaque petite case indigène est comme enfouie sous les fleurs.

La population est très dense. Tout le long du chemin, nous rencontrons des chariots abrités par un toit de branches sèches et traînés par deux buffles, qu'accompagne nonchalamment le conducteur. Beaucoup de chrétiens : ils s'inclinent devant nous en joignant les mains sur leur front, nous demandant ainsi de les bénir, ce que nous faisons de grand cœur. C'est bien là ce que nous avions rêvé de ces peuples lointains et de leur pays.

On prétend d'ailleurs que Ceylan est la plus belle contrée du monde : la légende y a placé le paradis terrestre.

Quoi qu'il en soit, nous rentrons enchantés de notre promenade. Mais il est déjà tard, et nous rejoignons notre navire, qui va bientôt appareiller. Quelle différence entre cette luxuriante nature et les déserts de l'Égypte et de l'Arabie ! Le catholicisme y est très florissant, et les conversions nombreuses chaque année, chez les Tamouls surtout. Les bouddhistes sont plus rebelles. Du reste, l'île de Ceylan est un des centres de leur religion, elle y possède un *grand séminaire* et beaucoup de prêtres.

Il s'y trouve une foule d'autres sectes païennes de toutes sortes. L'une d'entre elles porte sur le front d'ignobles tatouages. Ces gens, corrompus au delà de ce qu'on peut imaginer, ne se convertissent jamais. J'ai vu de ces pauvres êtres dégradés, assis à la porte d'un temple. De ma vie je n'ai contemplé tant de tristesse empreinte sur un visage humain. Et cependant ils obéissent à toutes leurs passions !

Nous voguons vers l'Océanie. Tout le jour on a longé la côte. Nous avons aperçu Pointe de Galles, où relâchaient autrefois les navires avant la construction du port de Colombo. Le môle, tout artificiel, est fait de grands blocs immergés, comme à Cherbourg.

Samedi, 21 décembre. — La houle est si forte, que nous sommes tous souffrants. J'ai passé une partie de la journée couché dans ma cabine, pour tromper mon malaise.

Le soir, pluie torrentielle ; on ne voit ces ondées que sous l'équateur. En quelques minutes le pont est désert, car les toiles servant d'abris sont traversées.

Dimanche, 22 décembre. — Mer aussi agitée qu'hier. Le roulis est si fort, qu'on dut mettre les *violons* sur les tables, pour empêcher verres et bouteilles de dégringoler. La journée a été bien triste.

Pendant la nuit, nous sommes tout à coup réveillés par un tapage infernal : un coup de vent inattendu avait arraché les voiles : le foc en frappant notre sabord l'avait fait tomber avec fracas. Ne sachant d'abord ce que c'était, nous avons un peu peur. Je monte précipitamment sur le pont : l'eau tombait à torrents. On me dit ce qu'il y a : je m'empresse de redescendre.

Lundi, 23 décembre. — La mer s'est calmée, mais les averses sont fréquentes. Nous doublons dans la soirée la pointe de Sumatra pour entrer dans le détroit de Malacca[1]. Le passage est difficile, on veut profiter du jour pour le franchir.

Toutes ces îles de l'Océanie sont pleines de sauvages farouches avec lesquels il faudrait combattre en cas de naufrage, ce qui ne sourit à personne. Nous apercevons une végétation splendide ; tout est vert : ce sont des forêts vierges. Les naturels sont, dit-on, anthropophages, du moins dans les îles Nicobar. Les côtes de Sumatra semblent riches : çà et là des bouquets d'arbres, au milieu de montagnes verdoyantes.

---

[1] Entre la presqu'île de Malacca et l'île de Sumatra ; fait communiquer le golfe du Bengale avec la mer de Chine.

Nous rencontrons un vaisseau de guerre hollandais croisant dans ces parages, car Sumatra est colonie hollandaise.

La passe où nous nous trouvons est étroite : nous avançons fort lentement, afin d'éviter un banc de sable où les navires échouent souvent. Il est éclairé par un phare construit sur pilotis au milieu de la mer ; un gardien l'habite seul, chargé d'y entretenir les feux.

Mardi, 24 *décembre.* — Nous sommes au milieu du détroit de Malacca. C'est à bord que nous célébrerons la fête de Noël. Nous éprouvons tous un vrai chagrin d'être privés des belles cérémonies ordinaires. Nous dirons cependant la messe cette nuit dans nos cabines. Ce sera une consolation.

Mercredi, 25 *décembre.* — Voici donc Noël : le monde entier est en fête, et chacun de nous se prépare de son mieux à célébrer la naissance de Notre-Seigneur. A minuit, je suis monté à l'autel. Nous avions organisé une cabine, transformée désormais en chapelle, car cinq d'entre nous doivent s'arrêter demain à Singapour. Une seule cabine suffit pour les autres.

Comme nous regrettons de n'être pas à terre pour assister aux touchantes cérémonies de nos églises catholiques ! Les souvenirs se pressent en foule dans nos cœurs, nous rappelant tout un passé de Noëls, les premiers surtout, alors que, jeunes encore, nous célébrions en famille cette fête des petits enfants. Il n'est pas jusqu'au *bonhomme Noël* qui n'ait sa place dans ces évocations, autour de la crèche du petit Jésus.

Mais que ces rêves sont loin dans le temps et dans l'espace ! Nous sommes seuls aujourd'hui à fêter Noël, entre le ciel et l'eau : personne sur le bateau n'a demandé au commandant que la messe fût dite solennellement et publiquement.

Est-ce donc qu'aucun des passagers n'a conservé les souvenirs de son enfance ?

Cependant toute la nuit nous avons célébré la messe : la mer était calme comme un lac.

Nous entrons dans le beau port de Singapour[1], entouré de

---

[1] Ville de l'Inde anglaise dans l'île du même nom, entre la pointe de la presqu'île de Malacca et l'île de Sumatra ; environ quatre-vingt-dix mille habitants.

montagnes couvertes d'arbres de toutes sortes, au milieu desquels apparaissaient de jolies petites maisons. Ces passes ressemblent, dit-on, à la mer Intérieure du Japon. On côtoie de tout près les îles, ayant d'un côté la terre malaise, extrémité de l'Asie, et de l'autre les premiers archipels océaniens.

Le débarquement s'opère à quai.

Singapour.

Dès qu'ils nous aperçoivent, quatre pères, munis de parasols et de grands chapeaux blancs, sortent de la foule. Ce sont nos confrères de la mission, venus à notre rencontre.

Nous montons dans une voiture malabare, espèce de cage traînée par un petit cheval que conduit un Indien, nous dirigeant vers la ville, située à trois quarts d'heure du port.

Singapour est, vous le savez, une petite île, au sud de la presqu'île de Malacca. Nous traversons quelques terrains marécageux, envahis chaque jour par le flux et qui, participant à la végétation si active de ce pays, sont remplis de palétuviers dont les branches et les troncs se baignent dans l'eau. Les Anglais ont entrepris d'énormes travaux pour combler ces marécages malsains. On longe le cimetière chinois, vaste champ mortuaire d'où émergent les pierres indiquant l'endroit où repose un habitant du *Céleste Empire*.

Singapour est le rendez-vous de tous les peuples de la terre ; on y parle toutes les langues : le chinois, l'indien, le malais, l'anglais, etc. etc. Chaque race a son quartier spécial. Nous traversons d'abord celui des Chinois. Ils y fourmillent. Ce sont eux qui font tous les travaux pénibles ; ils traînent les petits *pousse-pousse* que vous avez vus à l'Exposition et qui sont ici en nombre infini ; ils portent l'eau et des paquets de toute sorte au moyen d'un long bois, véritable balance ambulante, aux bouts de laquelle pend la charge, en travers sur l'épaule.

Toutes les maisons chinoises sont peintes en bleu, couleur du Céleste Empire, sans doute pour rappeler le Ciel. Dans des échoppes, grouille tout un monde. Le nombre des Chinois ne cesse d'augmenter à Singapour : ils accaparent tout, acceptent tous les métiers, mais emportent leur or dans leur pays.

Les nationalités sont si tranchées, que personne n'apprend la langue du voisin. Chacun conserve la sienne, d'où grande difficulté pour nos missionnaires, qui doivent les connaître toutes ou à peu près, puisqu'ils sont obligés de parler non seulement le français (chose facile pour nous), mais encore l'anglais, le malais, l'indien *ou* le chinois. Je ne dis rien des différents dialectes, qu'il faut aussi savoir.

Cette diversité de langues et de mœurs entraîne la multiplicité des églises. A Singapour nous avons quatre paroisses : celle des Chinois, celle des Indiens, celle des indigènes, celle des Européens et sangs mêlés, qui est la cathédrale.

Après avoir traversé la ville, nous arrivons chez l'évêque de Malacca, Mgr Gasnier, grand et bel homme, portant une barbe magnifique. Il nous reçoit dans sa grande salle du premier étage, ouverte à tous les vents et par cela même assez fraîche. Il fait si chaud ici qu'on n'y vivrait pas avec des portes pleines et des vitres aux fenêtres. Ce ne sont partout que persiennes et jalousies, pour arrêter les rayons du soleil et laisser passer l'air. Un proverbe dit que « jamais, sous les tropiques, un courant d'air n'a fait mal » (peut-être parce qu'il n'y en a pas).

Le *boy* chinois nous apporte du vin de messe et d'excellents cigares de la Havane, cadeau fait récemment à Monseigneur par un riche Anglais, à l'occasion de la *Christmas.*

Après avoir fumé, bavardé, regretté de n'être pas arrivés la veille, pour les fêtes de la nuit et les offices pontificaux, on distribue à chacun sa fonction pour les offices du soir.

Puis nous quittons l'évêché pour visiter la ville.

Nous allons d'abord chez le curé de la paroisse chinoise. Il veut nous montrer son logis et nous faire chanter à son salut. C'est à lui d'ailleurs qu'est destiné l'un des jeunes missionnaires qui nous accompagne et qui doit lui rester comme compagnon.

La cour de l'église est ornée d'oriflammes, l'édifice enguirlandé de fleurs. Quelques branches d'arbres d'essences tropicales forment à elles seules une gracieuse décoration.

Qu'il est curieux d'entendre tous ces Chinois à genoux, les hommes d'un côté, les femmes de l'autre, chanter en leur langue, à tue-tête, les louanges du Seigneur ! Le prêtre est assisté par de gentils enfants de chœur chinois, en soutane rouge et surplis, avec leur grande queue de cheveux. De la tribune, où l'orgue est tenu par un gros Chinois, nous entonnons avec bonheur l'*Adeste fideles.* Et à la fin, devinez quoi : le *Minuit, chrétiens,* ici, en pleine église chinoise! Quand le vieux missionnnaire entendit ce beau chant français, il ne put retenir ses larmes.

Après cette visite aux Chinois, vint celle de la paroisse indienne. L'église, toute bâtie en fer, représente, au fond du chœur, la grotte de Notre-Dame de Lourdes, avec ses rochers. Encore un souvenir de la patrie !

Mais avec la nationalité la langue a changé, et les odeurs aussi. Le Chinois a, plus ou moins (dans les quartiers propres), l'odeur que répandent les boîtes en laque faites par lui. L'Indien, au contraire, sent l'huile brûlée, parfum tout à fait caractéristique, dont on s'aperçoit partout où ils sont agglomérés.

Enfin, nous nous rendons à cinq heures à la cathédrale, pour les vêpres pontificales et le salut. J'assiste, en chape, Monseigneur à son trône, d'où il fait un effet splendide. Nous devions être bien moins beaux que lui, car, peu habitués à la chaleur, nous ruisselions de sueur sous nos ornements ; aussi tous les enfants de cœur, blancs, noirs, jaunes, nous regardaient avec de grands yeux.

Après les cérémonies, le curé des Chinois nous emmène aux

halles chinoises, où les chrétiens, pour la Noël, offrent un dîner à leurs amis. C'est curieux, mais quel vacarme, que de cris ! Quelle joie aussi de voir passer le père disant un mot aimable à chacun.

Ce soir partiront des myriades de pétards ; la musique jouera. Déjà, sur notre passage, elle se fait entendre en notre honneur. Cet ensemble de cymbales, de tams-tams rappelle beaucoup le théâtre annamite de l'Exposition. Jugez du vacarme.

Enfin, nous rentrons à la procure, où nous étions invités à dîner avec Monseigneur.

Après souper on prit le thé, on fuma, puis il fallut regagner le bateau, qui appareillait le lendemain matin. Il n'eût pas été raisonnable de passer la nuit à terre, la procure est trop loin du port.

Les missionnaires nous reconduisirent à bord, mais nous dîmes adieu à cinq des nôtres restant à Singapour, y attendant l'occasion de gagner Siam et la Birmanie. Nous nous sommes couchés fort tard ce soir-là : il est si bon de retrouver des compatriotes et de causer de la France !

En résumé, nous n'avons pas vu grand'chose de Singapour : c'était le jour de Noël, les boutiques étaient fermées, et notre assistance aux offices nous a empêchés d'aller au jardin d'acclimatation, l'un des plus beaux du monde, tant par la variété de ses fleurs que par la multiplicité de ses animaux de toutes sortes.

Jeudi, 26 *décembre.* — Dès six heures du matin nous quittions la rive. Après avoir traversé la rade, pleine de bateaux, nous doublons l'extrémité de la presqu'île indo-chinoise.

Maintenant nous allons remonter chaque jour vers le Nord. Ce soir la mer devient houleuse, il faut fermer les sabords. Quelques lames embarquent.

Vendredi, 27 *décembre.* — Le golfe de Siam, où nous passons, est toujours un peu agité, à cause du mauvais voisinage de la mer de Chine. Aussi chacun est-il plus ou moins indisposé. Nous serons demain à Saïgon. Si la mer est haute, nous pourrons de suite remonter le fleuve et entrer dans la ville. Beaucoup de passagers s'y arrêteront. Nous ne serons plus nombreux pour finir la traversée.

Ma pensée se reporte souvent vers vous tous, et j'aime à vivre de cœur où vous êtes.

IV

Samedi, 28 *décembre.* — La mer était forte quand nous nous
sommes couchés. Dans ces parages elle est toujours dangereuse
à cette époque. Vers quatre heures du matin nous roulions d'une
façon insupportable d'un bord à l'autre de nos lits. Sur le pont,
l'eau embarquait à chaque lame.

Le mauvais temps nous mit en retard. Au lieu d'arriver au cap
Saint-Jacques, à l'entrée de la rivière de Saïgon, au moment de
la haute marée, pour en profiter, nous dûmes nous arrêter et jeter
l'ancre dans la baie des Cocotiers, où nous restâmes jusqu'à deux
heures de l'après-midi. Protégés du vent par une berge élevée,
nous demeurâmes immobiles, exposés à un soleil ardent ; il faisait
si chaud, que nous avions à peine le courage de regarder la côte
couverte de broussailles, repaire de tigres, de buffles et de
serpents.

Un pilote arrive enfin, et nous remontons le fleuve. La marée
aidant, nous mettons environ quatre heures à atteindre Saïgon,
distant de plus de cinquante milles. Le fleuve fait je ne sais combien de méandres : ceux de la Seine ne peuvent en donner une
idée.

Les côtes, très plates, formées d'alluvions, sont couvertes d'une végétation luxuriante. L'arbre dominant est le palétuvier. On voit aussi quelques palmiers.

Nous apercevons, disséminés, des villages annamites. Tout loge dans leurs paillottes : hommes, femmes, enfants, chiens, volailles, cochons, et quels cochons ! d'affreux monstres tout noirs, tout sales, se vautrant perpétuellement dans la vase, ne se nettoyant jamais : rien que leur vue fait horreur.

Peu avant d'arriver à Saïgon[1], nous entrevoyons un village chrétien, son église au milieu.

Le fleuve est sillonné de barques indigènes, avec leur petit dôme en bambou, sous lequel loge la famille.

Quelques minutes avant d'arriver, un coup de canon nous annonce à la ville. Chacun court au port pour avoir des nouvelles de France, c'est le grand courrier français qui entre.

Le débarcadère est plein de monde. Nous distinguons deux missionnaires que nous avons connus au séminaire. On s'embrasse, et nous montons en voiture pour aller loger les uns au grand séminaire, les autres chez le curé de la cathédrale, le P. Lemée, un Lavalois. C'est chez lui que je descends. Son presbytère est une des plus jolies habitations de Saïgon; il est entouré d'un petit jardin.

Au premier étage, les fenêtres sont fermées par des jalousies baissées le jour, relevées la nuit.

Les lits, formés de simples planches recouvertes d'une natte, avec un oreiller et une couverture légère, pour le cas où l'on aurait trop frais, sont entourés d'une moustiquaire en gaze blanche : elle n'est pas inutile. Ce genre de couchettes est le seul praticable sous ce climat étouffant. Il serait impossible de supporter le moindre matelas.

Partout se trouvent des chaises-divans, où l'on s'étend de son mieux ; car l'usage, ici, le permet.

On se lève de très bonne heure et l'on se couche tard ; de midi à deux heures, chacun fait la sieste.

C'est à Saïgon que nous avons eu le plus chaud, depuis le départ.

Quand, vers six heures et demie, nous arrivâmes à la cure,

---

[1] Ville de soixante-dix mille habitants, chef-lieu de nos possessions en Cochinchine.

le P. Lemée était absent : il était au collège Taberd à confesser
les enfants ; nous allons à sa rencontre.

Nos pères avaient tenu jusqu'à présent ce collège ; mais le

Paillotte annamite.

nombre des élèves augmentant, comme les besoins de la mission,
on a dû appeler les frères des Écoles chrétiennes, qui sont installés depuis une quinzaine de jours seulement.

Nous trouvons encore quelques élèves, restés au collège pendant les vacances qui ont lieu en ce moment. Ils parlent tous le français, car les cours se font en notre langue. La plupart sont Annamites. Il n'y a que quelques Européens et métis chinois.

Avec le P. Lemée, nous rentrons au presbytère, où nous soupons de bon appétit. Son vicaire est un prêtre indigène : la mission a le bonheur de posséder une cinquantaine de ces prêtres, qui rendent de grands services.

Nous nous couchâmes de bonne heure, fatigués du voyage. Mais le P. Lemée et d'autres missionnaires venus chez lui pour le dépouillement du courrier de France, qu'on apporta vers neuf heures, se retirèrent tard : ils étaient si avides de nouvelles !

C'est là que j'ai appris, par dépêche, l'apparition de l'épidémie d'*influenza* qui sévit en Europe.

J'espère qu'aucun de vous n'a été atteint.

Dimanche, 29 décembre. — J'ai célébré la messe à sept heures à la cathédrale. A huit heures, Mgr Colombert, le vicaire apostolique, a dit la sienne. Les jeunes séminaristes annamites qui l'assistaient m'ont édifié par leur recueillement, autant que par leur science des cérémonies.

Les chants ont été bien exécutés, particulièrement les cantiques français. La cathédrale est la paroisse française, aussi y avait-il beaucoup de monde. Chacun avait à la main son éventail pour chasser les moustiques et se procurer quelque fraîcheur.

A la porte stationnaient les équipages, des voitures à deux chevaux, délicieux petits animaux, de race annamite, vites comme le vent.

Après déjeuner, nous allons à l'évêché saluer Monseigneur, qui est aussi de Laval.

Puis, visite à l'hôpital militaire, très bien situé au milieu d'un grand jardin. Il est desservi par des sœurs de Saint-Paul de Chartres. Un de nos pères en est l'aumônier.

Nous passons devant le Carmel, qui renferme deux religieuses françaises et une trentaine d'annamites. Nous apercevons la maison de la Sainte-Enfance, enfin nous arrivons au séminaire.

Le grand et le petit ont été réunis en un seul. La chapelle est vaste, bien bâtie ; les élèves sont nombreux. Tous les grands séminaristes ne sont pas là ; car les minorés, avant de s'engager

Palais du gouvernement, à Saïgon.

par les vœux définitifs du sous-diaconat, sont, comme épreuve, envoyés prêcher les païens pendant six ou sept ans. Ce n'est qu'après ce ministère qu'on les ordonne.

Le jardin botanique, très bien tenu, est curieux pour nous. Les belles plantes des tropiques sont là dans leur patrie, et s'étalent luxuriantes au soleil. Nous ne les voyons en France que rabougries, étiolées, dans des serres surchauffées.

Les tigres royaux, en cage, les éléphants, les léopards, etc., sont aussi dans leur pays, et leurs frères des bois pourraient, la nuit, venir rôder autour de leurs grilles.

A onze heures du matin, malgré nos casques blancs et nos parasols, ne pouvant supporter plus longtemps la chaleur, nous battons en retraite.

Après la sieste qui suit le dîner, je fais appeler une voiture et, sous la conduite d'un jeune diacre annamite parlant français, je visite les principales chrétientés des environs.

Je vais au fameux tombeau qu'un ancien roi de Cochinchine fit élever à l'un de nos premiers vicaires apostoliques, Mgr d'Adran, dont le nom est resté célèbre dans l'histoire catholique et française de ce pays. C'est auprès que sont enterrés nos missionnaires.

La campagne est percée de routes splendides, admirablement entretenues et se croisant en tous sens. L'aspect général du pays est un peu celui de la France, et différent de celui qui s'offrira bientôt à nos regards, le long des *aroyos,* si nombreux, qui arrosent la contrée. Au bord du chemin, on rencontre çà et là les tombeaux en pierre de riches Annamites ; dans la plaine, ceux plus nombreux, et seulement en terre, des gens moins fortunés.

Nous traversons *Cholen,* petite ville chinoise des environs de Saïgon, où se trouve une chrétienté florissante.

Puis nous allons à *Chocouan,* autre village catholique des plus jolis, et qui rappelle Ceylan, avec ses palmiers, ses cocotiers et ses paillottes annamites, ensevelies dans la verdure et les fleurs. On achève d'y élever une grande église.

A la nuit tombée, nous étions de retour à Saïgon. Cette grande ville est la plus européenne de l'Extrême-Orient. On ne se croirait pas si loin de France, quand on aperçoit de grands boulevards tirés au cordeau et ornés d'arbres. Les rues sont pleines d'Annamites, aux longs habits de toutes couleurs, et de Chinois portant des ballots au moyen d'un long bois aux bouts duquel pendent leurs marchandises. Le croirait-on? la statue de Gambetta se trouve sur l'une des places! Personne n'a pu me dire pourquoi. Les Annamites ignorent quel est ce monsieur en redingote.

Lundi, 30 décembre. — En retournant à bord, quelle est notre surprise de trouver deux religieuses de Saint-Paul de Chartres, quittant Saïgon pour aller à Hong-Kong [1]. A l'avant, le pont est encombré de Chinois avec leurs paquets. Ils retournent dans leur pays et couchent en plein air. Dans d'immenses paniers ils emportent des provisions pour la durée de la traversée.

A midi, nous retrouvons le cap Saint-Jacques et bientôt la pleine mer. Nous avons peur d'être indisposés : à cette époque, la mer de Chine est toujours si mauvaise! Mais peu importe, maintenant que nous avons trois cabines pour quatre.

Pendant la journée, nous longeons les côtes de Cochinchine.

Mardi, 31 décembre. — Temps affreux, tout le monde est malade. Pour la première fois, nous ne pouvons célébrer la sainte messe.

A peine le déjeuner pris, il a fallu le rendre aux poissons.

---

[1] Ile chinoise, cédée à l'Angleterre en 1842; elle est située dans la baie de Canton.

V

Mercredi, 1ᵉʳ janvier 1890. — Ce matin, alors que pour vous commençait à peine le 1ᵉʳ janvier, j'ai célébré la sainte messe. C'était le premier de l'an, et je voulais que Notre-Seigneur vous portât lui-même mes souhaits. Je vis de cœur avec vous : c'est une fête de famille, et vous savez que, même de loin, je suis toujours fidèle au rendez-vous.

Le temps est meilleur en ce moment ; aussi arriverons-nous demain vers deux heures à Hong-Kong. Nous y resterons vingt-quatre heures pour nous reposer un peu.

Jeudi, 2 janvier. — La matinée a été mauvaise, le bateau a beaucoup *dansé.* Nous arrivons à Hong-Kong avec trois heures de retard, après avoir côtoyé de petits îlots fort élevés et tout ronds, assez pittoresques. Le plus curieux c'est le nombre infini de jonques chinoises que nous avons rencontrées, accouplées deux à deux et traînant un petit filet de pêche. Elles se risquent ainsi fort loin en pleine mer, par tous les temps.

Nous avons traversé une flottille de plus de trois cents de ces barques, et pourtant loin des côtes. Ces jonques, vous les connaissez par les gravures, avec leurs voiles se pliant horizontalement, au lieu d'être ramenées, comme les nôtres, le long des mâts.

Le port de Hong-Kong est certainement un des plus commerçants du monde.

La ville de Victoria s'élève en amphithéâtre sur le penchant de la montagne. Les quartiers habités par les Chinois sont sales et sentent mauvais, comme tout ce qui approche de cet affreux peuple qu'on déteste davantage, je crois, au fur et à mesure qu'on le voit de plus près. Notre procure est bien située : de la maison nous dominons le port : on voit entrer et sortir les vaisseaux. Mais pour l'atteindre il faut traverser des rues à pic comme des échelles. Nous croisons des pousse-pousse, des chaises à porteurs, suspendues sur de grands bambous et que deux ou quatre Chinois portent sur leurs épaules, au pas de course ; des coolies qui trimballent des bagages par les rues, toujours avec leurs bambous ; des soldats anglais en jaquette rouge ; et même des femmes japonaises !...

C'est avec bonheur qu'en arrivant nous passons quelques instants dans la chapelle où réside Notre-Seigneur : nous sommes privés depuis si longtemps de sa présence réelle ! Après avoir soupé, fumé sur le balcon, causé de la chère France, nous allons faire la prière en commun, et chacun se retire dans sa chambre.

Vendredi, 3 janvier. — De bonne heure, nous célébrons la messe dans la jolie chapelle de la procure ; et après le déjeuner on nous envoie, conduits par un petit Chinois, chercher notre dîner au sanatorium de Béthanie : c'est la maison de santé où se rétablissent les missionnaires malades. Elle est à six kilomètres de Victoria, seule ville importante de l'îlot de Hong-Kong, qui fut pris par les Anglais aux Chinois, lors du bombardement de Canton, pendant la guerre de l'opium. Les docks se trouvent à l'opposé, au village d'Aberdeen.

L'île est bien défendue. Sans compter les canonnières anglaises stationnant dans le port, les forts et les canons sont nombreux sur l'île. Malheureusement la rade est insuffisamment abritée quand le vent souffle en tempête. Beaucoup de jonques vont alors

se briser contre les rochers. Toutes ces îles étaient autrefois in-
festées de pirates ; les Anglais leur ont fait furieusement la chasse.

Quant au climat, un peu chaud l'été, puisque nous sommes
sous le tropique, il est fort doux en hiver, et le thermomètre

Paysage près de Hong-Kong.

n'y descend jamais au delà de $+\,8°$ centigrades. En décembre
on peut prendre des bains de mer, et les amateurs affirment
que l'eau y est encore meilleure qu'en août sur les côtes nor-
mandes. L'île de Hong-Kong, au point de vue religieux, est
desservie par des missionnaires italiens, de la congrégation
des Missions étrangères de Milan. La mission de Canton, au
contraire, qui se trouve en face, est desservie par nos missionnaires.

La route qui mène à notre sanatorium suit la mer, à mi-côte de la montagne, par un chemin planté d'arbres et bordé de temps à autre de bouquets de bambous. On passe sur des torrents descendant des sommets; de petits sapins couvrent les rampes abruptes.

Le chemin serpente ainsi jusqu'à Béthanie, bâtie sur un promontoire et dominant la mer, qui vient baigner le bas de la propriété, abritée en hiver de la mousson froide du Nord-Est par le sommet des montagnes, et rafraîchie l'été par la mousson du Sud-Ouest, venant du large.

Sur la côte opposée nous apercevons un cimetière chinois, où chaque tombe est marquée d'une pierre. Les gens riches, seuls, se font faire, au ras de terre, une sorte de monument ayant la forme d'un fer à cheval. Le cercueil est placé au milieu.

Nous avons, le long du chemin, rencontré plusieurs enterrements. Rien de plus singulier : le cercueil, composé de quatre demi-troncs d'arbres, est suspendu à des bambous placés sur les épaules de quatre hommes, qui vont tout le temps au pas de course. On les croirait pressés si, à chaque auberge, ils ne s'arrêtaient, déposant leur fardeau au milieu de la route. Puis, quand ils ont bu, ils repartent au trot. Le mot auberge n'est pas exact, car il n'y a là souvent qu'une Chinoise installée en plein air, au coin d'un chemin ; elle sert du thé, ou autre chose, dans d'affreux pots d'une saleté repoussante.

Arrivés au cimetière, ils font semblant de creuser une fosse, c'est-à-dire qu'ils grattent un peu la terre. Ils y mettent le mort, et c'est fini.

A Hong-Kong, les Anglais surveillent davantage ces sortes d'enfouissements ; des *policiers* mesurent chaque fosse.

Les enterrements des riches se font tout différemment; on y déploie un grand luxe : des *semeurs de papier*, prétendant acheter ainsi la route aux génies qui la gardent, des porteurs d'oriflammes, des pleureuses, etc., occupent plusieurs kilomètres.

Outre les croque-morts, nous croisâmes nombre de coolies, hommes, femmes, enfants, transportant qui des briques, qui des pierres, qui du sable, qui de l'eau pour les constructions. La main-d'œuvre n'est pas chère : chacun porte son petit fardeau, toujours avec un bambou formant balance. Leur façon de procéder est assez singulière. Afin de moins se fatiguer, ils divisent leur parcours et leur charge. Ils déposent au quart du chemin une partie de ce qu'ils doivent transporter, l'y laissent, et vont successivement chercher ainsi le reste. Quand tout est arrivé là, ils recommencent et vont à moitié du chemin, puis aux trois quarts, et enfin jusqu'au bout. Ils se reposent de cette façon la moitié du temps, tout en travaillant.

Après avoir vu au sanatorium nos confrères, nous nous mettons à table avec grand plaisir : la terre ferme, la promenade et l'air frais nous ont creusé l'estomac.

Après le repas, nous allons à cinq cents mètres de là, à Nazareth, autre établissement de notre société ; c'est une maison de retraite spirituelle, où les missionnaires fatigués d'un long ministère viennent, dans le recueillement, se refaire au moral et au physique. On y mène la vie religieuse, et chaque jour on chante l'office. Comme on ne peut pas toujours prier, on travaille. Il y a une imprimerie remarquable, où l'on édite des ouvrages français, latins, chinois, japonais, birmans, etc. On vient de terminer le premier dictionnaire de la langue des sauvages Bah-Nahrs. Comme en cet endroit sont réunis des missionnaires de beaucoup de nos missions, chacun d'eux corrige les ouvrages qui concernent la sienne.

Non seulement on imprime à Nazareth, mais les pères fondent eux-mêmes les caractères, aidés de quelques ouvriers chinois qu'ils dirigent. Voilà comment ils savent rendre utile leur retraite spirituelle.

Après cette double visite nous rentrons à Hong-Kong, afin de rejoindre le *Calédonien*.

A quatre heures nous quittons la rade et faisons route pour Shang-Haï, admirant une dernière fois au passage la splendeur de ce site, égayé par de petites maisons de campagne disséminées au sommet des montagnes et dans lesquelles, au moment des chaleurs, les Anglais riches viennent humer l'air frais de la mer.

Nous avons laissé à Hong-Kong un de nos confrères se rendant au Kouang-Si, l'une des provinces de Chine les plus sauvages et les plus dangereuses. Le courrier chrétien, envoyé pour le chercher, l'attendait depuis plus de huit jours.

Samedi, 4 janvier. — Nous apercevons les côtes de Chine,

passant tout près de la province du Fokien. La mer n'est pas bonne ; on pouvait s'y attendre, car à cette époque règne la mousson contraire. Le froid est déjà très vif, il faut mettre nos manteaux. Hier on étouffait, maintenant on grelotte, demain on gèlera à Shang-Haï. En trois jours nous aurons donc passé de l'été le plus chaud au plus froid hiver. Le commissaire du bord avait eu d'ailleurs l'amabilité de nous en prévenir, pour que nous pussions nous tenir sur nos gardes et nous couvrir en conséquence.

Dimanche, 5 janvier. — La nuit a été détestable. Nous avons achevé de passer le détroit de Formose[1], où la mer est toujours mauvaise, même quand elle est belle ! Aussi, quoique ce fût dimanche, nous n'avons pu dire la messe. On me racontait que dernièrement, l'un de nos vaisseaux de guerre, en remontant le long de Formose, avait eu la moitié de son équipage atteint par le mal de mer. C'est effrayant pour ceux qui ne sont pas marins de profession !

Lundi, 6 janvier. — Encore une grande fête que nous manquerons, celle de l'Épiphanie, puisque nous n'arriverons à Shang-Haï[2] que dans la journée. Nous le regrettons d'autant plus que c'est la fête de notre séminaire.

Depuis ce matin nous remontons le Yang-tsé-Kiang, ou fleuve Bleu, quoique d'un jaune sale affreux. C'est un des plus grands cours d'eau de la Chine. Il sert de route à tout le commerce de l'intérieur ; à son embouchure il mesure vingt kilomètres.

Le pays semble plat, très laid ; çà et là émergent quelques arbres. Faute de temps, nous ne remontons pas avec notre gros navire jusqu'à Shang-Haï. Nous nous arrêtons à Woo-Sung, petit port à une heure et demie de la ville, qui est située dans la branche du Yang-tsé-Kiang appelé Wang-Poo. Là nous montons sur un canot à vapeur sur lequel on embarque les dépêches, les caisses et les voyageurs. En arrivant à Shang-Haï nous trouvâmes les deux procureurs de notre société qui nous attendaient, accompagnés d'un père jésuite, curé de la paroisse européenne. Nous

---

[1] Il sépare le continent chinois de la grande île de Formose.

[2] Ville de Chine, dans la province de Kiang-Sou, sur le fleuve Bleu. Elle est ouverte aux Européens depuis 1842 ; cinq cent mille habitants.

nous rendons à la procure, qui se trouve sur la concession française ; car il faut vous dire que Shang-Haï étant un des ports les plus commerçants du monde, les nations européennes ont chacune obtenu, dans ces derniers temps, la concession d'un grand terrain pour y construire des habitations et les docks nécessaires au commerce. Pour cela une redevance assez considérable est perçue par la Chine.

Afin de protéger ses nationaux, chaque pays entretient à Shang-Haï un vaisseau de guerre. Cette précaution n'est pas inutile, car la poignée d'Européens qui s'y trouve courrait à chaque instant risque d'être massacrée par les Chinois. Ils sont contenus par la crainte d'un bombardement, qui en quelques heures anéantirait leur ville.

Nous remarquons des jonques chinoises armées en guerre. Elles font un singulier effet auprès des magnifiques steamers français, anglais, américains, allemands, japonais même.

Dans chaque concession la police dépend de la nation qui occupe ce territoire.

La procure est près du port. Nous y arrivons après avoir coudoyé des milliers de coolies chinois portant leurs fardeaux en cadence, avec force cris.

Nous nous reposons en attendant le dîner. Il est composé des reliefs du déjeuner, car Mgr Garnier, l'évêque de Shang-Haï, de la Compagnie de Jésus, était venu avec quelques-uns de ses religieux et les procureurs des autres sociétés célébrer chez nous la fête de l'Épiphanie.

On servit du gibier, ce qui n'était pas une grosse dépense : un faisan coûte une vingtaine de sous, et les lièvres presque autant. Dans les meilleurs morceaux, la viande de boucherie revient à six ou sept sous la livre. Voyez, la vie n'est pas chère en Chine.

Ayant pris le thé et causé, nous allons faire la prière devant le saint sacrement, puis nous étendre sur nos nattes.

Mardi, 7 janvier. — Après la messe, nous allons visiter la ville indigène, derrière les concessions.

Les villes chinoises sont entourées de hauts remparts et de larges fossés, sortes d'égouts infects.

Chaque soir on ferme les portes, et les clefs sont portées chez le mandarin gouverneur. Tout ce que vous pouvez imaginer de nauséabond, de repoussant, d'immonde, ne peut donner une idée de ce que nous avons sous les yeux en pénétrant à Shang-Haï. On ne conçoit rien de semblable : des rues d'un mètre cinquante, où grouillent des milliers de Chinois, portant sur leur dos toutes sortes de paquets, même des immondices qui jaillissent sur les passants, lesquels d'ailleurs ne s'en émeuvent guère. Le long de la voie publique, quand ce n'est pas au beau milieu, on voit des Chinois accroupis faisant là, tranquillement, tout ce qu'ils ont à faire ; on ne peut éviter de marcher dedans. On jette tout à la voirie, d'où l'on n'enlève rien. Dans ces ruelles on coudoie des mendiants couverts de plaies et de vermine sans qu'on puisse s'en garer, on les repousse du bras, sans être sûr d'éviter leurs puces et leurs poux. Aussi, à peine entrés, songions-nous à sortir. Mais on tenait à nous montrer l'endroit où les Chinois vont, les jours de fête, boire le thé et fumer l'opium.

C'est une baraque construite au milieu d'une mare croupissante, vraie fosse à purin. On y accède en passant sur un pont en zigzag. Dans ce prétendu *lac*, les Chinois font *tout;* néanmoins ils y lavent leur riz et leurs légumes.

Cependant je dois dire que certaines boutiques, quoique très sales, sont dorées à l'intérieur et remplies de belles choses, de porcelaines, d'images, etc. Mais qui pourrait s'arrêter à admirer? Shang-Haï ressemble à toutes les autres villes chinoises, m'a dit un missionnaire qui a parcouru l'empire, et le père procureur des lazaristes, qui est là depuis bien des années, n'a jamais pu y pénétrer sans être pris de vomissements.

Nous avons aussi visité une paroisse chinoise tenue par un père jésuite. C'est une ancienne pagode convertie en église. Une école se trouve auprès ; nous y sommes entrés. Il est curieux d'*entendre* ces enfants travailler. Chacun d'eux crie à tue-tête, se balançant le corps. C'est un bruit infernal, car dans le même local on fait trois classes à la fois. Il faut être Chinois pour s'y reconnaître.

Le père nous a montré aussi son hôpital, si l'on peut nommer ainsi le pauvre taudis où se meurent sept ou huit mendiants ramassés dans la rue et apportés là. Vite on les instruit de notre sainte religion, autant qu'on le peut, et, quand ils vont expirer, on les baptise.

Nous longeons ensuite un mur, dit *mur d'incendie ;* car si le feu prenait dans cette agglomération de baraques, où grouillent deux cent mille Chinois, tout serait détruit. C'est pour limiter le péril qu'on a séparé les quartiers par ces murs en maçonnerie.

Les mandarins ne s'occupent de la propreté des rues à aucun point de vue. Ils ne sortent qu'en chaise à porteurs, escortés par une bande de satellites armés de bâtons et de tam-tam, afin de faire ranger tout le monde sur leur passage. De temps en temps, quand l'idée leur en vient, et sous prétexte que la rue est sale, ils font administrer une volée de coups de bâton aux passants qu'ils rencontrent, et qui souvent sont étrangers au quartier ; mais qu'importe, la justice a passé !

Nous visitons plusieurs pagodes où brûle de l'encens. Les cierges ne manquent pas devant leurs *poussa,* et ce n'est pas de trop pour éclairer ces sombres *bouges,* autour desquels se tiennent debout, en rond, de sinistres dieux à figure rouge, coiffés d'une toque noire. Ils donnent l'idée d'une cour d'assises infernale.

En passant, nous entrons dans un prétoire. C'est toujours en plein air que jugent les mandarins, comme l'empereur. Mais les cours découvertes, qu'il faut franchir pour arriver jusqu'à la porte derrière laquelle siège le juge, diffèrent par le nombre. Dans ces cours jouent les satellites, les porteurs de la chaise, du parapluie rouge, des enseignes, des tam-tam du mandarin.

Notre curiosité nous a fait regarder quelques instants sur une place des faiseurs de tours : nous ne pouvions nous empêcher d'admirer la prestesse de celui qui les exécutait.

En partant, nous demandons à un père jésuite comment il se fait qu'il n'y ait pas plus d'épidémies dans ces foyers d'infection. Il nous répondit en plaisantant que les mauvaises odeurs tuaient les microbes : on est tenté de le croire.

Je suis sorti de là le cœur serré, bénissant Dieu de ne m'avoir pas destiné à la Chine, et admirant le dévouement des missionnaires qui s'y enferment toute leur vie pour le bien et le salut des âmes !

La visite de quelques églises, particulièrement celle des dames Auxiliatrices, nous fit oublier notre dégoût.

Notre sortie du soir était réservée à la visite du quartier européen, le long des quais, où du moins tout est propre. Le Chinois qui s'y permettrait quelque incongruité serait vite rappelé aux convenances.

Nous rencontrons une bande de prisonniers qu'on promène par les rues, la cangue au cou. C'est une planche d'un mètre carré, qu'ils portent sur leurs épaules et à travers laquelle passe la tête. Ils sont attachés avec des chaînes; d'ailleurs, avec ce lourd collier, ils ne pourraient guère s'enfuir.

On nous fait traverser les squares et les jardins botaniques, qui contiennent quelques jolis spécimens de la flore chinoise. Mais par mesure de propreté on défend à tout Chinois d'y pénétrer.

Le musée d'histoire naturelle nous fut montré par un ingénieur français, grand amateur de papillons.

Enfin je suis allé à l'hôpital, tenu par les religieuses de Saint-Vincent-de-Paul, pour y voir sœur Joséphine, Mlle d'Argouges.

La Mère visiteuse, chargée de toutes les maisons d'Orient, et dont sœur Joséphine est secrétaire, la fit appeler; je pus causer avec elle de vous tous pendant que je visitais l'hôpital.

Elle va bien et semble s'acclimater. Elle est enchantée. Une seule chose l'attriste : elle aurait voulu se dévouer au soin des mendiants, tandis qu'au contraire elle passe son temps loin de l'hôpital, occupée au secrétariat. Elle est allée cette année avec la Mère visiteuse dans le nord de la Chine, jusqu'à Pékin.

A côté de l'hôpital européen, où l'on paye pour se faire soigner, les religieuses ont établi une salle pour recevoir gratuitement, comme l'ont fait les pères jésuites de Shang-Haï, les mendiants mourants, et les baptiser. Les médecins ne vont jamais les soigner, ce sont les sœurs qui s'en chargent. Du reste, les maladies varient peu : presque tous ces pauvres gens meurent de leurs excès et d'avoir fumé l'opium.

A côté de cette salle il y a un dispensaire, où les religieuses soignent les malades qui s'y présentent en foule, matin et soir. Là, se voient des plaies et des choses qu'on ne rencontre nulle part en Europe. Ici encore, il faut avoir vu.

Enfin nous quittons l'hôpital pour rentrer à la procure, dire notre bréviaire et souper.

La chaloupe à vapeur repart de Shang-Haï à dix heures : le *Calédonien* appareille à minuit.

Mercredi, 8 janvier. — Le soleil ne paraît pas, toute la journée
a été triste. Le soir le commandant, au lit depuis trois jours, souffrant d'un refroidissement, m'a fait demander pour causer et se

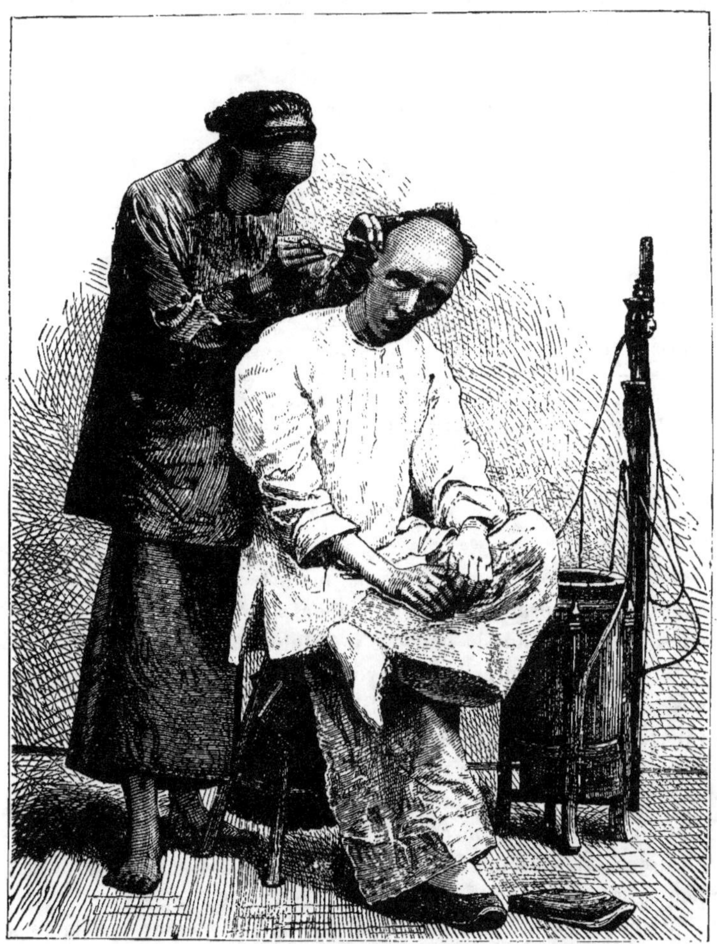

Types de Chinois.

distraire. Quand il a su que nous n'étions pas nous-mêmes très
valides, il a fait appeler l'économe, afin de modifier pour nous
le menu du dîner.

VI

Jeudi, 9 janvier. — Dans la matinée nous commençons à apercevoir les premières îles du Japon, au nord des Goto. Ce soir nous entrerons dans la fameuse mer Intérieure.

Sur les cinq heures, nous avons franchi le détroit de Shimonoséki, entre Nippon et Kiou-Shiou. Il donne accès dans la mer Intérieure. Rien de plus séduisant : l'admiration est universelle. Sans contredit, c'est le plus beau paysage vu jusqu'ici.

A chaque instant nous apercevons un nouveau village japonais, d'une coquetterie remarquable. Les montagnes sont élevées, point abruptes ; rien de dur dans leurs contours. Les arbres paraissent petits, avec des formes très différentes des nôtres.

Malheureusement la nuit vient ; nous ne verrons pas la plus jolie partie de cette mer Intérieure, et surtout certaine passe très étroite, où le courant est parfois si violent, que notre bateau, qui cependant file quatorze nœuds, se trouve réduit à l'immobilité. On se demande s'il le surmontera.

Vendredi, 10 janvier. — Comme nous fûmes surpris, après

notre déjeuner, d'arriver sitôt à Kobé[1]! Nous croyions n'y être qu'à midi, et il était dix heures et demie.

On débarque à quai. En descendant, nous tombons dans les bras des confrères de la mission, accourus de loin à notre rencontre pour nous souhaiter la bienvenue.

Nous avions déjà déjeuné, mais bon gré mal gré il fallut se remettre à table et feindre de manger, par politesse, car chacun nous avait attendus.

Après le repas, un des pères nous mena visiter son installation, dans le quartier japonais, et nous montrer en même temps la ville.

A Kobé, comme à Shang-Haï, il y a deux villes réunies : l'européenne et l'indigène, appelée Hiogo. La première, grande, bien tenue, n'offre rien de particulier à signaler. L'autre ne ressemble guère aux affreux bouges chinois dont j'ai parlé.

Les rues ne sont pas très larges, trois ou quatre mètres environ, le double de celles de Chine. Les maisons sont basses ; l'étalage des magasins est placé à dix ou quinze centimètres du sol, mais tout est rangé avec soin : pas un grain de poussière. Les rues, bien entretenues, sont sans cesse balayées, arrosées : les allées de nos jardins ne sont pas plus propres. Les Japonais ne se permettraient pas d'y déposer les ordures qu'on voit dans le Céleste Empire. La police est bien faite par de petits Japonais trapus, habillés à l'européenne, portant une sorte de képi minuscule, beaucoup trop étroit pour leur grosse tête. Ils sont armés d'un grand sabre recourbé qu'ils manient des deux mains avec une rare habileté : d'un coup une tête roulerait.

Nous sommes donc partis de la mission européenne pour aller chez le père chargé des indigènes ; nous étions en *kourouma*, autrement dit en pousse-pousse, cela va plus vite que nos fiacres pris à l'heure.

Les rues sont pleines de ces voitures, toutes au galop, et qui jamais n'accrochent. Les obstacles sont tournés d'une façon vertigineuse. On lève les bras au ciel, se croyant lancé au milieu des légumes d'une boutique ; mais on n'a pas quitté le fond du siège, la couverture rouge que votre cheval-cocher vous a déposée sur les genoux n'est pas même envolée.

______

[1] Port non loin d'Osaka, dans le Nippon.

Nous arrivons au logis du père. C'est une vraie maison japonaise. Tout le monde peut entrer : point de verrous, d'ailleurs la porte est en papier, comme les cloisons. On peut agrandir les appartements à volonté, il suffit de faire glisser les unes contre les autres de petites cloisons mobiles.

En gens polis, nous nous déchaussons avant de pénétrer, car le plancher des maisons, élevé à une vingtaine de centimètres du sol, est recouvert de belles nattes, toujours très propres. Dans les appartements, aucun siège : on s'assied sur ses talons, comme au Carmel. Les tables n'ont qu'une quinzaine de centimètres de hauteur.

Pour un personnage de distinction, on fait *avancer* non un fauteuil, mais un coussin, sur lequel il se met à genoux, s'appuyant sur ses talons.

Cette cérémonie du déchaussement est très compliquée pour les Européens. Elle oblige presque toujours à emporter dans sa poche un chausse-pied ou un tire-botte, comme on a ses lunettes et son mouchoir.

La chaussure du Japonais est double. Ce sont d'abord des espèces de chaussettes, appelées *tabi,* blanches ou bleues, qui montent au-dessus de la cheville, et n'ont que deux doigts, l'un pour le gros orteil, l'autre pour les autres doigts réunis. Afin de ne pas salir ses chaussettes en marchant dans la boue ou la poussière, on met à ses pieds de véritables petits escabeaux en bois, ils remplacent nos sabots. On les retient par des lanières, dont l'une passe entre le gros doigt de pied. Vous comprenez avec quelle facilité on quitte ces chaussures, c'est même parfois un inconvénient; aussi les hommes de peine et les coureurs préfèrent-ils porter des sandales en paille.

Après cette digression, je reprends mon récit.

Je m'étais donc déchaussé et j'essayais de me tenir assis sur mes talons, comme tout le monde.

On apporte le feu pour se chauffer, c'est-à-dire un vase plein de cendres, où brûlaient cinq ou six petits morceaux de charbon de bois. Nous nous rangeons autour de ce brasero, et l'on sert le thé.

C'est ainsi qu'on reçoit au Japon.

L'appartement principal du père ouvre directement sur la rue. Il n'a qu'à faire glisser de côté ses écrans à coulisses, et il peut

Kourouma, pousse-pousse japonais.

de là faire ses conférences publiques, afin de révéler notre religion. Il illumine sa porte, et tout le monde entre.

L'autre jour, à propos des fêtes de Noël et du premier janvier, il a montré la lanterne magique. Autour de lui se trouvaient plus de six cents personnes qui regardèrent et l'écoutèrent, de huit heures du soir à onze heures. Comme vous le pensez, il présentait les principales scènes de la vie de Notre-Seigneur Jésus-Christ : c'est un des moyens les meilleurs de faire peu à peu connaître la religion, que de mettre à contribution la curiosité des habitants, qui s'arrêtent nombreux. Ce spectacle les frappe, ils reviennent, et entendent ainsi une série de conférences sur la morale et le dogme catholique.

Ce que le missionnaire fait chez lui, il le refait aux environs, dans d'autres villes, où sa conférence est annoncée d'avance.

Vous comprenez que ces déplacements quotidiens et ces installations coûtent beaucoup d'argent et de fatigue. Aussi nos pauvres missionnaires sont-ils vite exténués.

Notre visite terminée, le maître frappa dans ses mains : c'est ainsi qu'on appelle les domestiques. Ils firent avancer les kourouma, et nous allâmes prendre le train pour Osaka, résidence de l'évêque, à une heure en chemin de fer.

La résidence épiscopale d'Osaka est située à une lieue de la gare.

En arrivant, nous allons saluer d'abord le bon Dieu. Dans l'église comme ailleurs, nous admirons la propreté qui règne partout. Au lieu de chaises, des deux côtés de l'allée du milieu, sont des nattes sur lesquelles se mettent les chrétiens. Nous pouvons contempler encore les restes des décorations de la *Christmas :* les colonnes enguirlandées de fleurs, et, dans de grandes potiches du Japon, de hautes branches de camélias en fleur, coupées pour la circonstance.

Puis nous voyons Mgr Midon, vicaire apostolique du Japon central, évêque plein d'entrain et d'une douce gaieté.

Le soir, après souper, nous traversons Osaka en kourouma, pour aller reprendre le train et rentrer à Kobé.

Samedi, 11 janvier. — Nous célébrons la messe dans l'église de Kobé : c'était la première fois que j'avais le bonheur d'offrir le saint sacrifice sur le sol japonais, illustré par tant de martyrs. Notre navire devait repartir à neuf heures et demie pour sa dernière étape. Nous ne sommes plus que deux des onze missionnaires partis ensemble de France. Notre voyage aura duré quarante-sept jours, depuis Paris.

Dimanche, 12 janvier. — C'est à dix heures du matin que nous sommes arrivés à Yokohama[1], notre destination. La mer était grosse dans la rade, et personne ne venait nous chercher.

Sur ces entrefaites, l'agent des Messageries maritimes, M. Blanc, auquel M. Béhic, son directeur, avait bien voulu me recommander, me fit appeler chez le commandant. Avec la politesse la plus courtoise, il m'offrit de me prendre dans sa chaloupe avec mon confrère et nos bagages, pour nous conduire à terre. Il craignait que l'état de la mer n'empêchât le père procureur de trouver une barque convenable. Nous acceptâmes avec empressement, et notre commandant donna l'ordre à ses marins d'embarquer tout ce qui nous appartenait.

Nous débarquons, et pendant qu'on mène nos bagages à la douane, le père provicaire (autrement dit le vicaire général) arrive et s'occupe de nous. Il nous emmène à la mission, où nous trouvons deux autres pères, également en résidence à Yokohama.

Comme c'était dimanche et qu'il faisait beau, le père provicaire nous conduisit chez les sœurs de Saint-Maur. Elles ont un beau pensionnat, situé dans la partie haute de la ville et d'où l'on domine la rade. J'y donnai le salut du saint sacrement. La fatigue du voyage nous fit coucher de bonne heure.

Lundi, 13 janvier. — Pressés de voir notre évêque, Mgr Osouf, nous partons dès le matin pour Tôkiô, la capitale, conduits par le provicaire. Un vent violent et glacial soulevait nos camails, nos chapeaux, entrant à droite, à gauche : nous ne savions comment nous préserver.

Enfin, après vingt minutes de marche à pied et une heure de chemin de fer, nous arrivons à l'évêché, à la cathédrale, aux séminaires (petit et grand), car tout cela est réuni. Figurez-vous une cour : au fond l'église, et de chaque côté de cette cour une maison à deux étages : à droite, le séminaire ; à gauche, l'évêché. Monseigneur se montre à nous avec cette bonté charmante qui séduit,

---

[1] Port à l'entrée du golfe de Tôkiô.

Archevêché et cathédrale de Tôkiô.

dès le premier abord, ceux qui ont le bonheur de l'approcher. C'est un saint, doublé d'un savant en tout genre. Non seulement il administre fort bien son immense diocèse, mais il sait donner lui-même le plan de tout ce qui se construit dans la mission : écoles, presbytères, églises. Après déjeuner nous retournons voir Monseigneur, seuls cette fois, mon compagnon et moi, afin de connaître notre destination.

Mon confrère reçoit un poste provisoire ; il reste dans l'immense district de Tôkiô. Moi, je suis envoyé en plein Japon, tout à l'intérieur, à *Matsumoto*, au milieu des montagnes. C'est un district grand comme six ou sept de nos départements, et qui ne compte encore que deux cent trente chrétiens.

Si vous voulez trouver mon poste sur votre carte du Japon, tirez une ligne horizontale partant de Tôkiô, et quand vous serez arrivés au milieu de l'île de Nippon, montez un peu, et vous verrez écrit : *Matsemoto*. C'est là. Quand irai-je ? Je n'en sais rien encore ; peut-être dans huit jours, peut-être seulement au mois d'avril.

Le soir, un de nos confrères, professeur de français à l'université de Tôkiô, nous mena chez M. Bertin, un Français, ingénieur des constructions navales. Nous ne l'avons pas rencontré ; mais, en rentrant, nous trouvons sa femme et sa fille, avides des nouvelles que j'apportais du fils, comme moi jadis élève du collège Stanislas, à Paris.

Mardi, 14 janvier. — Dans la matinée nous allons visiter le collège des frères marianites, le petit Stanislas de l'endroit. C'est au bout de la ville, par rapport à nous. Nous apercevons, en passant, les murailles du palais du mikado, construites avec d'énormes blocs de pierre ; elles forment trois enceintes.

La maison des frères est bien petite : c'est une maison japonaise, et pas autre chose, mais propre et bien organisée. Ils refusent des élèves et attendent impatiemment de pouvoir acheter un autre terrain, pour s'y établir plus grandement.

Le soir, nous visitons l'établissement des religieuses de Saint-Maur, qui comprend un orphelinat et une pension payante pour les jeunes filles riches.

Nous sommes dans l'admiration des broderies que savent faire toutes ces petites, celles même de six et sept ans : c'est véritablement curieux.

Mercredi, 15 janvier. — Dès le matin nous retournons à Yokohama pour retirer des grandes douanes le restant de nos caisses. Je tremblais qu'on ne tripotât toutes nos affaires, comme on fait si souvent. Il n'en fut rien, et après un simple coup d'œil on fixa en bloc un droit à payer.

Vendredi, 17 janvier. — Dans la journée nous irons à Tôkiô : j'ai hâte de savoir quand je partirai pour l'intérieur...

Eh bien ! je reste ici jusqu'au printemps, c'est-à-dire jusqu'à la fin de mars. Il fait actuellement trop froid dans les montagnes ; d'ailleurs, le P. Clément, qui doit être mon compagnon et mon guide, est obligé de s'absenter, et il ne veut pas me laisser seul à Matsumoto, dans mon ignorance complète de la langue.

J'ai reçu hier votre première lettre, partie le 5 décembre.

Samedi, 18 janvier. — Nous sommes allés visiter à l'extrémité de Tôkiô l'orphelinat des garçons, fondé et tenu par un de nos pères. On apprend toute sorte de métiers à ces pauvres enfants abandonnés ; et en les rendant bons chrétiens, on leur fournit le moyen de gagner honorablement leur vie.

Parmi eux sont des tailleurs, des boulangers ; bientôt il y aura des cordonniers, etc. Ils travaillent d'abord pour l'entretien des habitants de la maison, ensuite pour le public ; de la sorte on se procure quelques ressources.

Mais ce qui me fit le plus de plaisir, ce fut d'entendre ces petits Japonais chanter des paroles et des airs français. Comme on reconnaît bien là nos missionnaires : ils emportent en tout lieu l'amour de leur pays !

Le soir, nous avons fait la visite d'un autre orphelinat de petites filles, celui-là tenu par les religieuses de Saint-Paul de Chartres.

Mardi, 21 janvier. — C'est aujourd'hui le premier de l'an chinois, fixé au premier jour de la première lune. Vous savez que pour eux c'est l'occasion de fêtes interminables. A cette époque la vie devient fort difficile en Chine, tout est fermé ; il faut faire des provisions pour une semaine. On tire des pétards de tous côtés, et le vacarme ne s'arrête ni jour ni nuit.

Ici, à Yokohama, nous en avons un écho, les Chinois étant

assez nombreux. Depuis hier nous n'entendons que des pétarades.
Cet assourdissant tapage n'a pas cessé de la nuit. Je ne sais comment ils font pour y résister. A cinq heures, ce matin, il y avait
autant de bruit qu'hier soir à dix heures, et qu'à midi aujour-
d'hui. Ils attachent autour d'un mât, à la porte de leurs maisons,
une énorme guirlande de pétards reliés entre eux par des mèches,
et y mettent le feu : d'où, pendant quelques minutes, un bruit
infernal. Ce joli plaisir dure trois jours et trois nuits. Jugez de
l'humeur massacrante des voisins pendant la réjouissance, quand
ils ne sont pas Chinois !

Pourtant nous sommes un peu ménagés ici, car la police japonaise, sur la plainte des Européens, met de temps en temps une
sourdine à ce concert.

Dans la matinée, je me suis fait inscrire au consulat de France,
à Yokohama, pour me conformer aux règlements.

Jeudi, 23 janvier. — Je quitte Yokohama pour Tôkiô, mais
il est probable que j'y reviendrai ; car je crois que le provicaire
va demander à Monseigneur de me laisser à Yokohama jusqu'à
mon départ pour Matsumoto.

Vendredi, 24 janvier. — Comme je le pressentais, Monseigneur vient de me dire de repartir dès ce soir pour Yokohama.
Je recevais en même temps du ministre de France une invitation à déjeuner.

VII

Mardi, 28 janvier. — Je prends ma première leçon de japonais. Jusqu'alors je n'avais fait que de la comptabilité, car Monseigneur m'a envoyé à Yokohama pour aider notre procureur souffrant.

Quand on se plaint de la difficulté de nos langues européennes, *on ne sait pas ce qu'on dit :* toutes ne sont qu'un jeu auprès de ces affreuses langues orientales, et du japonais en particulier. Pas de règles fixes, rien que des exceptions, et une construction absolument à rebours de la nôtre. Comme c'est commode de penser à l'envers !

Jeudi, 30 janvier. — J'ai fait mes premiers baptêmes au Japon : j'espère que ce ne seront pas les derniers et que d'autres m'attendent dans l'immense district qui nous est confié, au père Clément et à moi.

Du reste Monseigneur, profitant de mon arrivée, l'a encore augmenté par l'annexe de nouvelles provinces, ce qui porte à quatre millions d'âmes le chiffre de nos *paroissiens* à venir, et à deux cent soixante celui des chrétiens actuels.

Samedi, 1ᵉʳ février. — Hier soir nous étions couchés, lorsqu'on frappa à coups redoublés à la porte du jardin. Nous pensâmes qu'on venait nous chercher pour un mourant. Il s'agissait, en effet, d'un malade : un chrétien avait un de ses petits enfants souffrant, et le pauvre homme était venu demander en toute hâte de l'eau bénite pour lui en faire boire.

Cet exemple montre la foi de ces populations qui, avant les remèdes de la terre, pensent à ceux de Dieu.

Nous donnâmes l'eau bénite demandée, tout en faisant remarquer que l'heure était mal choisie pour venir en chercher.

Dimanche, 2 février. — Le temps est splendide, et comme nous n'avons pas d'offices aujourd'hui, en dehors de la messe, nous allons faire une grande promenade hors de Yokohama. Nous partons après dîner, franchissant monts et vallées, comme de vrais écoliers en congé.

En vérité, je ne sais comment dépeindre cette magnifique campagne des environs de Yokohama. Ce ne sont de tous côtés que collines arrondies, formant entre elles mille délicieuses petites vallées. A chaque détour on aperçoit, par une échappée vers la mer, un hameau de pêcheurs, aux constructions formées de planches et de chaume ; au milieu se dresse la pagode des dieux.

C'est ravissant ; et quand je pense que bientôt tous ces bois de camélias seront couverts de fleurs blanches, rouges, panachées, simples, doubles : je ne me figure plus ce que ce sera !

Le long du chemin les enfants nous offrent des branches de pruniers ou de cerisiers en fleur, de même qu'en France on vend de petits bouquets de violettes.

Au retour de notre longue promenade, nous trouvons à la mission un Anglais. Cet homme, un capitaine au long cours, avait assisté le matin à la messe et entendu le sermon anglais du père, qui prêche alternativement en français et en anglais. Il y avait été question du sacrement de pénitence. Le marin avait été touché : il venait avec simplicité demander à se confesser. Le soir, un autre vint faire de même. Tous les deux devaient se rembarquer le lendemain : avant de retourner dans leur pays, ils tenaient à déposer le fardeau d'une longue vie.

Tous les deux communièrent à ma messe, et j'avoue que leur

émotion m'émut moi-même, les voyant si pieusement recevoir le corps de Notre-Seigneur.

Le soir, j'allai dans la ville japonaise donner le salut du saint sacrement. Le père chargé de ce poste m'avait fait appeler pour l'aider.

Le dimanche, après leur souper, les chrétiens ont l'habitude de se réunir à la mission dans de grands parloirs. Le père passe de groupe en groupe, disant quelques mots à chacun, après force salutations de part et d'autre. Puis, l'heure venue, on monte à la chapelle réciter le chapelet.

Ensuite le père leur parle familièrement, pour les instruire en les édifiant. Les païens viennent souvent, car les Japonais sont naturellement curieux : ils aiment entendre converser. On termine par le salut du saint sacrement et la prière du soir.

Vous ne sauriez croire quel bien font ces petites réunions familières, où tout le monde est admis, les hommes dans une salle, les femmes dans une autre. Que de conversions commencent là !

Mardi, 4 février. — Au Japon, comme partout, il y a des incendies, mais un peu plus qu'ailleurs, puisque chaque maison y brûle en moyenne tous les cinq ans. Est-ce surprenant ? elles sont en planches et en papier. Il suffit d'une maladresse ou de quelque malveillance pour incendier tout un quartier. Aussi, chaque nuit, des veilleurs circulent dans les rues. Chez nous, ces rondes se feraient sans tambour ni trompette. Ici c'est tout le contraire, et le veilleur passe en faisant le plus de bruit possible : il est muni d'instruments sonores qu'on entend une demi-heure avant son passage, et d'une magnifique lanterne dont l'éclat l'empêche d'apercevoir un commencement d'incendie. Aussi ne sont-ce pas les incendiaires qui sont le plus dérangés par ces veilleurs si vigilants, mais les gens paisibles, qu'on prétend protéger en les réveillant toutes les nuits. Cela rappelle les *serenos* d'Espagne et notre *guet* du moyen âge.

Mercredi, 5 février. — C'est aujourd'hui grande fête dans le Japon catholique, en mémoire des vingt-six premiers martyrs de ce pays. Pie IX les mit au nombre des saints en 1869.

Une dame japonaise; son hibatchi ou petit réchaud et sa pipe à ses pieds.

Samedi, 8 février. — Ne vous inquiétez pas si désormais je ne suis pas régulier dans mes correspondances ; soyez sûrs qu'en cas de chose grave vous seriez prévenus de suite par télégramme. Songez qu'une dépêche peut être déposée ici à six heures du soir pour la France, et que le lendemain matin, c'est-à-dire en moins de vingt-quatre heures, on a une *réponse,* car vous savez que nous avons le jour quand vous avez la nuit. J'ai calculé, à ce propos, que disant la messe tous les matins à six heures, il est alors pour vous neuf heures du soir. Vous pouvez donc vous unir de cœur à mes intentions, d'autant plus facilement, que c'est à peu près le moment de votre prière du soir. Au reste, le calcul est facile : pour avoir notre heure à Yokohama, il faut ajouter à celle de Paris neuf heures, neuf minutes, vingt et une secondes.

Dimanche, 9 février. — Hier soir, nous allions souper, lorsque nous aperçûmes le ciel tout en feu : c'était un grand incendie. Vite, nous nous mettons en route pour offrir nos secours. Nous apprenons en chemin que l'incendie n'est pas à Yokohama, mais dans une ville voisine. Plus de *deux cents* maisons furent dévorées par les flammes cette nuit-là.

Les journaux nous apprirent qu'en même temps il y avait eu un incendie à Tôkiô, où seize maisons brûlèrent ; un autre sinistre du même genre avait éclaté à Hakodaté.

La fréquence des incendies au Japon tient à diverses causes, dont une des principales, sans parler des lampes à pétrole, est la façon de se chauffer. Il n'y a pas de cheminées ; on met des charbons dans un grand vase plein de cendres, qu'on dépose au milieu de l'appartement. Quand il fait très froid, on se couche sous une couverture qui recouvre aussi le *brasero.* Il suffit alors d'un coup de vent pour que le feu se communique à la couverture, aux nattes et à la maison, faite de papier et de bois : c'est l'affaire d'un instant.

Il y a encore une autre occasion d'incendies. Quand les charpentiers manquent d'ouvrage, ils s'en procurent en mettant le feu. Ils sont ainsi assurés de ne pas mourir de faim.

Mardi, 11 février. — Pour la première fois de l'hiver, la neige tombe ici. Elle reste sur la terre. Les Japonais en paraissent enchantés, parce que la récolte du riz en sera meilleure, disent-ils.

Jeudi, 13 février. — Je continue à étudier le japonais. Quelle langue difficile ! La construction logique est absolument à l'inverse de la nôtre. Nous plaçons, en français, le sujet, puis le verbe et l'attribut ; en japonais, on met d'abord les compléments les plus indirects, puis les directs, ensuite le sujet, et enfin le verbe.

Tout cela est encore compliqué par le grand nombre de termes employés pour s'exprimer ; car plus on veut être poli, plus on doit mettre de mots dans la phrase. Ainsi, pour dire : « Apportez-moi une assiette, s'il vous plaît, » on dira : « Une assiette prenant, tenant, venez, je vous prie. » En japonais : *Sara wo totté, motté, kité koudasaï.* A un domestique, au contraire, on dirait brièvement : *Sara wo motté koï.* Sachez aussi que les contractions euphoniques sont nombreuses, et que pour tout cela il n'y a aucune règle fixe.

Mardi, 18 février. — Ce matin, vers cinq heures et demie, nous avons ressenti un petit tremblement de terre : c'est le second dont je m'aperçois depuis mon arrivée. Tant qu'ils ne seront pas plus forts, ce ne sera pas la peine d'en parler.

J'ai reçu une lettre d'un de mes confrères arrivé récemment et installé à Foukuoka, île de Kiou-Siou, qui fait partie du vicariat du Japon méridional. Voici ce qu'il me dit :

« Nous sommes tout à fait installés à la japonaise, c'est-à-dire que nous habitons une maison en papier, avec des nattes, peu ou pas de meubles, etc. Le *hibatchi* (le réchaud) traditionnel n'y manque pas, non plus que le vent, qui entre dans nos chambres comme chez lui ; mais le froid n'étant pas, heureusement, très rigoureux, on peu vivre tant bien que mal. Cette organisation me procure le bonheur d'habiter la chambre voisine de la chapelle. Or voisin veut dire séparé par de simples châssis en papier et à coulisses. Je vis donc sous l'œil de Notre-Seigneur et en sa compagnie perpétuelle.

« Nous sortons peu, pour ne pas éveiller l'attention, car nous n'avons qu'un passeport de voyage et non de résidence. Ce poste a été fondé assez récemment et compte encore fort peu de chrétiens, trente ou quarante au plus. Le district a quinze cent mille habitants... »

J'espère, moi, être plus heureux, et, sans passeport de résidence,
pouvoir néanmoins sortir à mon aise; car vous devez savoir qu'il
est absolument interdit, au Japon, à tout étranger de s'écarter

Kôdjiki, mendiant japonais.

à plus de dix lieues des villes concédées au commerce. Pour aller
au delà, il faut une permission du gouvernement.

Jeudi, 20 *février.* — J'ai écrit à Mgr Cléret, notre nouvel évêque
de Laval. Il connaît fort bien ce pays, et les missionnaires, qui
l'y ont vu, ont tous conservé de lui le meilleur souvenir. Il venait
très souvent à Yokohama, quand il était aumônier de marine,

dire la messe à la mission, y prendre même ses repas. Il se montrait toujours empressé à rendre service.

Vendredi, 21 *février.* — Je vous envoie deux lettres écrites par un de nos missionnaires, à propos d'un hôpital de lépreux qu'il vient de fonder. J'ai pensé que cela pourrait vous intéresser au sort, si digne de pitié, de ces infortunés.

Les lépreux sont très nombreux au Japon. Leur vie est celle des mendiants : ils traînent le long des chemins, demandant l'aumône. On peut difficilement la leur refuser, quand on songe que Notre-Seigneur a toujours eu pour ces malheureux une commisération particulière, et que lui-même, tout couvert de blessures dans sa Passion, à cause de nos crimes, avait voulu leur être comparé par ses prophètes.

Samedi, 22 *février.* — Toute la matinée a été prise par un baptême et l'enterrement d'un bon vieux chrétien. Aussi ne me reste-t-il que le temps de vous embrasser avant de porter notre paquet de lettres chez le consul de France.

Lundi, 24 *février.* — Dans la nuit, encore un petit tremblement de terre. C'est chose si fréquente, que personne ne s'en préoccupe.

Ce soir, un jeune missionnaire vint nous surprendre. Il avait été mon condisciple à Saint-Sulpice. Il dut revenir précipitamment à Tôkiô, parce que son passeport expirait le soir même et que la police ne voulait pas le tolérer une heure de plus, s'il n'en avait un autre à montrer.

La police est du reste si bien faite, que nous ne pourrions nous cacher sans être bientôt découverts et ramenés dans les villes concédées aux étrangers.

Mardi, 25 *février.* — Ce jeune confrère m'emmène avec lui à Tôkiô. Nous avons dîné chez les frères marianites, qui nous montrèrent leurs classes. J'y fis subir un examen de physique, *en français,* à un petit Japonais. J'ai été étonné qu'en si peu de temps il sût si bien son cours et s'exprimât avec tant d'aisance dans notre langue.

Samedi, 1ᵉʳ mars. — Les Européens chassent beaucoup autour de Yokohama, notamment les faisans, nombreux dans les bois et dans les champs. Dans les forêts on rencontre des singes dont la chair est, paraît-il, très délicate, des cerfs, des lièvres, des

Sakanaya, marchand de poisson.

ours à longues oreilles. Quant aux sangliers et surtout aux renards, on ne sait comment s'en débarrasser.

Les corbeaux, gros comme des poules, et très voraces, se battent avec les chats au sujet d'une proie.

A Tôkiô, les milans couvrent les arbres des jardins. Ce sont eux qui nettoient en partie les rues.

La pêche surtout est fructueuse, car les mers du Japon sont les plus poissonneuses du monde. D'ailleurs, les Japonais ne mangent pas de viande ; ils se nourrissent presque exclusivement de poisson et de légumes ; toutefois le riz et le thé sont la base de leur alimentation.

VIII

Mercredi, 5 mars. — Nous avons appris, par la dernière malle française, la mort du père de l'un de nos missionnaires. Suivant l'usage, tous les missionnaires qui ont pu quitter leur poste sont venus ici ce matin chanter un service solennel. Nous étions onze.

Le soir, nos domestiques japonais se sont réunis pour présenter à ce pauvre Père leurs compliments de condoléance, et lui apporter les honoraires d'une messe qu'ils le priaient de dire pour le repos de l'âme de son père. Admirez cette délicatesse de sentiments que le catholicisme met au cœur des hommes, même de basse naissance.

Combien, en France, de nos meilleurs chrétiens ne se seraient pas imposé un sacrifice semblable pour essayer de consoler leur curé ! Chacun de ceux-là apportait la valeur d'un franc, l'équivalent de plus d'une journée de travail.

L'an dernier, un autre missionnaire perdait aussi son père. Tous ses chrétiens lui écrivirent pour le consoler, et quelques-uns

7

lui adressèrent même des lettres destinées à sa mère. Pauvre femme, elle n'aura pu les déchiffrer; mais comme c'est touchant! D'autres firent faire une boîte en laque artistement travaillée, pour que le missionnaire y ramassât les lettres de condoléance reçues dans cette circonstance.

Samedi, 8 mars. — Aujourd'hui c'est le courrier pour la France : aussi chacun écrit-il.

L'amour du bon Dieu n'émousse pas les sentiments du cœur, et notre sainte religion élève les affections terrestres à une hauteur où ne saurait atteindre l'âme livrée à elle-même.

Au contraire, les peuples païens qui jamais encore n'ont ressenti les bienfaits de la doctrine évangélique méritent tous, au fond, le reproche de l'Apôtre saint Paul aux païens de la Rome antique : *Sine affectione,* ils sont sans affection.

Je ne parle pas seulement du sublime dévouement de la charité chrétienne, qui ne se trouve qu'au sein du catholicisme ; mais je dis qu'on ne reconnaît même pas chez eux le sentiment, pourtant si naturel, de l'affection filiale véritable.

On compte ceux qui conservent un peu plus longtemps le bel amour de la famille, et on les cite comme des phénomènes : on les déifie presque.

Le païen n'aime que pour lui. S'il aime quelqu'un, c'est d'une façon *égoïste*, parce qu'il y trouve son avantage. Et pour tout dire, dans ses affections c'est lui-même qu'il cherche. Le mariage n'est pas un acte sérieux ; aussi les unions sont peu durables.

Seule la religion chrétienne fonde l'amour sur le sacrifice de soi-même, sur l'immolation de ses goûts personnels, et c'est ce qui fait la sublimité de nos liens à nous chrétiens.

Notre sainte religion ne dessèche pas le cœur, quoi qu'on en dise; et si quelques personnages d'un christianisme *original* font semblant de fouler aux pieds toutes les tendresses du cœur, ils se trompent eux-mêmes et sont hors du véritable chemin.

Le catholicisme réprouve l'amour égoïste, mais glorifie et met sur ses autels l'amour désintéressé, le véritable amour, quand il est poussé jusqu'à l'héroïsme, comme dans un saint François Xavier, un saint Jean de Dieu, un saint Vincent de Paul. Pardonnez-moi cette digression, qui ne m'est inspirée que par le souvenir de votre affection.

Mardi, 11 mars. — Nous voilà presque à la chaleur, et déjà nous avons trop chaud. Les camélias sont en fleur. J'en ai un splendide sous ma fenêtre. Il est à pétales roses bordées de blanc.

Vers huit heures du soir, il y a un petit tremblement de terre.

Mercredi, 12 mars. — Ce matin, avant quatre heures, nous

Pêchers en fleur et station de Kourouma.

avons été réveillés par le tocsin. Notre portier sonnait la cloche de l'église, à cause d'un incendie survenu dans le voisinage.

Quelques jours auparavant, à Tôkiô, il y avait eu trois incendies la même nuit. Dans le premier, mille quatre maisons ont été détruites ; huit cent quatre-vingt quinze dans le second, et à peu près autant dans le troisième. Ils sont dus, croit-on, à la malveillance, car le riz est cher en ce moment, et l'incendie procure de l'ouvrage. On profite d'un vent violent pour commettre ces crimes, afin que le ravage soit plus considérable. Combien de familles sont ainsi réduites à la misère !

Jeudi, 13 mars. — C'est aujourd'hui la mi-carême. Un Français habitant Yokohama, voulant que nous la fêtions un peu, nous a apporté un lièvre. Hélas ! il avait trop compté sur notre cuisinier. Ce brave homme, peu expert, arrangea le lièvre à sa façon. Après l'avoir coupé par le milieu, il le fit bouillir comme un vulgaire pot-au-feu, et nous le servit, le soir, triomphalement sur un monceau de pommes de terre. Nous avons eu beau y ajouter huile et vinaigre, impossible de le trouver bon. La morale de ceci, c'est qu'il ne faut jamais forcer le talent des cuisiniers japonais.

Lundi, 17 mars. — Nous célébrons aujourd'hui le vingt-cinquième anniversaire de la découverte des anciens chrétiens par Mgr Petitjean.

Le culte chrétien était interdit au Japon sous les peines les plus terribles, et nos premiers missionnaires n'avaient d'églises que dans les terrains concédés aux Européens, et seulement pour l'usage de ces derniers.

Or, le 17 mars 1865, Mgr Petitjean, alors simple prêtre, était en prières dans sa nouvelle église de Nagasaki, **quand cinq ou six vieilles Japonaises** entrèrent furtivement et lui dirent : « Nous avons la même religion que vous. » Monseigneur les presse de questions et apprend que, depuis près de trois cents ans, des milliers de Japonais, sans prêtres, sans églises, avaient conservé la foi en dépit des persécutions. Ils se baptisaient de père en fils, et l'on retrouva des vieillards qui, sans sacrement, avaient conservé leur innocence. Depuis trois cents ans, ils attendaient des prêtres pour remplacer ceux qui avaient été martyrisés, et que nous honorons aujourd'hui comme Saints. Aussi jugez du bonheur de ces pauvres gens apprenant l'arrivée de prêtres catholiques ! Malheureusement nos missionnaires étaient surveillés de trop près pour pouvoir sortir des villes concédées et faire le moindre ministère. Il fallait se cacher ; et pendant une quinzaine d'années ils ne purent opérer que la nuit.

Nous fêtons donc aujourd'hui l'anniversaire de cette « Invention des chrétiens » ; et par privilège du saint-siège, dans tout le Japon, chaque année à pareil jour, nous disons l'office et la messe de la sainte Vierge pour remercier Dieu de ce fait, unique dans l'histoire de l'Église.

Mardi, 18 mars. — Nous allons souper ce soir chez le père

qui réside dans la ville japonaise de Yokohama. Il s'appelle
Joseph, et nous voulons le fêter. Pendant le repas, des chrétiens arrivent, apportant pour sa fête des oranges, des œufs,
de véritables fagots de branches de pruniers et de pêchers en

Marchand de fleurs ambulant.

fleur. Tout cela entremêlé de longs discours débités avec force
salutations. C'était d'une naïveté charmante, mais leur grand
sérieux donnait quelquefois bien envie de rire.

Mercredi, 19 mars. — Je vous ai envoyé une petite carte

postale par la voie de Vancouver, espérant qu'elle arriverait à peu près pour la fête de mon père, le 23 avril.

J'aurais voulu vous envoyer des fleurs ; mais, hélas ! elles arriveraient fanées, et représenteraient trop mal les sentiments d'affection que je vous garde, qui ne seront flétris ni par le temps ni par l'espace.

Ce soir j'accompagne le père provicaire chez les religieuses de Saint-Maur, pour faire la cérémonie de profession et de prise d'habit de trois jeunes Japonaises qui entrent dans la congrégation. Qui eût dit, il y a dix ans, que pareille chose se verrait au Japon !

Dimanche, 23 mars. — Ce ne sont, depuis un certain temps, qu'alternatives de soleil et de pluies torrentielles. Aujourd'hui le ciel est beau, et nous en profitons tous pour sortir. Dès qu'il pleut, les chemins deviennent impraticables, et je comprends l'usage des *guéta,* ces planchettes de bois élevées d'un demi-pied au-dessus du sol, portées par les Japonais, et qui pour eux remplacent nos sabots. Quand les chemins sont trop sales, ils vont pieds et jambes nus : il suffit de se laver, en rentrant, dans le baquet qu'on présente. C'est plus simple que de se brosser.

Lundi, 24 mars. — Les fosses d'aisances sont souvent des récipients mobiles, que l'on vide tous les jours. Les *fonctionnaires* chargés de ce soin circulent en ville, soir et matin, portant sur l'épaule un long bois aux bouts duquel pendent deux seaux : ils vont de maison en maison chercher cette *marchandise,* qu'autrefois ils achetaient, mais qu'aujourd'hui ils se font payer ; les Anglais ayant trouvé cette vente inconvenante ! On les sent d'assez loin pour qu'ils n'aient pas besoin d'annoncer autrement leur approche.

Comme c'est l'engrais le plus répandu, au printemps, l'odeur des champs est insupportable, et l'on ne peut guère s'y promener.

Mardi, 25 mars. — Dans les photographies que je vous adresse, vous verrez sur le dos des paysans de grands manteaux de paille. C'est ce qu'ils portent par la pluie pour se garantir. Je crois qu'on ne voit qu'au Japon ce singulier costume. Leur

chapeau, en forme de plat renversé, commode contre la pluie,
l'est moins par le vent. Il repose sur la tête comme un abat-jour
sur une lampe, au moyen d'un support; l'air peut circuler.

Sōtjiya. — Un vidangeur avec son manteau de paille. Costume d'hiver.

Jeudi, 27 mars. — Nous allons voir les cerisiers fleuris :
c'est l'occasion d'une grande fête dans tout le Japon. Aussi les
promenades où se trouvent ces arbres sont-elles remplies de
monde et de boutiques. Les branches sont littéralement enveloppées d'une gaine de fleurs blanches légèrement rosées. On
jurerait de la neige étincelant au soleil.

Dimanche, 30 mars. — Voici le dimanche des Rameaux.

J'ai officié à la messe, et pour la première fois, béni solennellement les palmes. Aussi la pensée m'est-elle venue de vous envoyer ce *premier* rameau. Vous le mettrez dans votre chambre : puisse-t-il la protéger et me rappeler encore à votre souvenir. C'est, je crois, une branche de sagouier. Bien verte en partant, elle sera toute jaunie à l'arrivée. J'y ai joint une petite branche de camélia bénite ; car, au lieu de laurier, on porte des branches de camélia en fleur : c'est d'un charmant effet.

Lundi, 31 mars. — Nous voilà donc en pleine semaine sainte : j'aurai peu de temps à moi ; car, outre les offices, j'ai à préparer le sermon du jour du Pâques. Je suis chargé de prêcher devant la colonie française de Yokohama, à la grand'-messe.

Samedi, 5 avril. — Mon sermon est prêt. Il sera très simple : raconter les apparitions de Notre-Seigneur en ce jour, faisant ressortir la divine bonté qui suscite chacune d'elles. Je terminerai en rappelant aux fidèles que ce Seigneur, si bon, ne nous a pas quittés, et qu'il vit dans le tabernacle comme à Jérusalem, ce qui nous oblige à aller souvent à l'église lui offrir nos adorations. Enfin j'inviterai ceux qui n'auraient pas encore rempli leur devoir pascal à s'en acquitter.

Lundi, 7 avril. — Je suis allé à Tôkiô passer deux jours, et visiter l'exposition du parc de Huéno. Tout n'est pas encore terminé. J'y ai vu de beaux échantillons de l'industrie japonaise, notamment de splendides vases en bronze, des porcelaines, des soieries, etc.

Le reproche qu'on peut faire à cette exposition, qui n'est pas prête d'ailleurs, c'est la confusion, l'entassement. On circule mal dans les galeries, trop étroites et encombrées de vitrines. L'air et la lumière manquent également, car les fenêtres sont petites et garnies de verre dépoli, pour arrêter le soleil. Les objets exposés perdent ainsi beaucoup de leur valeur. Il vaudrait mieux moins de choses et plus de place, pour jouir de l'ensemble. Évidemment on ne peut établir aucune comparaison, même lointaine, avec l'exposition de Paris.

Mardi, 8 avril. — Nous avons appris l'assassinat, à Tôkiô même, d'un pasteur protestant. Le mobile du crime était le vol, car en ce moment la misère est grande et le riz très cher. Certains personnages ont, dit-on, accaparé la récolte pour la revendre à bénéfice.

Mercredi, 9 avril. — De grandes manœuvres viennent d'avoir lieu à Nogoya. Le mikado y assistait. Quel changement dans les mœurs ! Il y a quelques années ce prince, comme tous les monarques orientaux, ne sortait jamais de son palais, où il était l'objet d'une sorte d'adoration. Aujourd'hui, il est obligé de se montrer à ses sujets, car les Japonais sont entrés dans le mouvement; cette année ils nommeront des députés.

Jeudi, 10 avril. — Je reçois vos lettres me parlant de la famine qui, d'après les journaux, régnerait au Japon. Il faut s'entendre : le riz ne manque pas pour le moment, mais il est fort cher. Aussi les pauvres, très nombreux, ne peuvent payer ce prix excessif, et il en résulte effectivement pour eux la famine. De là tous ces vols et les incendies signalés chaque jour.

L'augmentation du riz entrave beaucoup le zèle de nos religieuses. Elles ont grand'peine à nourrir leurs orphelins, et il leur devient impossible d'en prendre de nouveaux. Nous ne pouvons être nous-mêmes aussi généreux que nous le désirerions.

IX

Mardi, 15 avril. — Ce matin, vers dix heures, nous avons entendu tirer le canon : tous les vaisseaux de guerre en rade saluaient l'arrivée du duc de Connaught, un des fils de la reine d'Angleterre, qui venait visiter le Japon.

Nous sommes allés le voir débarquer. Lorsque le paquebot portant le prince est passé devant notre vaisseau de guerre *le Villars*, les clairons ont sonné aux champs, on a pavoisé. Les vaisseaux anglais ont joué leur air national, et les matelots, debout, immobiles sur les vergues, ont crié trois fois le hourra traditionnel.

Jeudi, 17 avril. — Hier soir, à neuf heures et demie, nous avons ressenti un fort tremblement de terre. Les oscillations ont duré cinquante secondes. Les cadres pendus au mur, les fenêtres, les portes, tout remuait. La sensation ressemblerait assez au *frémissement* d'une machine à vapeur surchauffée.

Ce matin, trois autres petits tremblements de terre : c'est du reste l'époque.

Vendredi, 18 avril. — Encore un fort tremblement hier soir, à dix heures et demie. Les Japonais ont remarqué qu'il y a presque toujours coïncidence entre la température et ces phénomènes. Ils se produisent surtout, disent-ils, aux changements de temps, lorsque la chaleur est lourde et humide. C'est en mai qu'il y en a le plus. Dans ce seul mois, on en a enregistré, certaine année, plus de cent à Yokohama, et jusqu'à huit en un jour.

Lundi, 21 avril. — Nous allons voir une exposition de fleurs chez un jardinier de Yokohama. Les pivoines sont les reines de la fête. Elles sont moins extraordinaires par la variété des couleurs que par la dimension des fleurs, qui ont la grosseur d'une tête d'homme. Chaque pied a son pot séparé, et ne porte que deux ou trois fleurs. Elles développent un parfum assez agréable.

J'ai remarqué également une belle collection d'azalées. Ce n'est pas ici un arbuste rare, on en trouve partout sur les montagnes.

J'ai vu aussi en pot de jolies glycines blanches et violettes.

Ce que les Japonais admirent surtout, et ce qui les passionne, ce sont de tout petits arbres rabougris, âgés de plus de cent ans, tels que cèdres, sapins, etc., dont les branches sont retournées, tressées. On voit des cèdres de deux cents ans qui tiendraient dans une boîte à chapeau. C'est curieux, mais je ne puis trouver cela beau. Ces petits monstres artificiels étaient là en grand nombre, et les Japonais s'extasiaient à leur vue.

Mardi, 22 avril. — Je crois en vérité que vos bons anges ont soufflé dans les voiles du navire anglais m'apportant vos lettres de fête ; car, la veille même de la Saint-Georges, à quatre heures du soir, je recevais vos chers souhaits. Ils ne seraient pas arrivés plus à point si nous eussions habité porte à porte. Il a fallu que le Ciel s'en soit mêlé, puisque le vaisseau est arrivé en avance de deux jours.

Les Japonais, qui ont bien des défauts, ont du moins la qualité de savoir faire plaisir. Grande fut ma surprise, en entrant le soir dans la salle à manger, de la voir enguirlandée de lanternes du pays et, devant moi, de trouver une magnifique azalée rouge. Puis les chrétiens arrivèrent pour me fêter : tous, vieux et vieilles, avec les petits enfants, que leurs parents faisaient se prosterner. Ils m'apportaient un gros bouquet des pivoines et des azalées que j'avais admirées la veille. On ne me fit pas de discours, je n'y aurais rien compris. A tout j'ai répondu par un *arigatô,* merci, en japonais. C'était court ; mais si ces pauvres gens avaient pu lire dans mon cœur, ils auraient vu que j'avais su le mettre tout entier en un seul mot.

Jeudi, 24 avril. — Monseigneur a reçu de Rome la nouvelle que la hiérarchie sera décrétée au Japon. Le pape agit de sa propre autorité, après entente préalable avec le gouvernement japonais, et se réserve de fixer l'époque de la proclamation officielle.

Nous aurons donc ici quatre sièges épiscopaux, dont un archiépiscopal, savoir : Nagasaki, Osaka, Hakodaté et Tôkiô, siège de l'archevêché. Comme je vous l'ai dit, je ferai partie de l'archidiocèse de Tôkiô.

Vendredi, 25 avril. — Le 1er mai, aura lieu la bénédiction solennelle de l'église de Kioto.

Mgr Osouf se rendra à cette fête, très importante pour nous, Kioto étant la ville sainte du Japon. C'est là que résidait autrefois le chef du pouvoir.

Mardi, 29 avril. — Nous sommes à l'époque de la fête païenne du Poisson. Au bout de longues perches, devant chaque maison, on attache un bouquet ; puis, le long de ce mât, on fixe par la tête d'immenses poissons en papier ou en étoffe. Ils se meuvent au gré du vent et, quand ils sont bien faits, on dirait, à voir leur queue et leurs nageoires s'agiter, que vraiment ils nagent dans l'air. Il y en a de toutes couleurs.

Mercredi, 30 avril. — La fête du Poisson, qui a lieu le cinquième jour du cinquième mois, est la fête de tous les garçons nés dans l'année ; comme celle du troisième jour du troisième mois est celle des filles. Celle du premier jour du premier mois, ou premier de l'an, est celle de tout le monde.

A la fête du Poisson, les amis des familles où un garçon est né apportent de ces poissons de papier ou d'étoffe ; ils sont en forme de sacs, ouverts aux deux bouts, pour que le vent s'y engouffre et les fasse voltiger. Ils expriment qu'on souhaite à l'enfant de *nager* parmi les événements de la vie aussi facilement que

L'empereur Moutse-Hito (le mikado).

L'impératrice Harou-Ko.

Le prince impérial Harou.

le poisson dans l'eau ; d'être rempli de bonheur, comme l'animal offert est plein de *vent;* enfin, de devenir aussi grand que ce symbole, auquel on donne parfois les dimensions d'une baleine.

Jeudi, 1ᵉʳ *mai.* — Aujourd'hui commence le beau mois de

Marie, qui va tant nous faire regretter nos fêtes de France. Nous n'avons pas assez de chrétiens pour faire de même, et beaucoup sont trop pauvres pour louer chaque jour un vêtement, afin de se vêtir convenablement et venir décemment à l'église. Ils le font le dimanche : peut-on exiger davantage?

Pour comprendre la pauvreté il faut venir en ces pays païens, où la bourse du riche est fermée. Les familles sont nombreuses, et les pauvres gens cherchent à se débarrasser de leurs enfants : ils ne les vendent pas, ils les donnent à qui veut les prendre, s'en charger et les adopter.

Nous ramassons le plus que nous pouvons de ces petits êtres; mais l'argent nous fait défaut toujours, et le nombre des places dans les orphelinats est limité. Nous ne choisissons, parmi ceux qu'on nous offre, que les plus déshérités, les plus malades, les plus laids. Nous les soignons de notre mieux ; et si nous ne réussissons pas toujours à leur conserver la vie, nous en faisons du moins, par le baptême, des anges pour le ciel. Ils y prieront pour leur patrie et pour le bienfaiteur inconnu qui leur a donné son aumône, dans l'espoir de les rendre heureux.

Dimanche, 4 mai. — Les fêtes pour la bénédiction de l'église de Kioto ont été splendides ; les journaux ont raconté qu'outre nos trois évêques et vingt-sept missionnaires, le ministre plénipotentiaire de France, celui d'Autriche-Hongrie et le vice-consul de France à Kobé ont assisté à cette imposante cérémonie. Étaient également présents, venus sur invitation, le gouverneur de Kioto, accompagné de son secrétaire général, le préfet de police, les maires de deux arrondissements et les chefs de différentes administrations, le président du conseil général avec dix-huit conseillers, les directeurs des principales industries, ceux de plusieurs banques locales et de quatre journaux. Bon nombre de professeurs des écoles de la ville entouraient les autorités. Une quinzaine de dames, parmi lesquelles la femme du procureur impérial, accompagnaient quinze religieuses de la mission.

Une musique militaire, venue d'Osaka, prêta son concours; des prières solennelles furent dites pour l'empereur du Japon et pour les fonctionnaires.

La nouvelle église n'avait pu contenir tous les curieux : la foule s'y succéda toute la journée et tout le lendemain.

Lundi, 5 mai. — Le mauvais temps continue. J'ai été néanmoins obligé d'aller deux fois à la montagne chez les sœurs, ce
matin pour dire la messe, et ce soir pour un enterrement. Mais
la pluie tombait si fort, que nous n'avons pu aller jusqu'au
cimetière japonais, situé assez loin. J'ai donc donné l'absoute,

La principale rue de Tôkiô arrangée à l'européenne.

et le convoi a été remis au lendemain. On ne se figure pas en
France ce que sont ces pluies diluviennes, tombant nuit et jour
sans interruption, transformant les chemins en torrents. Au
surplus, on n'a pas souvenir ici d'une si longue série de mauvais
jours.

Mardi, 6 mai. — Le temps est devenu meilleur, et je puis

enterrer ce matin la pauvre jeune fille de dix-sept ans morte subitement chez les sœurs.

Nous avons été réveillés la nuit par un incendie peu éloigné, pas grave heureusement.

Mercredi, 7 mai. — Tous les missionnaires présents à Tôkiô étaient invités à déjeuner aujourd'hui chez Monseigneur, pour dire adieu à trois confrères partant pour le nord du Japon. Autre chose m'y attirait, c'était la préparation des caisses qui doivent me précéder à Matsumoto, car le voyage est long à cause de la difficulté des chemins. Il n'y a pas encore de route carrossable, et tout doit être transporté à dos de chevaux.

Le P. Clément vient d'arriver ; nous partirons du 19 au 20.

Une circonstance fortuite m'a fait manquer le train que je devais prendre pour retourner à Yokohama.

L'empereur du Japon rentrait dans sa capitale, revenant de Nagoya et de Kioto, et toutes les troupes, les autorités, ses ministres, ses femmes, étaient venus au-devant de Sa Majesté le mikado. J'eus tant de peine à traverser ce cortège avec ma petite voiture, qu'en entrant dans la gare je vis mon train partir. Il fallait attendre une heure : je fus vite consolé, car j'allais voir le souverain du Japon. Il y a dix ans, il ne sortait jamais de son palais qu'en chaise fermée, et chacun était obligé de se prosterner sur son passage, sans lever les yeux, en signe d'adoration.

Toute la cour était là ; sur le quai, la musique se disposait à jouer l'air national, au moment de l'arrivée du train impérial.

Quelques instants auparavant, les curieux ayant été contraints d'évacuer la gare, je me mêlai aussitôt aux personnages officiels, espérant être pris pour l'un d'eux. Je pus donc jouir à l'aise du spectacle.

On annonce le train : l'impératrice, accompagnée de la mère du mikado, toutes deux habillées à la japonaise, dans une grande robe de soie blanche brodée, s'avancent pour recevoir le souverain. La cour les suit.

Le train arrive : le wagon de l'empereur est au milieu. Il est plus grand et plus élevé que les autres. La locomotive, en s'arrêtant, a laissé échapper un léger coup de sifflet, à peine perceptible, pour ne pas incommoder d'augustes oreilles.

La musique commence l'hymne national, monotone, lugubre, sans allure guerrière.

Le mikado paraît : il est grand, un peu voûté. Il a des moustaches noires, et porte un costume militaire assez semblable à celui d'un colonel d'infanterie française, petite tenue. Il marche lentement, le képi sur la tête, sans regarder autour de lui ni répondre aux saluts, sans même prêter attention aux prosternations de ses familiers. Devant et derrière lui, les porte-insignes, et l'étendard impérial ; ce drapeau est en soie rouge, avec un soleil d'or brodé au milieu.

A vingt mètres en arrière vient le petit prince, costumé en officier comme son père, et marchant avec autant de raideur. Il semble avoir huit ans.

La cour suit d'assez loin.

Leurs majestés montèrent au premier étage de la gare, et revinrent au bout d'un instant prendre leurs carrosses, dans le même ordre : le père monte dans l'un, le fils dans un autre, puis les ministres, etc., suivis des lanciers.

Les personnages officiels, les impératrices prirent place à leur tour. Pendant tout le défilé on a joué l'air national.

Lundi, 12 *mai.* — Je reçois aujourd'hui mon passeport du gouvernement japonais par l'intermédiaire de la légation de France. J'ai la permission, pendant six mois, de voyager dans une bonne partie des provinces centrales de Nippon. Me voici donc en règle, et je puis partir sans être inquiété par la police. Faute de passeport, je serais immédiatement ramené à Yokohama entre deux policiers, car le Japon est toujours fermé aux Européens. Ils ne peuvent y pénétrer sans une permission spéciale, et toujours limitée quant au temps. Ils ne peuvent non plus ni y acquérir, ni s'y établir. Mais en revanche, d'après les traités, nous ne pouvons être jugés par les tribunaux japonais. Si nous commettons quelque infraction, c'est notre consul seul qui a juridiction sur nous.

Mardi, 13 *mai.* — Il vient de se passer à Tôkiô, sur la concession européenne, un fait à relever. Un révérend pasteur protestant, sortant en voiture de chez lui, rencontra l'impératrice mère, également en voiture, mais escortée de lanciers indigènes. Il eut l'inconvenance ou la distraction grave, de ne pas saluer. Aussitôt un lancier voulut le découvrir avec sa lance ; mais, en visant le chapeau, il atteignit aussi la tête, peu grièvement du reste. L'escorte passa, et l'on crut que l'affaire en resterait là.

Mais le bruit s'en répandit, et une bande de Japonais vint assiéger la demeure du révérend pour la piller et faire un mauvais parti au propriétaire. On dut aller au plus vite chercher la police, qui à l'heure actuelle garde encore l'habitation. Quant au pasteur, il a filé sur Yokohama avec femme et enfants. Il attend le prochain bateau pour s'embarquer.

Si le fait se fût produit non pas dans la concession européenne, mais dans la ville japonaise, l'émeute n'eût pu être maîtrisée, et notre Anglais eût payé de sa vie son imprudence.

Le Japonais est doux, montre une politesse exagérée, toute de formes ; il n'est pas méchant, mais garde le souvenir d'une injure et se venge dès qu'il le peut. Sa tête se monte, comme celle d'un enfant ; alors il ne calcule plus, et l'on voit paraître des instincts de cruauté féroce. Messieurs les révérends devraient le savoir et ne pas s'exposer à ces sortes d'aventures. Quand on vient moraliser un pays, il faut d'abord enseigner par son exemple le respect de l'autorité, quelle qu'elle soit ; autrement on encourage l'insubordination, la révolte, la révolution. Il faut faire oublier qu'on est fils de Luther, ce moine révolté contre ses supérieurs, violant les serments les plus sacrés.

Jeudi, 15 mai. — Dans la soirée je reçois la visite de l'agent des Messageries. Il m'annonce le courrier de France pour demain, et me dit que le révérend qui faillit se faire écharper à Tôkiô s'embarque avec toute sa smala. Le pasteur prétend que ce n'est pas la peur qui le fait partir, que sa mission est terminée : il trouve peu de gens disposés à le croire.

X

Mardi, 20 mai. — C'est aujourd'hui enfin que je me mets en route pour gagner, en passant par Matsushiro, le poste qui m'a été assigné en janvier dernier, Matsumoto.

Après avoir célébré la sainte messe à la cathédrale de Tôkiô dès cinq heures, et déjeuné aussi abondamment que permettait l'heure matinale, nous montons, le P. Clément et moi, dans les petites voitures qui doivent nous conduire au chemin de fer, à l'autre bout de la ville. Nos bagages nous suivent.

Monseigneur et tous les pères sont venus nous embrasser et nous souhaiter un heureux voyage. Avant de prendre nos billets, nous devons exhiber nos passeports.

Dans la première partie, la route n'offre rien de remarquable : ce sont des champs de thé, de mûrier, de blé, des rizières.

Vers midi, nous achetons à une station un déjeuner japonais. Dans un copeau de bois très mince, une vraie feuille de papier, nous trouvons des boulettes de riz froid cuit à l'eau, avec des *côcô,* c'est-à-dire des morceaux d'une sorte de navet fermenté, appelé *daïkon,* exhalant une odeur nauséabonde. Et c'est tout.

Au bout de la ligne du chemin de fer, à *Yokogawa,* la montagne de l'*Ousui,* qu'il va nous falloir escalader, nous barre la route.

Nos places retenues dans une affreuse voiture, nous essayons encore de déjeuner. Assis à terre, on nous présente une soupe de poisson, c'est-à-dire l'eau même dans laquelle a bouilli je ne sais lequel de ces animaux, en compagnie d'herbes vertes.

Au Japon, on ne connaît pas la cuiller : le potage se boit, et l'on aspire les choses solides avec un bruit d'aussi bon ton qu'il serait déplacé chez nous.

Après le potage vient l'inévitable riz, mais sans fourchette, bien entendu. Elle est remplacée par deux petits bâtonnets de bois. C'était la première fois que je me servais de pareil instrument. Il me fallait faire mon apprentissage en public. Au surplus, la nécessité est le meilleur maître, et à la fin de ma tasse de riz, je me servais de mes petits bâtons sinon avec adresse, du moins de façon à ne pas mourir de faim, comme maître renard chez la cigogne.

Pour manœuvrer ces bâtonnets, on les prend tous deux de la main droite; et, les appuyant à la naissance du pouce et de l'index, on les fait jouer avec les autres doigts, s'en servant comme de petites pincettes.

Sur un même plateau on nous apporte ensuite un bol de riz accompagné de deux ou trois autres choses, dans de petites soucoupes, à la mode japonaise. Nous mangeons alternativement une bouchée de poisson, deux bouchées de riz; une gorgée de soupe, deux bouchées de riz ; une de *côcô,* deux de riz ; une de radis, et ainsi de suite. Le tout arrosé de quelques tasses de thé vert, sans sucre.

Nous payons notre repas : l'addition s'élevait à cinq sous par tête. Ce n'était pas cher, et cependant nous n'avions pas mangé pour ce prix.

Il était deux heures quand nous montâmes dans la caisse en bois qualifiée pompeusement de tramway. Deux chevaux la traînaient sur des rails. Ce coffre ne pouvait contenir que huit personnes, et nous nous y entassâmes douze, les uns sur les autres. J'étais sur les genoux d'un vieux bonze, qui fut poli, contrairement à l'habitude de ses collègues.

Cinq voitures comme la nôtre partent ensemble en caravane,

et nous escaladons la montagne au trot de nos deux chevaux,
changés toutes les lieues. Cette route, qui serpente au milieu
d'arbres de toute sorte, porte le nom significatif de chemin des
cinq millions cinq cent mille détours.

La voie est si étroite, que parfois on est à moins de cinquante
centimètres d'un affreux précipice, sans parapet : de l'autre côté
se dresse la roche toute droite.

Un faux pas des chevaux, le moindre déraillement du véhicule

Repas japonais.

auraient de terribles conséquences. Les détours sont brusques, et
c'est en les faisant au galop qu'on s'expose à verser. A cette
époque, le chemin est assez beau ; car il n'y a plus de neige
ou de verglas. De temps en temps nous trouvons des gares, où
sont rassemblées de nombreuses petites charrettes chargées de
caisses, attendant que nous soyons passés pour reprendre ce
sentier, qui ne permet pas à deux voitures de se croiser.

Autrefois, la nuit surtout, ce trajet était imprudent, car la
montagne était infestée de voleurs prêts à détrousser les voyageurs attardés. Parmi ces malfaiteurs se trouvaient un prêtre
shintoïste et son fils, gardiens l'un et l'autre d'un temple situé
sur un pic des alentours ; ce cumul de fonctions permettrait de
supposer que leur *casuel* ordinaire était bien mince !

Voici du reste, d'après un voyageur qui vient de faire ce voyage, la description de ce dangereux passage :

« L'Ousui est un des plus longs cols du Japon. Il réunit l'immense plaine de Tòkiò à celle du Shinano. Vingt-deux kilomètres de montée et un de descente le font déboucher au pied du volcan Asama-Yama. La route, creusée sur le flanc de la montagne, en suit tous les contours et les caprices, le long d'un ravin profond, dont les bords, parfois escarpés, sont d'un aspect peu rassurant.

« Cette route étroite n'a pas été faite pour un tramway, car sans cesse elle fait des coudes presque toujours à angle droit. Mais cette considération n'a pas grande valeur au Japon.

« Une voie, large de moins d'un mètre, y a été posée. Des voitures, tirées par deux chevaux, y sont lancées au grand trot et parfois même au galop. Pour adoucir les courbes par trop brusques, la voie, aux tournants, se rapproche le plus possible du précipice, dont souvent elle n'est séparée que par l'espace juste suffisant pour le passage d'un cheval. Bien entendu, nulle trace de parapets ou de barrières.

« La montée de ce col, dans un pareil tramway, est encore supportable, quoique aux tournants la voiture soit furieusement secouée, ce qui fait jeter involontairement un regard inquiet sur le précipice.

« Mais la descente est indescriptible : le trot des chevaux n'est jamais ralenti ; on file toujours, parfois même au galop, s'attendant à chaque instant à rouler dans le ravin, accident arrivé peu de temps avant notre passage. Le missionnaire qui m'accompagnait, et qui a fait de longs voyages en Amérique, me disait : « Décidément les Américains sont enfoncés, les Japonais sont « plus forts qu'eux ! »

« Il est peu probable, en effet, que dans aucun pays du monde ce tramway ait son pareil. »

A mesure que nous nous élevions, le froid devenait plus vif ; nous avions le nez rouge et presque l'onglée aux doigts : au sommet, à *Karuisawa*, je fus obligé de mettre tous mes manteaux : c'est un des endroits les plus froids du Japon.

Nous prenons, à six heures du soir, un autre train qui nous mène à *Yashiro*, où nous arrivons vers huit heures. Nous découvrons à notre droite l'*Asama-Yama*, volcan qui fume toujours, le plus célèbre et le plus élevé après le Foudji, la montagne sainte.

Ayant débarqué et soupé avec du riz et des œufs à la coque, mangés sans pain et avec l'aide seulement de petits bâtons, nous partons pour *Matsushiro,* à quatre lieues de là. Nous louons trois hommes pour nous traîner avec nos sacs de voyage. Le chemin est mauvais : des ornières, des pierres, des ponts disjoints à travers lesquels on aperçoit l'eau ; des secousses qui nous font bondir sur nos sièges comme sur le dos du cheval le plus dur. Enfin, vers dix heures du soir, nous arrivons au terme fixé.

Nous avions besoin de repos : nous faisons nos lits dans la maison du catéchiste. L'opération n'est pas compliquée : il suffit d'étendre une couverture sur une natte et de la recouvrir d'un drap.

Quand on n'y est pas habitué, la première nuit ainsi passée est peu favorable au sommeil, mais on se rattrape la seconde. Malheureusement encore, cette nuit-là, nous n'eûmes pas de chance. Un des enfants du catéchiste ne cessa de crier ; et comme les cloisons sont de simples paravents en papier, nous partageâmes toute la joie du père de famille.

Les murs ne sont, du reste, guère plus épais que les cloisons, ce qui fait qu'on ne peut ni se renfermer convenablement ni se défendre du froid.

Quant aux cheminées, elles n'existent pas. On fait la cuisine dans un coin, et la fumée qui s'échappe noircit tout. Tel est le confort au Japon.

Mercredi, 21 mai. — Après notre lever, nous préparons une table, faite avec des paravents, sur laquelle nous installons un autel pour célébrer la sainte messe. Bien des objets nous manquaient. Nous n'avions ni canons d'autel, ni pupitre, ni bourse pour mettre le corporal ; comme pale, nous nous sommes servis d'un autre corporal.

Fatigués encore de la veille, nous nous sommes reposés toute la journée, assis à terre, comme les Japonais. Le catéchiste est jusqu'à présent le seul chrétien de Matsushiro. Le soir, un riche marchand païen est venu causer avec nous. Nous espérons que bientôt il se fera chrétien, ainsi que plusieurs autres.

Jeudi, 22 mai. — Ce matin, après la sainte messe et le premier déjeuner, fait avec du poisson *cru,* tout palpitant encore et trempé dans une sauce noire, appelée *shóyou,* afin de le rendre moins fade et moins rebutant, nous avons fait une promenade avec le riche païen de la veille.

Il nous fait visiter ses propriétés, situées sur l'emplacement du château de l'ancien *daïmio* ou seigneur. On voit encore les fossés et les murs, formés d'énormes blocs ajustés à merveille les uns aux autres, sans ciment et sans terre. Notre homme possède là de vastes champs de mûriers, dont il vend les feuilles pour la nourriture des vers à soie.

Les mûriers du Japon ont la feuille plus petite que les nôtres ; elle ressemble à celle de la ronce. Tous les ans, ces mûriers sont coupés par le pied, et l'on cueille les feuilles des rejetons. On fait jusqu'à trois récoltes de vers à soie chaque année ; il faut donc se pourvoir de trois récoltes de feuilles. Aussi les coupes sont-elles échelonnées dans chaque champ.

Après nous avoir montré la belle plaine de Matsushiro, enfermée dans une immense ceinture de montagnes, il nous conduisit chez un de ses amis, grand marchand de poisson. Celui-ci possède dans des bassins des milliers de carpes, dont beaucoup, âgées de plus de trente ans, pèsent une vingtaine de livres.

L'homme chargé de les nourrir frappe du pied sur le bord : c'est le signal du repas. Quand toutes sont arrivées, il jette leur pâture, composée de chrysalides de vers à soie, résidu des cocons dévidés. Toutes ces bêtes, pour happer leur part, se pressent alors les unes contre les autres, le long de la rive ; on pourrait les prendre à la main, tellement elles sont peu craintives.

Le propriétaire en pêcha une belle pour nous l'offrir.

A l'époque du frai, on jette dans l'eau des herbes pour que les carpes y déposent leurs œufs. Puis on retire ces herbes, qu'on porte dans un autre bassin, afin que les petits poissons, à leur éclosion, ne soient pas dévorés par leurs parents.

En rentrant, nous fîmes rôtir notre carpe, peu désireux de la manger crue, comme ce matin.

Vendredi, 23 mai. — Nous nous levons dès trois heures du matin, car nous voulions dire nos messes avant de partir pour Matsumoto.

A cinq heures, on nous fait grimper dans une espèce de voiture sans ressorts, toute vermoulue, attelée d'un cheval japonais que tout effrayait, si bien qu'il fallait toujours quelqu'un courant à ses côtés pour le saisir à la bride et l'empêcher de se jeter, et nous avec lui, dans les ravins et les rizières bordant la route.

Enfin, après avoir été bien secoués par les ornières, nous arrivons sur les sept heures à la gare de Yashiro, pour reprendre le train où nous l'avions quitté trois jours avant.

Préparation du repas.

Une heure plus tard nous étions à *Uyéda*.

Désormais plus de chemin de fer ni de voiture : il faudra gagner Matsumoto à pied, ou traînés par des hommes.

Nous en louons trois, qui nous tirent pendant six lieues, dans des chemins rocailleux, jusqu'au pied de la montagne.

Là, deux hommes chargent nos colis sur leur dos, et nous gravissons à pied une montagne assez abrupte. Pour nous garantir des ardeurs du soleil, nous mettons nos mouchoirs sur nos chapeaux, nous couvrant en outre de nos parapluies. Nous avions remonté et attaché notre soutane autour de la ceinture.

La montagne est aride : çà et là quelques pins, des polonias, des touffes d'azalées roses, des glycines violettes qui jettent une note joyeuse sur ce sol trop dépourvu de verdure.

De distance en distance nous nous arrêtons pour faire reposer nos porteurs, qui fument leur petite pipe et boivent une tasse de thé. Nous faisons comme eux, après nous être rafraîchis en nous lavant la figure et les mains dans l'eau tombant des rochers.

Nous croisons la poste : le service est fait par un homme portant aux bouts d'un long bois ses paquets de lettres. Il dégringole à toute vitesse la montagne, et il la remontera le soir comme il l'a descendue. On le relaye toutes les lieues.

Au sommet, l'aspect change : autant le versant que nous quittons était désolé, autant celui du sud est luxuriant de végétation. Ce ne sont que fourrés presque impénétrables.

Au bas, nous laissons nos porteurs pour prendre des voitures. On nous traîne jusqu'à la seconde montagne, où nous quittons de nouveau nos véhicules pour recommencer notre ascension.

Le sol est, par ici, des plus bouleversé : ce ne sont que vallons et montagnes. Afin de raccourcir un peu le chemin, on passe le sommet de la montagne sous un tunnel soutenu par des poutres, comme les galeries de mines. De là nous apercevons Matsumoto, au centre d'une immense vallée.

Au bas de la montagne nous prenons une nouvelle voiture, et enfin, à huit heures du soir, nous entrons dans cette ville de vingt mille habitants.

Tout y est en fête pour une cérémonie du culte shintoïste, religion dominante.

Les rues sont illuminées et ornées de fleurs. Nous croisons la procession et passons à côté du *tabernacle,* que portent une vingtaine d'hommes en blanc. Une foule d'insignes sont arborés en désordre. Le prêtre est monté sur un cheval. Des chars remplis d'enfants, que traînent d'autres enfants ; des cris, du tapage, aucun recueillement : telle est la fête.

Nous passons au galop de nos hommes et nous entrons dans notre petit presbytère.

Samedi, 24 mai. — Matsumoto est situé au centre d'un immense cirque, fermé de tous côtés par des montagnes aux cimes couvertes de neige.

Notre jardin est bordé par la digue et le fossé de l'ancien château. Nous sommes un peu isolés des autres maisons, de sorte que nous craignons moins les incendies.

La maison est japonaise intérieurement. Dans la cuisine jaillit une source d'eau vive qui va se perdre dans un petit étang, au bout du jardin.

Dimanche, 25 mai. — C'est aujourd'hui la Pentecôte : je dis la messe en bas, dans le parloir transformé en chapelle. Les chrétiens y assistent nombreux, et je donne la sainte communion à une dizaine d'entre eux.

Lundi, 26 mai. — Ma journée se passe à défaire mes caisses et à mettre tout en ordre, ce qui ne se fera qu'incomplètement, car tout mon mobilier n'est pas prêt.

Nous sommes encore sans le saint sacrement, mais j'espère que nous jouirons bientôt de ce bonheur si nécessaire au missionnaire.

Mardi, 27 mai. — C'est aujourd'hui l'anniversaire de ma première communion. Comme le temps a couru vite depuis ce grand jour, en mémoire duquel je viens de dire la messe, le mieux que j'ai pu !

Mercredi, 28 mai. — Il nous est difficile de manger à l'européenne. On trouve peu de viande. On ne peut se procurer que du bœuf ou du cheval. Le prix est de vingt sous la livre. Il y a quelques années on en manquait complètement dans l'intérieur des terres.

Comme légumes, nous n'avons que de détestables pommes de terre japonaises, des haricots secs et des pousses de bambous. Quant au pain, nous le fabriquons nous-mêmes, en délayant de la farine dans de l'eau et en y mettant une poudre-levain américaine. Nous faisons cuire cette pâte dans la cendre. En réalité, le riz est donc à peu près notre seule ressource, avec les œufs. Un petit œuf vaut un sou ; et un poulet gros comme le poing, vingt sous. Nous préparons nous-mêmes nos repas, car nos pauvres serviteurs japonais n'y entendent encore rien.

Jeudi, 29 mai. — Me voilà seul pour huit jours. Le P. Clément a été appelé subitement à *Kôfou,* à vingt-cinq lieues d'ici : il n'y a point de chemin de fer ; aussi n'arrivera-t-il que demain soir fort tard. Des difficultés ont surgi au sujet de chrétiens qu'on veut obliger à contribuer aux frais d'une fête shintoïste. Ils s'y refusent. Le père est parti pour faire cesser cette vexation.

Le même fait s'est produit ici dans la partie sud de la ville. Grâce à son intervention, nos chrétiens ont obtenu gain de cause.

Le père ne compte rentrer que dans huit jours et, s'il survient des complications, il sera obligé d'aller jusqu'à Tôkiô.

Je pourrai donc tout à l'aise me livrer pendant son absence à l'étude et à mes méditations, car je connais encore trop peu la langue pour converser ou me faire comprendre.

Je viens d'organiser ma chapelle, et je garderai demain le saint sacrement pour vaincre la tristesse de la solitude.

Vendredi, 30 mai. — Malgré le silence qui m'entoure, le temps passe assez vite. En vérité, la vie recluse, face à face avec Dieu, a bien ses charmes. J'ai déposé la sainte Eucharistie dans le tabernacle que j'ai préparé hier, et c'est là que je vais me reposer quand je suis fatigué de moi-même. Pour orner mon autel, j'ai fait deux bouquets avec quelques branches vertes et des iris : notre enclos n'offre pas d'autres ressources.

Dimanche, 1er juin. — J'ai dit la messe à nos chers chrétiens, mais ils seront obligés de se passer longtemps encore de mes sermons.

Vers quatre heures je suis allé dans la montagne. J'espérais y trouver plus de fraîcheur. Mais que nos soleils de France, à l'époque la plus chaude, sont loin de ressembler à ceux-ci ! Autrefois je les affrontais nu-tête. Il me faut ici mettre un mouchoir sous mon grand chapeau, et je vais être obligé de porter une ombrelle blanche, comme le font les autres missionnaires. Que sera-ce en juillet, août, septembre, époque des grandes chaleurs !

Nous avons au Japon deux saisons de pluies, une petite au printemps et une grande en juin, commencement des chaleurs. Cette saison est très fatigante, car on vit comme dans une étuve. Alors tout moisit; en moins d'un jour chaussures et vêtements se couvrent d'une sorte de duvet. Peut-être en serons-nous un peu préservés cette année, car depuis la fin de février la pluie n'a pas été deux jours sans reparaître, et cela avec abondance et durée.

Dans la promenade que je viens de faire, je suis passé près du vieux château, ou plutôt de sa tour, la seule chose qui en reste ; elle ressemble à une pagode chinoise à plusieurs étages. La prison est auprès. Des planches de trois mètres de hauteur en forment la clôture. A chaque coin sont de petites tours carrées, au haut desquelles veillent des sentinelles. Les détenus sont habillés de rose.

Je voulais gagner la campagne. J'ai trouvé çà et là de charmants chemins couverts, mais les habitants n'étaient pas aussi riants. A mon aspect les enfants rentraient sous leur cabane de chaume, tremblant à la vue d'un étranger barbu. Les plus braves se décidaient à me suivre par curiosité, comme le feraient en France nos paysans pour un Chinois apparaissant au milieu d'eux dans son costume national.

Matsumoto vient de *Matsu,* qui signifie *pin,* et de *moto,* qui veut dire *origine.* Le nom de cette ville signifie donc *origine des pins.* Ces arbres sont en effet nombreux dans la campagne ; mais au Japon ils ont un aspect particulier. Vous les voyez d'ailleurs fidèlement reproduits, quoique avec un peu d'exagération, sur les porcelaines et les laques.

D'un tronc de travers partent quelques branches en zigzag qui, après avoir voulu menacer le ciel, retournent vers la terre. On dirait une *hydre verdoyante.*

Au pied de ces arbres extraordinaires se trouve généralement une petite boîte, où la superstition des habitants fait résider un dieu particulier. L'endroit est bien choisi pour impressionner l'imagination.

Lundi, 2 juin. — On m'apporte de magnifiques pivoines pour remplacer auprès de Notre-Seigneur mes iris fanés. Elles sont fort jolies, très grosses, et d'un ton beaucoup plus vif que les nôtres en France. Le cœur est blanc, entouré de pétales rouges.

Mercredi, 4 juin. — Le père est de retour. Il revient satisfait de son voyage. Chemin faisant, il a pu administrer deux malades.

XI

Jeudi, 5 juin. — Qu'il est triste de célébrer la Fête-Dieu sans chants, sans procession, sans rien de ce qui fait la joie des vrais chrétiens !

Une messe basse, et c'est tout.

J'avais fait acheter des fleurs pour décorer l'autel, et j'ai revêtu mon plus bel ornement.

Nous espérons pouvoir mieux faire l'an prochain, si nous avons de l'argent.

Mais d'ordinaire les missionnaires ne sont pas riches, ce serait contre la volonté de Dieu. Les Apôtres n'avaient point d'or à leur disposition, et pourtant ils convertirent le monde !

Comme on le fait en France, nous nous occupons à Matsumoto de fonder une école libre. L'utilité en est bien plus grande encore au milieu de ce paganisme corrompu. Réussirons-nous ? Il faut d'abord obtenir la permission du gouvernement, et puis trouver un peu d'argent. Nous aurons toujours le mérite d'avoir essayé.

Notre intention, dans cette école où nous recevrons aussi les païens, afin de leur inculquer, avec de saines idées, la connaissance et l'affection du missionnaire catholique, est d'enseigner un peu le français.

Du même coup nous remplirons deux buts : étendre la vraie religion et augmenter l'influence de notre patrie, car on s'intéresse au pays dont on connaît la langue, et l'on finit par le préférer à tout autre. Ce résultat est *certain,* sans que je veuille analyser le sentiment qui l'occasionne. Aussi, chaque missionnaire serait-il heureux pour servir son pays, s'il avait une école, de consacrer quelques heures à l'enseignement de sa langue. On finirait par la savoir, car ici les enfants suivent les classes pendant huit années. Les adultes viendraient se perfectionner à un cours du soir, fait dans leur intention.

L'espoir d'apprendre gratis une langue européenne nous attirerait les païens avec les chrétiens.

Quelques milliers de francs suffiraient annuellement, comme subvention du gouvernement français, pour faire prospérer cette œuvre éminemment patriotique. Pour notre école de Matsumoto il nous faudrait de quinze cents à deux mille francs, et trois mois après, nous ouvririons un cours de français, avec certitude d'y réunir au moins cent élèves dès le début.

C'est là, je crois, le seul moyen de rendre à notre pays son influence, qui diminue chaque jour au Japon, comme dans tout l'extrême Orient. Nous sommes supplantés par les Anglais, dont la langue est employée, concurremment avec le japonais, par toutes les administrations publiques et dans toutes les affiches. Les timbres-poste, le papier-monnaie, sont anglais; et lorsqu'on écrit le japonais en caractères phonétiques, on se sert de la prononciation anglaise. Tous les journaux, toutes les revues sont écrits de la sorte. Ainsi, pour la syllabe *ou,* on met *u;* notre son français *ch* s'écrit *sh,* et le *ch* se prononce *tch.* C'est là un fait acquis actuellement : les Français sont obligés de s'y soumettre.

Les Allemands ont la vogue pour l'étude des sciences. Les médecins japonais parlent l'allemand, car c'est en Allemagne qu'ils vont étudier.

L'organisation militaire, commencée par la France, est en ce moment transformée par nos voisins d'outre-Rhin.

Toutefois l'allemand n'est encore parlé que par les savants. C'est l'anglais qu'on apprend exclusivement dans les écoles publiques.

L'enseignement du droit, grâce à M. Boissonnade, restait seul à la France ; mais déjà l'influence de ce savant jurisconsulte diminue.

Samedi, 7 juin. — Depuis quelque temps, l'unique boucherie de l'endroit n'a plus de viande, sans doute à cause de la température chaude et humide dont nous souffrons en ce moment, qui ne permet pas de la conserver.

La privation n'est pas grande pour nous, car la viande ici n'est jamais bonne. On ne tue guère que de vieilles bêtes impropres à tout autre usage. En été, les légumes valent d'ailleurs mieux. On nous sert quelques pommes de terre, des haricots secs, des tiges de bambous et des racines de *nénuphars,* dont les Japonais sont très friands. Cette plante, à en juger du moins par ce qu'on voit au Japon, ne semble pas avoir les propriétés sédatives qu'on lui attribue en France.

Voilà, avec le pain que nous faisons cuire sous la cendre, le riz et quelques œufs, la base de notre nourriture. Ce n'est pas recherché, mais cela nous suffit.

Dimanche, 8 juin. — Le beau temps est revenu, temporairement au moins. J'en profite pour aller visiter la tour du château de l'ancien *daïmio,* ou seigneur féodal, dont la forteresse a été rasée, il y a vingt-cinq ans environ, au moment de la révolution japonaise.

Comme architecture, c'est très irrégulier : une grosse masse carrée, en pierre, sur laquelle est assise une tour en bois à plusieurs étages, allant en se retrécissant, et dont les toits forment saillie. Celui du sommet est en forme de selle à pommeau pointu, et à chacune de ses deux extrémités est figuré un poisson, la queue relevée vers le ciel.

On y monte par une série d'escaliers difficiles à gravir ; ils ne valent pas une simple échelle.

L'intérieur forme une vraie forêt de poutres et de poutrelles se croisant en tous sens. Les murs sont en torchis fait de paille et de terre glaise.

Les assises de la base sont d'énormes blocs de pierre, juxta-
posés sans ciment. Les toits, en larges tuiles grisâtres. Les murs
d'enceinte ont trois ou quatre mètres d'épaisseur, et sont séparés
par de larges fossés. Du haut de la tour, on a sur la plaine
de Matsumoto une vue splendide. La cour intérieure est plantée.

Dans notre promenade faite ensuite dans la ville, nous avons
été l'objet d'une gênante curiosité.

Nénuphars comestibles.

Il est si rare de voir ici des Européens, surtout en *robes noires,*
avec de grands chapeaux et des ombrelles blanches !

Lundi, 9 *juin.* — Aujourd'hui nous commençons la construction de notre église. Elle coûtera environ trois mille francs. Vous
voyez qu'elle ne sera guère luxueuse, mais nous ne pouvons
mieux faire actuellement.

Jeudi, 12 *juin.* — Nous invitons deux Japonais à dîner chez
nous à l'européenne. Nous nous amusons beaucoup à voir ces
braves gens manger la soupe avec la fourchette et la cuiller, et
piquer le pain comme un morceau de viande. Ils manient le cou-
teau du bout des doigts, comme leurs bâtonnets.

9

Nous nous étions offert un *shamo* au pot ; c'est une espèce de poule originaire de Siam, dont on dresse les coqs pour le combat ; or notre prétendue poule était un de ces vieux coqs, qui avait sans doute maintes fois triomphé, avant d'avoir l'honneur de figurer sur notre table, tant il était dur ! On est du reste toujours obligé de dépouiller ces poulets, dont la peau défie les meilleures dents, et de les faire bouillir de longues heures, avant de les servir.

Mais il fallait préalablement tuer l'animal, ce que défend la loi bouddhiste par respect pour la métempsychose : car, on pourrait assassiner feu son aïeul ou feu sa belle-mère.

Bref, personne ne voulait porter sur notre *shamo* une *main homicide*. L'un s'excusait sur la vue du sang, qui lui faisait mal ; l'autre, sur son ignorance, etc. Quelqu'un pourtant, plus audacieux, offrit son concours, mais à la condition que le malheureux poulet aurait le cou tordu ou serait étouffé, à notre choix. Nous n'acceptâmes aucun de ces moyens, et prîmes le parti de le saigner nous-mêmes comme en Europe, après l'avoir préalablement suspendu par les pattes.

La morale de ceci, c'est que nous ne pourrons pas souvent manger de viande, moins à cause de notre répugnance à saigner des poulets, que par suite de l'insuffisance de notre bourse ; car c'est cher, pour des missionnaires, un coq de combat : soixante sous !

Nous ne pouvons compter davantage sur la viande de boucherie. L'autre jour, pour du bœuf nous avons eu du chien, et ce n'est pas bon. On nous avait offert du cheval, mais quel cheval ! Nous avons essayé d'en manger, sans y parvenir. C'est donc, dans ces conditions, un vrai plaisir de faire maigre, et nous ne nous en trouvons pas plus mal.

Vendredi, 13 juin. — Nous avons visité quelques chrétiens. Plusieurs sont atteints de l'*influenza,* qui a fait son apparition au Japon. Elle l'a envahi tout entier. Jusqu'ici elle semble peu grave.

Rien n'est aussi curieux qu'une visite japonaise. On commence par se déchausser ; puis, arrivé sur le seuil de la porte, on se met à genoux, les deux mains à terre, et l'on touche le sol avec le front trois ou quatre fois, selon le degré d'honneur qu'on veut rendre. Ensuite on entre et l'on s'assied sur ses talons. Aux personnages de distinction on offre habituellement, avec forces politesses, un petit tapis.

Les femmes arrivent, apportant l'une le *hibatchi*, petit réchaud contenant des charbons rouges pour allumer sa pipe ; une autre, une bouillote de fer remplie d'eau chaude ; la troisième, une petite théière renfermant des feuilles de thé ; puis les tasses microscopiques ; enfin des friandises dont on peut bien ne pas être très *friand*, telles que les *motchi*, ou pâte de riz cuite à la vapeur d'eau et contenant de la purée de pois ; telles aussi que ces fameux *côcô*, raves fermentées dans la saumure ; et des oignons crus confits dans du sucre, etc. Tout cela est servi sur de petits plateaux de laque qu'on dépose par terre devant vous.

Alors le maître de la maison sert du thé, sans sucre. On prend la tasse des deux mains, on la porte à son front, en baissant la tête pour dire merci, et l'on boit en aspirant lentement le plus bruyamment possible. Enfin on sert les prétendues friandises. Le maître de céans vous en met, à l'aide de ses deux petits bâtonnets, dans les deux mains, que vous tenez rapprochées. On le remercie avec les démonstrations déjà décrites. Il est d'usage, après avoir causé plus d'une heure, de vous dire, avec une politesse exagérée, qu'on espère bien que vous vous abaisserez jusqu'à revenir dans cette *sale* maison, si mal tenue, où l'on est si impoli, si..., etc. Lorsque vous voulez partir, on vous supplie de rester encore, et il faut bien céder au moins deux fois, malgré la souffrance qu'on éprouve à se tenir assis sur ses talons.

Dimanche, 15 juin. — Pour essayer de faire plus de bien dans notre chrétienté, nous réunissons tous les soirs les fidèles, à neuf heures. Nous ouvrons le tabernacle, et, devant le saint sacrement entouré de lumières, nous récitons la prière du soir et le chapelet. Avant et après nous causons avec ces pauvres gens, pour tâcher de faire pénétrer dans leur âme le véritable esprit chrétien.

Lundi, 16 juin. — Les élèves rentrent aujourd'hui dans les écoles de Matsumoto, licenciées à cause de l'influenza. L'épidémie est en décroissance.

Jeudi, 19 juin. — Un événement assez grave s'est passé cette nuit. On a cherché à incendier la grande école de notre voisinage en mettant le feu aux rideaux, préalablement enduits de pétrole. L'incendie conjuré, on se mit à rechercher les coupables, cachés, croyait-on, dans les broussailles des fossés du château, ou dans les hautes herbes du bord de l'eau. On alluma de grands feux autour des endroits suspectés, mais les investigations furent vaines.

Déjà, la veille, on avait essayé d'allumer l'incendie dans sept endroits de la ville en même temps, notamment à la sous-préfecture, à la police, etc. Nous n'étions donc pas très rassurés hier soir. Le père, ayant vite endossé une vieille soutane, avait conduit ses chrétiens sur le lieu du sinistre et occupé les avant-postes. Dans ces circonstances il faut payer de sa personne. Mais comme on profite souvent de ces moments de trouble pour piller et incendier ailleurs, je restai à garder notre petite demeure, où se trouve le saint sacrement. Les lumières éteintes et les portes de la maison fermées, je montai la garde dans le jardin. Voyant bientôt la foule augmenter, je fis fermer la petite grille de la cour pour prévenir quelque fâcheux incident.   ·

A onze heures tout était terminé.

Je vis s'éloigner les lanternes des curieux : leur dispersion m'indiqua que je pouvais aller dormir.

Voici à quoi sont attribuées ces tentatives multipliées : il est question de transférer la préfecture, de la ville de Nagano à celle de Matsumoto, où elle se trouvait du reste jadis. On l'avait enlevée à la suite d'une émeute pendant laquelle elle fut incendiée. Or les habitants de Nagano veulent faire croire que ceux de Matsumoto sont aussi révolutionnaires qu'autrefois et que le préfet n'y serait pas en sûreté : c'est du moins le bruit répandu. Si le coupable est pris, il sera écharpé par la foule, sans qu'on puisse le sauver. Le Japonais est cruel à certains moments : il ne calcule pas toujours la portée de ses actes. C'est la colère d'un grand enfant rendue terrible par la force de l'homme.

Vendredi, 20 juin. — Nous allons, dès le matin, faire une longue promenade dans les montagnes, au nord de Matsumoto. Le site est pittoresque. De la crête d'une colline couverte de sapins et descendant à pic, on aperçoit à ses pieds une large vallée, aux vertes rizières, véritable prairie parsemée de bouquets

d'arbres, au milieu desquels émergent les toits en chaume de
nombreux villages.

Après avoir marché plusieurs heures, nous atteignons le village
d'Asama, au nord-est. C'est une petite ville d'eau thermale.
Chaque maison possède des bains qui sont sa fortune. L'eau, très
chaude, est fortement sulfureuse. Nous nous installons dans une

Shirô. — Château de Matsumoto (Nagano-Ken).

de ces maisons, hôtel en même temps, et nous nous disposons
à nous baigner.

A ce propos, voici quelques détails sur les bains. Les habitants
seraient les êtres les plus malheureux du monde s'ils ne pouvaient
prendre chaque soir leur bain *chaud*. Il est même si chaud qu'on
ne peut y entrer que progressivement. On en sort rouge comme
une écrevisse. Cet abus de bains bouillants occasionne, en partie,
croit-on, le grand nombre de phtisies et d'anémies qu'on rencontre au Japon.

Les maisons de bains s'appellent en japonais *youyou*. Au milieu d'une grande pièce se trouve un baquet carré, de deux
mètres de côté. Le feu est dessous en permanence.

Tout le monde se baigne ensemble : hommes, femmes, enfants, malades mêmes.

Vous supposez bien que ce n'est pas là que nous sommes allés. Nous avons pris un bain pour nous seuls, et dans de l'eau propre. Mais cette eau était si chaude, que nous ne pouvions d'abord même y tremper les pieds.

Samedi, 21 juin. — Les élections, les premières qui vont se faire au Japon, agitent beaucoup les esprits. Pourtant le suffrage est si restreint, qu'il n'y a pas le quart de la population à voter. Les bonzes se remuent. La loi leur défendant de se présenter comme députés, un certain nombre défroquent pour aspirer à l'honneur, et surtout aux avantages, d'un fauteuil à l'assemblée législative.

Il est curieux de voir le Japon imiter la vieille Europe, et prendre souvent dans nos institutions ce qu'elles ont de plus mauvais.

Que va-t-il en sortir ? Les esprits sérieux sont inquiets. On redoute les conséquences du caractère léger, violent, sans orientation, des Japonais, parce qu'ils manquent de principes.

Dimanche, 22 juin. — Les incendies paraissent arrêtés momentanément. On est parvenu à mettre quatre fois de suite le feu à cette même école de notre voisinage, et cependant tout le monde veillait. La première fois, c'était dans une salle où toutes les couvertures avaient été réunies. La seconde fois, on avait trempé les rideaux dans du pétrole avant de les allumer. La troisième fois, on avait jeté des allumettes enflammées sous l'escalier, dans l'endroit où l'on entasse les vieux papiers. Enfin on mit le feu aux matelas. On fait maintenant partout des rondes la nuit. Hier, comme il ventait, ces patrouilles de cinq ou six hommes, non contentes de frapper sur leurs instruments de bois, criaient à tue-tête, en japonais, *garde à vous !* heurtant toutes les portes, afin de mieux réveiller les habitants, pour les obliger à s'assurer qu'il n'y avait point chez eux de commencement d'incendie. Car, par ce vent, ce n'est pas seulement une maison qui eût brûlé, mais mille, dix mille peut-être. Cela vaut bien de rester éveillé et d'être inquiété par ces cris sauvages qui, joints au bruit du vent, rendent l'obscurité sinistre. C'est un véritable cauchemar que le demi-sommeil de ces nuits.

Jeudi, 26 juin. — Le P. Clément, mon compagnon, vient d'être rappelé par dépêche à *Kôfou,* à deux journées d'ici. Il partira cette nuit à deux heures du matin, après avoir célébré la messe. De *Kôfou* il s'en ira à *Kanazawa,* sur la côte ouest, en passant par *Nagoya.* Il y restera un mois et reviendra par *Nagano.* Je vais donc encore une fois être seul.

Samedi, 28 juin. — Le père, en partant, a recommandé aux chrétiens d'avoir soin de moi : ils viennent de temps en temps savoir si je désire quelque chose.

J'ai reçu la visite d'un jeune homme baptisé, venant du nord. Il est âgé de dix-sept ans, et appartient à une famille noble. Le pauvre enfant espérait que nous le garderions à ne rien faire, mais nous n'en avons pas le moyen, et il dut repartir le lendemain, à pied, presque sans le sou. C'est triste, et j'étais plus ému de son sort que lui-même. Jamais je n'ai si fortement senti cette paternité spirituelle que la grâce du sacerdoce crée dans l'âme. On aime ces pauvres êtres souffrants, plus qu'on ne peut dire, et l'on voudrait l'impossible pour leur faire du bien. En cela on n'a pas grand mérite, car on suit les penchants de son cœur. Oh ! comme le baptême, reçu dès l'enfance, transforme. Parmi cent païens on reconnaît aisément un petit chrétien : personne ne s'y trompe, et nous en faisons quotidiennement l'expérience. Le corps n'est pas moins changé que l'âme : la figure revêt je ne sais quoi de doux, de surnaturel qui attire. Ce n'est point de ma part effet d'imagination : tous ceux qui ont quelque peu vécu dans les missions ont constaté ce phénomène.

Dimanche, 29 juin. — Pauvre fête de saint Pierre et de saint Paul ! Comme je la célèbre aujourd'hui peu solennellement : une messe basse, dite sans servant, puisque je n'en ai pas actuellement. Malgré cette absence de solennité, les chrétiens sont venus nombreux.

Ces pauvres gens ont pris si complètement à la lettre la recommandation du père de s'occuper de moi, que toute la journée j'ai eu des visites et n'ai pu souper qu'à huit heures. Les derniers ne sont partis qu'à onze heures du soir.

J'en ai été vraiment très fatigué, mais aussi fort touché, car plusieurs sont revenus trois fois dans la même journée, bien qu'ils demeurassent au bout de la ville.

Mardi, 1ᵉʳ juillet. — J'ai posé et béni ce matin, à cinq heures, la première pierre de notre église. La cérémonie n'a pas été bien brillante : je n'étais assisté que de mon vieux domestique, qui portait l'eau bénite.

La grande bénédiction aura lieu à la fin de septembre, et c'est alors que sera la fête. Cette église est dédiée à l'apôtre saint Jean. Elle sera modeste, car nos ressources ne nous permettent pas de faire mieux.

Vendredi, 4 juillet. — Ma vie solitaire se poursuit fort tranquillement. J'arrive à peine à faire ce que je voudrais, tant les chrétiens m'accablent de leurs visites.

Je baragouine le japonais tant bien que mal : je me fais comprendre à peu près, et devine ce qu'on me raconte.

Ma santé se soutient, malgré l'abstinence de viande absolue et forcée.

Puisque nous sommes sur le chapitre de la nourriture, j'ai découvert que le blé noir se cultive au Japon. On l'appelle *soba*, et la bouillie qu'on fait avec se nomme *kaïmotchi*. Bien qu'elle soit considérée comme un mets de pauvre, j'en mange néanmoins, mais sans la sauce japonaise, qui gâte tout. C'est la seule nourriture qui me rappelle ici notre chère Mayenne.

Le prix du riz continue à être élevé : un grand nombre de malheureux meurent littéralement de faim. Je ne sais si, comme on le prétend, cette cherté provient d'accaparements ; mais, s'il en est ainsi, les accapareurs pourront se reprocher la mort d'un grand nombre de leurs compatriotes. Voilà où peut conduire l'amour effréné du lucre.

Chacun attend impatiemment le résultat des premières élections du Japon. Il semble même qu'on s'en préoccupe outre mesure, surtout ceux qui ne sont pas électeurs.

En surveillant la construction de notre église, j'admire autant l'agilité de ces petits ouvriers que je m'effraye de leur imprudence. J'en éprouve à chaque instant de véritables terreurs.

Ils grimpent le long des poutrelles comme de vrais singes,

s'accrochant avec les doigts de pied. Point d'échelles, ou du moins de très courtes. Tout ce monde court sur des poutres rondes, frappant à droite et à gauche avec des maillets tenus des deux mains. Pour faire entrer l'un dans l'autre deux chevrons, ils se pendent par les mains au-dessus du vide, et en imprimant de petites saccades avec le poids de leur corps, ils font se joindre les deux bois. Ils sont effrayants dans cette opération.

Fabricant de parapluies en papier huilé.

Samedi, 5 juillet. — L'usage est de ne pas signer à la main les papiers d'affaires. Quiconque possède quelque chose, quelques sous même, porte sur lui son cachet, avec lequel il apostille ce qu'il devrait signer.

Je suppose que cette coutume a été introduite pour éviter un affront à ceux qui ne savent pas écrire. Peut-être cela vient-il simplement, de la facilité d'imiter les caractères qui représentent la signification d'un nom, et qui ne supportent pas le paraphe, comme chez nous? Quoi qu'il en soit, chacun porte son cachet suspendu à son cou, ou dans les larges manches de son vêtement, qui servent de poches.

L'imitation exacte de cette empreinte est presque impossible, et celui qui l'essayerait, ou qui volerait un de ces cachets serait puni par les tribunaux comme faussaire.

Les pauvres ont leur cachet gravé sur bois dur ; les riches sur
or, cristal de roche, verre ou ivoire ; mais les hommes seuls en
possèdent.

Quand les femmes sont appelées à signer, elles font comme les
gens très pauvres : elles trempent leur doigt dans l'encre et l'ap-
pliquent sur le papier. On prétend pouvoir reconnaître cette singulière signature !

A ce propos, M. Francis Golton a publié dans une revue anglaise, une étude très minutieuse, mais extrêmement intéressante,
sur les méandres formés par les rides de la surface interne de la
dernière phalange du pouce et de l'index. Ce dessin, d'après
l'auteur, demeurerait invariable chez le même individu de sa
naissance à sa mort, et varierait par contre à l'infini d'une personne à une autre.

En Annam, on se sert d'un procédé presque analogue. Pour
faire signer ceux qui ne savent pas écrire, on leur fait appliquer
l'index sur le papier, à côté de leur nom, et, par cinq points,
on mesure exactement les deux phalanges supérieures de ce
doigt.

Dimanche, 6 juillet. — Un chrétien m'apporte comme cadeau
un joli *kakémono* (paravent), peint par lui, et qui représente une
vieille légende japonaise du dieu de la guerre. Ce genre antique
disparaît au Japon même, où la rage du nouveau s'introduit, et
les œuvres des artistes du littoral sont plus européennes que japonaises. On peint ces *kakémono* sur soie ou sur simple papier.
Ils sont destinés à orner les murs des chambres, comme nous
ferions avec des tableaux.

Mardi, 8 juillet. — Quelle différence ! Ce matin, en célébrant
l'anniversaire de ma première messe, j'avais les mêmes ornements et les mêmes choses ; mais autour de moi personne, même
pour me servir la messe.

Si la chambre où je célébrais aujourd'hui était vide, elle
était peuplée néanmoins de mes chers et bien-aimés souvenirs :
vous étiez tous présents, comme l'an dernier, et c'est pour vous
que j'ai prié.

XII

Vendredi, 11 juillet. — La *modestie* est une vertu chrétienne,
développée insensiblement chez nous, mais presque inconnue au
Japon : c'est une vérité avérée.

En France, l'enfant sait qu'il faut être vêtu, et cela avant
même de connaître pourquoi.

Ici, rien de semblable, car l'idée de modestie n'existe pas,
et il n'y a point de mot pour exprimer ce sentiment. Aussi
éprouvons-nous la plus grande peine à l'inculquer autour de
nous.

Bien des causes nous en empêchent, comme l'habitude des
habitants de se passer de vêtement par l'extrême chaleur. Ainsi
l'ouvrier japonais, au travail, ne porte ordinairement qu'un simple
langoutis retenu par des ficelles. Cette absence, presque complète,
de vêtement ne choquerait pas autant chez le noir ou le peau-
rouge. Mais l'effet produit est ici différent à cause de la couleur
jaunâtre des habitants, plus semblable à la nôtre, et parce qu'on
les voit alternativement avec ou sans costume.

Des protestants ont bien essayé de réagir en distribuant, dit-on, des pantalons, mais personne ne se croit obligé de s'en servir ; et puis, où cela conduirait-il ?

Nos efforts à nous, tendent à répandre le sentiment même de la pudeur. On peut d'ailleurs remarquer que les chrétiens, en particulier les catholiques, n'ont jamais le déshabillé de leurs compatriotes païens. C'est un nouvel ordre d'idées à développer peu à peu.

Dans nos promenades autour de la ville, nous constatons de nombreux exemples de ce sans-gêne général. Il dépasse souvent toute limite.

Les parents sont les premiers à donner l'exemple de l'indifférence la plus absolue. Dans la famille on n'a rien de caché pour les enfants. A peine s'en s'occupe-t-on. Dès le plus bas âge on les confie à des gamins chargés d'en prendre soin. Ils les attachent sur leur dos, et vaquent ainsi à tous leurs jeux, par tous les temps. On choisit toujours pour gardien le moins cher, peu importe le reste. On devine tous les vices de cette indifférence coupable.

Aussi beaucoup de ces petits êtres meurent-ils en bas âge.

En France, presque rien de cela ne pourrait se produire, parce que l'enfance est protégée contre elle-même, et contre autrui.

Le mal est donc ici, en quelque sorte, naturel ; et combien alors plus difficile à redresser ! Dans ces conditions on voit quelle indulgence méritent les nouveaux chrétiens.

Nous voudrions pouvoir isoler les enfants baptisés dans des établissements *à nous*, car la fréquentation des écoles païennes, mixtes, mal surveillées, est pernicieuse pour eux... Mais l'argent manque !

Dimanche, 13 juillet. — Les chrétiens se montrent toujours très bons pour moi. L'un d'eux est venu me chercher tantôt, malgré une chaleur torride, pour faire une excursion dans les montagnes. Je suis parti avec lui, accompagné de mon domestique. Nous avons gravi en serpentant, une fort jolie montagne, au sommet de laquelle se trouve un temple shintoïste très renommé. C'était le but de notre voyage.

De pieux pèlerins nous y avaient devancés. Nous les trouvons accroupis devant la divinité et frappant deux petits bois l'un contre l'autre, essayant ainsi de se faire entendre d'elle.

Dans un coin du temple est suspendue une grosse cloche que l'on sonne, quand le dieu n'entend pas l'appel des petits bâtons, ce qui arrive toujours. Aussi de nombreux polissons étaient-ils déjà suspendus à la cloche, faisant un affreux vacarme. Assurément le dieu était à plaindre, et il dut nous savoir gré de notre arrivée, car les carillonneurs abandonnèrent leur cloche pour mieux contempler un *homme d'occident !*

Ce plateau, très élevé, est rempli de chapelles shintoïstes, où se dressent les horribles statues de *tous les dieux de la création,* avec des figures aux couleurs variées. Le panorama est splendide : dans le bas coule un torrent vers lequel on descend par un chemin sinueux, dont les escarpements donnent le vertige. La plaine s'étend au loin, couverte de vertes rizières, et fermée par de sombres montagnes couronnées de neige.

Nous avons suivi ce chemin de chèvre, entretenu à l'aide des aumônes faites au temple. Nous marchions attristés par le souvenir des stupides adorations de ces hommes, créés cependant à l'image du vrai Dieu, et qui prient ces divinités, afin d'être aidés dans l'assouvissement de leurs criminelles passions.

Lundi, 14 juillet. — L'anniversaire de notre fête nationale se passe bien silencieusement ici, au fond de cette province japonaise ! Cependant, vers le soir, éclate un feu d'artifice, produit par un splendide orage, mais sans tonnerre. Les éclairs sortaient d'un seul petit nuage blanc, enveloppant un pic, et lançant des lueurs d'un effet bien supérieur à tout ce que pourront jamais produire les artificiers humains.

Mercredi, 16 juillet. — Des chrétiens m'ont apporté un beau lapin blanc et noir, mais personne n'a su l'arranger. Prévoyant la difficulté de le faire rôtir, n'ayant pour cela aucun instrument, j'ai déclaré que je n'en mangerais pas. Je suis trop mauvais cuisinier d'ailleurs.

L'autre jour, j'ai voulu inventer une soupe, mais je n'ai pas réussi. J'avais fait bouillir, avec trois feuilles de choux, des carottes et des haricots secs, sans prévoir que les haricots mettraient plus de temps à cuire que les autres légumes, et que, par suite, ceux-ci seraient en bouillie avant que les premiers fussent à point. J'ai donc dû retirer mes pauvres haricots, et les faire recuire pour le soir.

Vendredi, 18 juillet. — Toute ma journée a été prise par un lettré japonais, venu me demander des explications sur le droit civil français.

On a traduit en japonais notre code, et comme les mots manquaient pour exprimer les idées, nouvelles pour eux, qui y sont exprimées, on a puisé dans le vocabulaire chinois, et l'on a formé des mots composés, comme nous faisons parfois en France avec le grec et le latin. Ce langage se nomme le *kango*, il est fort en honneur parmi les savants ou prétendus tels, qui l'emploient en toute circonstance ; aussi ne sont-ils plus compris, même de beaucoup de leurs compatriotes. Du reste, le mot chinois emprunté par les Japonais est prononcé par eux tout différemment. Comme ils n'ont pas la ressource des tonalités chinoises, si variées, et que grand nombre de mots se prononcent de même, il en résulte de graves confusions.

J'en reviens à mon lettré. Il m'avait fait demander une entrevue aussitôt après la messe ; je l'ai reçu à huit heures, il m'attendait depuis six. A midi il était encore là, et je dus le congédier pour dîner. A deux heures, il remonta pour ne me quitter qu'à cinq. Il en avait perdu le boire et le manger, le malheureux !

Nous avons parcouru ensemble tous les termes techniques employés par notre code civil. J'avais heureusement un code dans ma bibliothèque ; sans cela, avec le lointain souvenir de mes premières études de droit, je ne serais pas sorti de certaines expressions, dont le sens m'échappait actuellement. J'ai donc essayé d'expliquer tout cela, en japonais, le mieux possible, à l'aide d'exemples, donnant par écrit le mot français. En revanche mon lettré me le fournissait en *kango*.

Je suppose que ce brave homme était un peu venu me faire subir un examen, afin de s'assurer de ma force, car il avait l'appellation, en *kana*, du terme français. (Le kana est une sorte d'alphabet japonais, syllabique.) Par exemple, il avait écrit *koushonoumoun* au lieu de cautionnement, et *anticourésou* pour antichrèse ; aussi était-il stupéfait des mots nouveaux et des expressions que je lui écrivais.

Pour me reposer, je suis allé contempler un splendide coucher
de soleil, qui m'a rappelé ceux vus de la mer Rouge, mais avec
l'immensité de la mer en moins et le rapprochement des montagnes en plus. C'étaient ces mêmes lueurs éclatantes, admirées
derrière les montagnes de la basse Égypte et de la Nubie.

Samedi, 19 juillet. — On vient de me raconter que des protestants américains, pour nous imiter et ne pas être en retard,
ont fait acheter un terrain à Matsumoto même, et qu'un pasteur
est venu *tapageusement* poser la première pierre d'un nouveau
temple. Il est reparti dès le lendemain, mais il faut s'attendre à
le voir bientôt revenir, car l'Amérique lutte partout avec acharnement contre l'influence que nous pouvons acquérir, et ce n'est
pas seulement au point de vue religieux.

Si nous ne nous pressons pas d'avoir une école, ils en auront
bientôt ouvert une, à laquelle ils auront soin d'annexer une
classe d'anglais, afin de nous supplanter; et encore une fois, faute
de ressources, nous serons venus trop tard pour notre religion et
pour notre patrie.

Au point de vue purement patriotique, comme notre gouvernement eût mieux fait d'employer à la subvention de nos écoles
d'Orient un peu des grosses sommes inutilement gaspillées, en
France, pour l'édification de palais scolaires superflus !

Hélas ! nous constatons le progrès croissant du protestantisme
sous toutes ses formes : ses *sectes* s'y disputent le terrain. Là où
nous sommes deux, ils sont quatre-vingts pasteurs, sans compter
les femmes, les bonnes et les enfants. La principale cause de leur
succès vient de leur nombre et de leur richesse relative : sous ce
rapport nous ne pouvons lutter avec eux.

Voici du reste ce qu'écrit à ce sujet Mgr Midon, l'évêque
d'Osaka :

« Faut-il redire les menées des prédicants hérétiques pour
entraver l'œuvre catholique, et tromper les esprits par tous les
moyens possibles ? A *Uyeno,* par exemple, ils ont, en face de
notre unique catéchiste, sept catéchistes, trois résidences et de
nombreux locaux pour les conférences où ils attirent les auditeurs
par des rafraîchissements, et même par des repas à l'européenne.
Dans le district de *Myaze,* ils ont, depuis un an, envahi toute la
province de *Tango,* établissant partout des catéchistes des deux

sexes, répandant à foison des pamphlets calomnieux contre le catholicisme, souvent illustrés : on y voit par exemple le supplice de Jérôme de Prague, disciple de Jean Huss, brûlé vif par les catholiques. »

Voici un autre motif de notre infériorité : les Japonais instruits connaissent de longtemps l'inanité des doctrines religieuses indigènes et sont persuadés en somme de la supériorité du christianisme. Mais comme ils le voient prêché par nous et par les protestants, certains croient pouvoir choisir, et naturellement préfèrent les facilités offertes par le protestantisme. Quelques pasteurs, du reste, ne craignent pas de se les attirer par une trop grande tolérance, et permettent de recevoir le baptême sans adopter une vie beaucoup plus morale.

Nous ne pouvons nous prêter à cette blâmable complaisance.

Et puis, hélas ! les journaux ne manquent pas de raconter les tracasseries dont on poursuit, en France, le clergé. On y fait souvent allusion, insinuant devant nous que nous sommes venus ici parce qu'on nous a chassés de notre pays.

Malgré cela, nous parvenons cependant chaque année à gagner des âmes qui nous récompensent largement de nos peines.

Dimanche, 20 juillet. — La chaleur est actuellement accablante, et nos maisons en torchis sont de vrais fours. Aussi chacun prend-il son costume le plus léger.

On voit des gens vêtus à l'européenne, appartenant à une classe élevée, possesseurs de chaussettes et de souliers, non seulement se déchausser en entrant (c'est d'obligation générale), mais retirer quelques instants après jusqu'à leurs bas et, tout en causant, les secouer, les plier, puis les mettre tranquillement dans leur poche ou dans leur manche, afin d'avoir moins chaud.

Comme ces usages diffèrent de ceux d'Europe !

Au sud de la ville se trouvent deux temples shintoïstes curieux. L'un d'eux s'élève derrière un torrent, en plaine, au milieu d'une oasis ombragée de grands pins. L'autre est dans la ville même.

Ils sont remarquables par leur malpropreté, leur délabrement et leur désordre. Dans l'un, le plancher défonça sous moi, et je me suis trouvé suspendu par les bras.

Dans le temple du dieu de la science, on voit une série de tableaux fort drôles, représentant des dieux se battant, et montés sur toutes sortes de bêtes d'un aspect aussi repoussant que celui de leurs divins cavaliers. Je me donnai le plaisir de demander lequel des deux, de la bête ou de l'homme, représentait la divinité. On ne sentit dans ma question aucune malice et on me répondit obligeamment : « C'est le cavalier. »

Au surplus ma question n'avait rien d'extraordinaire pour eux, car dans la religion *shinto* tout est dieu, excepté Dieu lui-même,

Abords d'un temple japonais.

comme l'a dit Bossuet à propos de l'ancienne Égypte. Ainsi on adore le dieu *soleil*, le dieu *lune*, le dieu *montagne*, etc.

À cette religion je préfère le bouddhisme, qui cependant ne vaut pas cher, ici du moins.

Lundi, 21 juillet. — La chaleur devient de plus en plus accablante : on ne peut rien faire ; à peine parvient-on à respirer. J'ai aperçu hier soir, pour la première fois, des *taran*, sorte de vers luisants ailés.

Mercredi, 23 juillet. — Le choléra est au Japon, comme tous les ans du reste. Il sévit à Nagasaki avec assez de violence. Jusqu'à présent, rien ou presque rien à Tôkiô et à Yokohama,

où il n'y a eu qu'une forte épidémie de cholérine, amenée par
l'excès de chaleur. Matsumoto, par sa position élevée et la difficulté des communications, a toujours été, dit-on, à l'abri de
ce fléau.

Le grand nombre de victimes du choléra, dans ce pays, provient de l'entassement de la population, qui vit souvent dans des
endroits infectés, privés d'air et de lumière. La misère y est aussi
pour beaucoup : une infinité de gens ne se nourrissant que de
saletés. Quant aux missionnaires, par un effet de la divine miséricorde, ils sont d'ordinaire épargnés; pourtant ils ne se ménagent
guère, passant leurs journées et leurs nuits au chevet des mori-
bonds pour les instruire, afin de pouvoir les baptiser et leur
ouvrir le ciel.

Quand cette lettre vous arrivera, l'épidémie sera sans doute
terminée. Faites donc comme nous, et bénissez Dieu, qui dans
ce bas monde sait toujours tirer le bien du mal.

Jeudi, 24 juillet. — Voici une grande joie, aujourd'hui, pour
le cœur d'un missionnaire : je viens de bénir solennellement
la grande croix qui surmonte notre église et domine toute la
ville.

C'est la *première fois* que la croix est arborée dans l'immense
district dont nous sommes chargés. Il y a vingt-cinq ans à peine,
la croix était tracée sur la pierre où le voyageur débarquait de
son vaisseau, afin qu'il la foulât aux pieds en entrant, pour
prouver qu'il n'était pas chrétien, ou du moins qu'il renonçait
à ce titre. Dans les prétoires elle était jetée sur le sol; et quiconque était accusé d'être chrétien devait marcher dessus, sous
peine de voir lui et sa famille dépossédés de tous biens, emprisonnés et mis à mort dans les plus affreux tourments. Il y a dix
ans, nos missionnaires lisaient encore, affiché à tous les coins
de rue, l'édit qui proscrivait notre sainte religion comme infâme
et attentatoire à la majesté impériale. Partout la croix était maudite. Et voilà qu'aujourd'hui elle domine une ville, surpassant
les édifices publics, sans que personne réclame.

Aussi, quelle joie pour nous que le triomphe de cette croix
plantée sur un sol arrosé de tant de sang chrétien ! Puisse-
t-elle grandir encore et couvrir de son ombre tout l'empire
japonais !

Notre église est loin d'être terminée, mais on tenait à la surmonter de sa croix le plus tôt possible.

Ce jour est doublement heureux, parce que ce sont les premières vêpres de l'apôtre saint Jacques, le frère de saint Jean, à qui notre église est dédiée, et parce que, dans ce moment, le monde païen célèbre à Matsumoto sa plus grande fête : celle du dieu de la science. Tout à l'heure nous entendrons les cris et les tambours de la populace qui suivra la procession du dieu : pendant ce temps, nous chrétiens, nous regarderons notre chère croix la dominant, et nous espérerons qu'un jour viendra où elle triomphera aussi dans les cœurs. Il faudra bien que le démon répète ce mot de Julien l'Apostat agonisant :

« Tu as vaincu, Galiléen ! »

C'est à trois heures, à l'instant où Notre-Seigneur, expirant, rachetait le monde, qu'elle a été placée. Les anciens chrétiens qui l'adorèrent si longtemps, cachée au fond de leur demeure, sont tout fiers de la voir à ce poste d'honneur, planant au-dessus des prisons où ils la confessèrent si noblement. Mais quand on regarde passer les vieux Japonais, nourris dans la haine du christianisme, on reconnaît leurs sentiments; ils pressent le pas, comme pour fuir plus vite un symbole qui rappelle leurs cruautés. Pourtant, s'ils restaient, ils verraient en descendre le pardon ; et pour eux aussi le sang de leurs frères chrétiens deviendrait la semence de la résurrection bienheureuse. La croix permet à tous de l'obtenir.

Après cette cérémonie, j'ai tenu à me rendre dans la partie de la ville où l'on fêtait le dieu, afin d'encourager les chrétiens qui y demeurent, et les empêcher de contribuer à la fête par leur argent et par la décoration de leurs maisons. Je voulais montrer aussi aux païens que j'étais là, prêt à intervenir au besoin.

En rentrant, je trouvai le P. Clément, revenu hâtivement, depuis une heure, dans la même intention. Mais on a laissé nos chrétiens tranquilles.

Samedi, 26 juillet. — C'est la Sainte-Anne aujourd'hui. Mon intention de messe était donc tout indiquée, et c'est pour ma chère petite sœur que je l'ai offerte. Je devrais dire ma grande sœur, si l'affection n'avait coutume, pour se traduire, de toujours diminuer ceux qu'elle embrasse. Notre-Seigneur a fait autrement : il s'est abaissé et nous a grandis, transformant des serviteurs en amis et en frères.

Dimanche, 27 juillet. — Je reçois la lettre de ma mère du 11 juin.

Mon frère a tort de regretter de ne pouvoir servir dans la cavalerie. Il sera plus remarqué dans l'infanterie : nous pouvons avoir de l'ambition pour lui.

Je partage un peu, mais pour d'autres raisons, l'opinion accréditée dans l'armée, qu'il ne faut jamais changer son rang de combat. Dieu a ses desseins, c'est lui qui conduit le monde, et l'on s'expose à se tromper en ne suivant pas la voie qu'il trace. Dites cela de ma part à notre jeune sous-lieutenant. Combien j'aimerais à bénir son premier sabre, et à l'embrasser un des premiers dans son bel uniforme. Quelle qu'en soit la couleur, c'est celui de la France : il est toujours beau !

Vendredi, 1ᵉʳ août. — J'ai fait mon premier baptême d'adulte. C'était la femme d'un *homme de police* japonais qui demeure assez loin de Matsumoto. Il a profité du seul jour de congé qu'il ait par an, pour nous amener à baptiser sa femme, déjà catéchumène depuis six mois.

Les cérémonies du rituel pour les baptêmes d'adultes sont longues et compliquées, mais d'un symbolisme émouvant, quand on peut en saisir le sens.

Cette jeune femme, âgée de vingt et un ans seulement, a pris le nom de Marie-Madeleine. Chose singulière, le mari avait été baptisé dans l'île de Sado par le P. de Noailles, et pour lui aussi c'était son premier baptême d'adulte.

Nous avons déjeuné avec ce policier. Il nous a dit qu'ils avaient reçu l'ordre de ne pas tracasser les Européens. En fait, depuis que nous sommes ici, nous n'avons eu à montrer notre passeport qu'une fois ; et quoique nous n'ayons pas le droit de résidence, mais seulement celui de voyager dans six ou sept provinces, on ne nous inquiète pas.

Samedi, 2 août. — Les statistiques officielles relèvent quatre-vingt-douze tremblements de terre ressentis au Japon dans le *seul mois de mai* 1890. Ce qui fait, en moyenne, un par huit heures. Au reste, c'est le pays du monde où ils sont le plus fréquents. Tôkiô est le point où l'on ressent les secousses les plus fortes et les plus nombreuses.

Deux pèlerins en route pour le Foudji-Yama.

La moyenne de la longévité au Japon est juste moitié moindre qu'en France. Cela tient, je crois, à ces trois causes principales : 1° au nombre beaucoup plus considérable d'enfants dans chaque famille ; or c'est dans le jeune âge qu'on meurt le plus ; 2° au peu de soin dont on entoure ces pauvres petits êtres, confiés à des gamins de cinq ou six ans, qui n'y font aucune attention et les laissent indifféremment au soleil le plus ardent, ou à la pluie ; 3° au choléra et à la variole, qui font souvent de grands ravages. Les soins et l'hygiène faisant défaut, la proportion des décès dans ces épidémies est de la moitié des malades.

Dimanche, 3 août. — La famine a produit au Japon des émeutes et des menaces de pillage. A Sado, le P. de Noailles dut veiller plusieurs nuits avec ses domestiques, afin de garder sa maison. En souvenir de l'énergie dont il fit preuve dans cette circonstance, le mikado lui a fait remettre, par le préfet de *Niigata,* une coupe précieuse.

Le riz augmente encore ; il vaut actuellement plus du double de l'an dernier. Aussi avons-nous des chrétiens bien, bien malheureux. Pour nous, nous n'avons rien à craindre, ayant suffisamment d'argent pour parer à nos besoins personnels, mais nos œuvres souffrent, ainsi que notre cœur de prêtre. Espérons que cela finira bientôt.

Lundi, 4 août. — Pendant les élections qui viennent d'avoir lieu, tout a été calme : le parti qui l'a emporté est celui du gouvernement actuel ; rien ne sera donc changé à notre égard. Reste à savoir comment sera interprété par la Chambre ce passage de la Constitution, art. xxiii, qui nous intéresse vivement : « Les sujets japonais jouiront de la liberté religieuse en tout ce qui n'est ni préjudiciable à la paix et au bon ordre, ni *contraire à leurs devoirs de sujets.* » Il y a dans cet article de quoi nous faire pendre, si l'on veut exagérer son application.

Quelques bonzes ont été élus : nous ne pouvons pas espérer les avoir pour protecteurs.

Cette fameuse Constitution, qui concède enfin la liberté religieuse après des siècles de sanglantes persécutions, n'a été promulguée que le 11 février 1890. Elle dote le pays du suffrage universel restreint : il faut payer un impôt *foncier* d'environ vingt-cinq francs pour pouvoir élire un député. Aussi les électeurs ne sont-ils pas nombreux. Il y aura deux Chambres, comme en France ; elles fonctionneront cette année même.

Mardi, 5 août. — Le compte rendu des travaux de notre société des Missions-Étrangères a été publié à Paris, le 15 juin dernier. En 1889, nos vingt-six missions, qui renferment neuf cent trente-huit mille chrétiens, trente évêques et huit cents missionnaires, tous Français, ont obtenu :

>   31 761 baptèmes d'adultes ;
>   843 conversions d'hérétiques ;
>   180 259 baptèmes d'enfants de païens.

Voilà certainement un beau chiffre.

Actuellement, dans tout le Japon, nous avons près de cinquante mille catholiques.

XIII

Jeudi, 7 août. — Aujourd'hui, le but de ma promenade était
une excursion dans les montagnes, à l'est de Matsumoto. Je
voulais voir une cascade célèbre, entourée de temples dédiés au
dieu de la *force physique.* Le site est ravissant : l'eau bondit
de roche en roche dans une petite gorge boisée de sapins. Au
bas, se trouvent les tombeaux des *daïmio,* anciens seigneurs
féodaux du pays. Ces monuments de pierre, assez simples, sont
tous semblables.

J'aurais voulu atteindre le haut de la cascade; mais, arrivé
à moitié, je me suis trouvé au milieu de *pieux* pèlerins et pèle-
rines, debout sous la nappe d'eau, dans le plus simple appareil.
Les bras levés vers la chute d'eau, ils invoquaient le dieu, criant
à tue-tête, soutenus et renforcés par des bonzes qui hurlaient
plus haut encore. Ma présence eût été déplacée dans ce milieu,
et je suis descendu, repassant sous le *tôrii,* portique sacré du
temple. A ce *tôrii* sont suspendues des sandales de paille, longues
d'un mètre, offertes à la divinité du lieu, en sa qualité de dieu
des voyageurs. De chaque côté du chemin, sont alignés de petits
bouddhas en pierre, tous plus affreux les uns que les autres. De
loin, nous entendons sortir du temple les grognements des bonzes,

qu'accompagnent la cloche du dieu et son tambour. Ces dévots font grand bruit, je vous assure, et il faut que le dieu soit bien sourd pour n'en être pas incommodé.

Vendredi, 15 août. — J'ai eu le bonheur, ce matin, de faire faire, à ma messe, une première communion. C'était celle de la jeune femme d'un *avocat* de Matsumoto. On l'avait remise à ce jour pour que la solennité de la fête de l'Assomption vînt rehausser un peu cette cérémonie, si touchante en France, mais qui souvent ne peut se faire ici que bien simplement.

Pour la circonstance nous avions orné notre chapelle de notre mieux, faisant plus jolis nos vases de fleurs, allumant quelques bougies, afin de donner un petit air de fête à notre modeste chambre.

Le soir il y eut conférence religieuse. Ces conférences sont un de nos principaux moyens d'évangélisation. Voici comment on procède. Nous faisons mettre dans les journaux et afficher en différents endroits que tel jour, à telle heure, un maître de religion, étranger, parlera publiquement. Puis, le soir annoncé, on accroche des lanternes de papier à la porte de la maison où doit se faire cette conférence. Il vient toujours du monde. Le catéchiste indigène prend le premier la parole, et un père lui succède pour expliquer et compléter ce qui vient d'être dit, ou même pour aborder un autre sujet.

Le père est assis à une petite table ; tous les assistants sont accroupis à terre, autour de petits réchauds, afin de pouvoir allumer leur pipe, et conserver chaude l'eau de leur thé. De temps en temps on pose des objections au père, qui répond.

Quand les choses se passent ainsi, c'est très heureux ; car il arrive parfois qu'on écoute à peine, et que certains étudiants (ils sont les mêmes partout !) viennent faire du tapage. Ainsi, au milieu d'une belle démonstration, un gamin crie, par derrière, un mot dans le genre de celui-ci, l'un des plus fréquemment lancés, *kétôdjin baka!* ce qui signifie : bête d'homme barbu d'occident.

On aurait alors grande envie de se lever et de courir après le petit polisson pour lui tirer les oreilles ; mais quel effet, si l'orateur quittait brusquement la tribune !

Cette apostrophe s'est reproduite aujourd'hui : on n'a pas eu l'air d'entendre. S'il arrive, par-ci par-là, quelques accidents de ce genre, nous en sommes consolés par les délicates attentions de certains chrétiens. Ainsi, ce soir, la chaleur était accablante, et le père ne cessait de s'éponger. Voyant cela, un petit chrétien se glissa derrière lui et le rafraîchit de son éventail tout le reste de la soirée.

Dans ces conférences, qu'on appelle *seikyô*, on ne traite pas toujours un sujet religieux, on parle quelquefois de science, de *haute* politique, d'éducation, etc., afin d'attirer plus de monde. Mais on profite toujours de la première occasion pour dire, en passant, un mot de religion, et faire une digression.

Voilà ce qui constitue en partie notre ministère au milieu des païens, dans les postes où les chrétiens sont encore peu nombreux.

Samedi, 16 août. — Nous avions beaucoup de monde hier soir à la conférence; il y en a peu ce soir, la pluie ayant retenu beaucoup de gens.

Le père avait expliqué hier la nécessité d'un Rédempteur pour sauver le monde, et démontré que la religion qui l'annonce est la seule véritable. Or, comme la leur n'en dit rien, la conclusion était facile à saisir.

La suite, ce soir, a traité de la divinité de ce Rédempteur, Notre-Seigneur Jésus-Christ.

Dimanche, 17 août. — Ce soir encore, troisième conférence, destinée surtout aux chrétiens. C'était une homélie sur un passage de l'Évangile du jour.

Samedi, 23 août. — Le père continuera ses conférences aux païens. Il leur parlera des avantages de l'obligation du repos dominical, pour le corps et pour l'âme, et leur racontera les origines et les gloires de l'Église catholique au Japon, depuis saint François Xavier.

Mercredi, 27 août. — J'ai enfin reçu le courrier de France. Ce retard provient d'une trombe d'eau et d'un typhon qui, samedi soir, ont détruit en un instant toute la ligne du chemin de fer, ainsi que la route des montagnes.

Il paraît qu'il existe actuellement une véritable mer dans certain endroit de la ligne de Tôkiô.

Des maisons, des gares ont été emportées. Pour un trajet qu'on faisait en trois heures il faudra actuellement trois jours.

Bôdze, bonzes japonais.

Jeudi, 28 *août.* — Hier, après vous avoir écrit, j'ai dû me coucher pour soigner une angine, gagnée je ne sais comment.

Le médecin japonais, que le père fit chercher, vint dans la journée, et nous dit que c'était une petite angine flegmoneuse.

C'est bien drôle une visite de médecin japonais, et surtout bien long. Pourtant ce n'était pas un de ces vieux médecins à la chinoise, qui ne soignent que par les simples ; mais un *docteur* de nouvelle espèce, breveté à *l'université* de Tôkiô, s'il vous plaît. Il arrive donc dans ma chambre, le petit sac qui contenait ses instruments et ses drogues à la main ; il le dépose et me fait ses salutations.

Sans tarder, je lui dis que j'avais mal à la gorge, le priant de l'examiner.

Vous croyez peut-être qu'il va, comme cela se pratique partout, s'empresser de la regarder ? Ce serait bien peu connaître les médecins japonais. Il commence par prendre une tasse de thé, fume une ou deux pipes ; puis me demande mon âge, me fait lever et veut savoir si je me trouve lourd ou léger.

« Très léger, répondis-je, et cela parce que je n'ai rien mangé. »

Il se met à me tâter le pouls au bras droit, tire d'un vieux morceau de peau sa montre, qu'il compare à la mienne, aperçue à mon chevet, les écoute l'une et l'autre et les regarde marcher pendant cinq minutes. Pour mieux s'assurer si j'ai la fièvre, il recommence son expérience au bras gauche tout aussi longtemps, fait un calcul, et trouve enfin que j'ai la fièvre. Il l'aurait su plus vite en me le demandant.

Je supposais qu'il allait se décider à inspecter ma gorge ; mais il voulut savoir auparavant si j'avais mal à la tête.

« Oui, répondis-je.

— De quel côté ? à droite ou à gauche ?

— Partout.

— Faites-vous bien ?...

— Pas mal. »

J'ai été sur le point d'ajouter : « Et vous ? » C'est d'ailleurs une question qui n'est pas choquante au Japon ; mais j'ai craint de rire.

« Recouchez-vous, me dit-il, je veux voir si la fièvre est la même quand vous êtes couché ou debout. »

Et il recommença son examen à droite et à gauche. Puis il en vint à la température du corps, et me plaça son thermomètre sous le bras. Il l'y laissa certainement cinq fois plus de temps qu'il n'était nécessaire, puisqu'il prit une nouvelle tasse de thé et fuma de nouvelles pipes dans l'intervalle.

Nous n'étions pas encore arrivés à la gorge. Il m'ausculte, me palpe, écoute avec des trompettes de bois, etc. J'allais lui rappeler que c'était de la gorge que je souffrais, quand il me prévint et me dit :

« De quel côté de la gorge souffrez-vous ?

— Du côté droit.

— Bien, tirez la langue et levez-vous pour venir au jour. »

Pendant que je m'approche de la lumière, il vide son sac et

Décortication du riz.

en retire tout un attirail. Il m'introduit alors dans la bouche, non la cuiller traditionnelle, mais un énorme coupe-papier de bois.

Après avoir longtemps regardé, il déclara que j'avais l'amygdale droite très enflée et que, pour éviter la formation d'un abcès, il allait m'ordonner des remèdes.

Il se mit à me badigeonner la gorge avec une drogue blanche, et se retira. La visite était terminée, mais il n'était pas encore parti. Il rédigea son ordonnance et recommanda bien de la faire exécuter chez *son frère,* le pharmacien, *son associé.*

Au surplus, l'usage est ici que les médecins soient en même temps droguistes, et d'ordinaire même ils se payent avec le prix des remèdes. Le nôtre a donc réalisé un grand progrès en ne cumulant pas : aussi l'en avons-nous félicité.

Pendant qu'on attendait chez le pharmacien les drogues prescrites, le docteur, installé dans la chambre de mon confrère, causait toujours, fumant et buvant du thé.

Après une heure d'attente les drogues arrivèrent. Je le vis alors rentrer chez moi. C'était pour exécuter lui-même son ordonnance, puis me dire enfin non pas adieu, mais au revoir, après être resté encore une heure à converser de choses et d'autres. Il était six heures du soir. Sa visite avait duré quatre heures ; de quoi indisposer un homme bien portant.

Vendredi, 29 août. — Le voilà qui reparaît avec son sac, mais aujourd'hui les préliminaires sont moins longs, et il arrive plus vite à la gorge.

L'abcès était formé : il me l'a ouvert, sans trop me faire souffrir. Il me badigeonna encore une fois : j'étais guéri.

En somme, malgré ses façons, il ne m'a pas trop mal soigné. On le dit, en effet, assez instruit.

Malheureusement, comme hier, il est resté un temps infini à la maison. Il ne nous a quittés qu'à sept heures moins un quart, à l'heure du souper. Il est probable qu'en ce moment ses clients ne se l'arrachent pas.

Samedi, 30 août. — Rassurez-vous complètement sur mon état, qui a été plus douloureux que grave : j'ai presque repris aujourd'hui mon train de vie ordinaire.

Mardi, 2 septembre. — La route de Matsumoto à Tôkiô est encore une fois interceptée ; sur la ligne du chemin de fer il faudra plus de quinze cent mille francs de travaux.

Mercredi, 3 septembre. — Nous nous décidons à sortir malgré les menaces du temps ; nous allons voir, dans une propriété privée, un essai de plantation de vigne. Il s'agit d'un plant américain. Il pousse assez bien, mais la culture est mauvaise et la taille défectueuse. Les Japonais ont cueilli le raisin avant sa maturité. J'y ai goûté : le grain est charnu et la peau très dure.

Puis nous sommes allés dans la campagne. Les rizières sont

splendides. Les épis, très chargés, font espérer une excellente récolte.

Dans notre province du Shin-Shou tout aura donc réussi cette année, car on est satisfait des vers à soie, l'une des principales richesses du pays.

Vendredi, 5 septembre. — Ce matin j'ai voulu revoir la cascade du dieu de la Force. Je ne l'avais pas visitée à l'aise l'autre jour, à cause du costume insuffisant des baigneurs. Comme il était tôt, et qu'il faisait presque frais, les pèlerins n'étaient pas encore arrivés. J'ai donc vu librement la cascade et tous ses dieux, Bouddha en tête, assis au milieu, sur ses talons, la tête dans un nimbe, l'air profondément ennuyé.

Je commençais à lire mon bréviaire, quand je fus interrompu par l'arrivée d'un fou, accourant demander au dieu sa guérison. Cet endroit est très fréquenté par les aliénés : on les y mène souvent.

Les douches sont d'ailleurs une excellente chose pour leur état : c'est le principal traitement usité en pareils cas. Ayant échangé quelques mots de politesse banale avec mon interrupteur, je lui laissai place libre et montai plus haut dans la montagne.

J'atteignis un petit temple dédié au dieu *Renard,* l'*inari-sama,* très en vogue au Japon, et auquel on attribue toutes les mauvaises farces. La vue s'étend sur la plaine de Matsumoto. A mes pieds, les rochers descendaient à pic jusqu'au fond de la vallée. Assis dans la maison de maître Renard, mais lui tournant le dos, pour mieux admirer l'horizon, j'achevai de louer l'Auteur de toutes ces merveilles, Celui que le Japon ignore encore.

Mes prières terminées, je continuai mon ascension, m'aidant souvent de mes mains, jusqu'à un petit sentier aux mille détours, pour diminuer la pente. Il me conduisit à des sapins, où je pus respirer au frais les délicieuses senteurs que laissait évaporer la rosée matinale.

Quand j'eus assez gravi pour m'être assuré que, par derrière se trouvaient d'autres montagnes encore plus élevées, et que je n'arriverais pas au sommet, je repris le chemin du retour, en admirant un tapis de fort jolies fleurs bleues, que je voyais pour la première fois.

Samedi, 6 septembre. — Ce matin, à une heure moins un quart, nous avons été réveillés en sursaut par un assez violent tremblement de terre. Cependant l'oscillation n'a pas été de longue durée. Seuls, nos cadres et nos crucifix ont continué à se balancer quelque temps, le long des cloisons.

Dimanche, 7 septembre. — Nous avons cherché, tantôt, à louer une maison pour notre catéchiste, dans le sud de la ville : nous n'en avons pas trouvé.

Il paraît que les habitants de ce quartier ont, il y a quelque temps, signé la promesse de ne pas se faire chrétiens et de ne point nous prêter leurs maisons. Mais le bon Dieu saura bien triompher de leur entêtement. D'ailleurs ils ne nous sont pas hostiles autrement.

Mardi, 9 septembre. — Décidément la gent étudiante ne vaut pas mieux au Japon qu'ailleurs ; elle est même pire.

Hier, deux de ces petits messieurs, plus remplis de pédanterie que de science, sont venus visiter nos constructions, mais sans se découvrir et saluer le père qui se trouvait là. Celui-ci, après les avoir vertement admonestés, les mit à la porte. Aujourd'hui ils sont revenus en bande, affectant une politesse insolente, pour nous narguer. Il fallut envoyer un domestique les prier de se retirer, ce qu'ils firent du reste sans résistance. Mais dans la nuit, vers onze heures, ils ont trouvé drôle de lancer des pierres dans notre porte. Nous ouvrîmes nos fenêtres, et ces gamins décampèrent au plus vite.

Tels sont les étudiants. Il faut d'ailleurs les voir chercher à se rendre intéressants par leurs ridicules manières, se tortiller en marchant, et tenir gauchement, du bout des doigts, leurs chapeaux américains, dans le fond desquels la mode a fait placer une glace, pour se mirer.

Rien n'est plus drôle que cette singerie de la vieille Europe, que cette adoption de ses défauts et de ses ridicules, sans y prendre ce qu'il y a de bon.

Quant à nos députés, après avoir dépensé beaucoup d'argent pour se faire élire, ils vont achever de se ruiner, en voulant mener trop grand train.

Gouverneront-ils mieux les intérêts du pays que les leurs ?

l'avenir le montrera ; en tout cas, il est permis de penser qu'il est toujours dangereux de modifier brusquement une constitution séculaire. Quand on secoue de vieux édifices, on risque d'être enseveli sous leurs ruines. Notre pauvre France en sait quelque chose ; mais l'expérience des autres ne profite jamais.

XIV

Jeudi, 11 septembre. — Vous m'écriviez le 30 juillet que mon frère songeait à choisir l'infanterie de marine, et que vous vous en attristiez. J'espère qu'il n'en fera rien. Il a tout ce qu'il faut pour être heureux dans son pays : il prendra sa bonne part des fêtes de la société, dans laquelle il sera recherché et où il plaira. Son avenir n'en souffrira pas, au contraire.

Si la France était en danger, au loin, s'il fallait que quelques-uns se sacrifiassent pour son honneur, je serais le premier à lui dire d'aller aux avant-postes. Mais rien de semblable actuellement, grâce à Dieu, et la place la plus importante à occuper est en France, où l'on tâche de rabaisser l'armée en la déchristianisant. C'est là que les jeunes gens bien nés et chrétiens doivent user de leur influence, pour garder intactes ses traditions de devoir et d'honneur. Trop d'ambitieux sacrifient à leur intérêt personnel les choses les plus sacrées.

Qu'il attende encore et serve en France. Plus tard, si son désir persistait, il pourrait permuter. Ils sont nombreux ceux qui soupirent en songeant à leur patrie, et qui, pour le bonheur d'y être, accepteraient d'être enfermés dans une forteresse. Il peut m'en croire, car je sais les regrets de plus d'un de ces jeunes exilés militaires.

Samedi, 13 septembre. — Nous préparons aujourd'hui notre église, afin d'y dire demain la messe, pour la première fois. Le saint Sacrement aura enfin un logement plus convenable que le pauvre petit réduit actuel, si bas d'étage, que nous ne pouvons élever la sainte hostie au-dessus de nos yeux, sans risquer de heurter le plafond.

Dimanche, 14 septembre. — Je viens d'avoir le bonheur de chanter la première grand'messe qui ait jamais été célébrée dans toute cette immense province. J'en ai été certainement bien plus heureux que nos chrétiens, qui pourtant ne pouvaient dissimuler leur joie à la vue des cérémonies de la sainte Église.

Le soir, nous leur réservions une autre surprise : le salut du saint Sacrement. Tout cela était nouveau pour eux. Voilà donc une bonne journée, une des plus belles et des plus poétiques que puisse rêver le cœur d'un missionnaire : rendre à Dieu, pour la première fois, un culte solennel dans une contrée où il n'est pas connu. Pauvre province du Shin-Shou, quand verrons-nous tes enfants venir demander à la foi catholique la sainte espérance qui adoucit les souffrances et fait supporter tous les malheurs? Quelle affreuse chose, souffrir toujours sans espérer un terme ! Telle est pourtant la situation de la plupart des pauvres qui nous entourent.

Lundi, 15 septembre. — Nous avons reçu ce matin un télégramme de Monseigneur nous annonçant la mort de l'un de nos missionnaires du nord. Il était au Japon depuis quatre ans et n'avait que trente ans.

Mardi, 16 septembre. — J'ai vu aujourd'hui la façon de prendre les petits oiseaux. Les Japonais en sont très friands et les vendent cher. Je ne sais à quelle sauce ils les mangent, mais voici comme ils s'en emparent. Dans un arbre on suspend une cage où sont prisonniers un certain nombre de ces petits êtres. Ils chantent, attirant leurs camarades encore libres. Mais au pied se tient le chasseur, armé d'un long bambou à l'extré-

mité duquel est fixée une boule de riz cuit à la vapeur d'eau ;
c'est un vrai gluau, avec lequel il touche les oiseaux à sa portée.
Les plumes des petits imprudents s'y collent, et ils vont rejoindre
dans la fatale cage leurs frères ainsi capturés. Leurs ailes orne-
ront les chapeaux de nos élégantes d'Europe.

Mercredi, 17 septembre. — Malgré la pluie, nous venons de
faire une grande promenade dans les montagnes. Nous avons
suivi une délicieuse vallée et traversé de nombreux villages, aux
maisons groupées autour d'un temple rustique. Ces maisonnettes,
coquettement rangées autour de l'idole qu'abrite la montagne,
rappellent les poétiques descriptions de Chateaubriand, dans ses
Martyrs, à propos des villages païens d'autrefois.

Jeudi, 18 septembre. — Nous avons été prévenus dans la matinée qu'un crieur public, frappant sur une boîte de fer-blanc
pour attirer l'attention, annonçait pour ce soir et demain une conférence dont le sujet était la destruction de la religion de Jésus.
La ville est remplie de ces affiches. Je suppose que quelque
bonze en est l'auteur.

Vendredi, 19 septembre. — Un de nos gens est allé hier soir
au théâtre, écouter l'orateur. Il est bientôt revenu, nous disant
que le discours de ce bonze, déguisé en laïque, était si bête, si
ridicule, qu'il n'avait pas eu le courage de l'entendre plus longtemps.

Ces pauvres bonzes sont souvent ivres quand ils pérorent ; car,
pour se donner des idées, quelques-uns ne cessent de boire,
avant, pendant et après.

On raconte à ce sujet une plaisante aventure, survenue l'an
dernier à *Kôfou.* Un jeune médecin assistait à l'une de ces conférences. Interpellé sans motif par le bonze, et obligé de répondre,
il monte sur l'estrade. Apercevant devant lui la tasse et la bouteille de l'orateur, et présumant bien que ce n'était pas de l'eau
pure, il commence par vider le tout. C'était en effet du *saké,* vin
de riz fermenté, ce que chacun soupçonnait d'ailleurs. A son tour
mis en verve par la liqueur, notre médecin raconta une foule
d'anecdotes, plus grivoises les unes que les autres, à la grande joie
de son auditoire.

Chacun s'égaya fort de la mésaventure du bonze, qui ne put répondre, n'ayant plus de quoi s'humecter le gosier.

Samedi, 20 septembre. — On nous dit que les chemins sont

Kagô, litière de voyage.

restés impraticables entre nous et la capitale. Dans un endroit, il y a pendant quatre lieues un tel amas de boue, qu'on ne peut circuler qu'en *kagô*, c'est-à-dire dans une sorte de litière, que deux hommes portent suspendue à un bambou. Il faut se résigner à y rester douloureusement accroupi plusieurs heures ; aussi le plaisir est extrême, quand on peut en sortir et se détirer les jambes.

Dimanche, 21 septembre. — Aujourd'hui encore j'ai chanté la messe dans notre église de Saint-Jean-l'Évangéliste. C'est la seconde fois. Le soir, nous avons eu salut du saint Sacrement.

Les païens, l'ayant appris, étaient venus en grand nombre assister à nos cérémonies. Ce spectacle était tout nouveau pour eux. Ils se sont très bien tenus. Le Père en a profité pour leur faire un sermon sur la mort et l'autre vie. Ils ont écouté en silence.

Lundi, 22 septembre. — Enfin j'ai reçu vos lettres du 7 août, par la malle française.

Je vois que mon père espère réunir l'argent nécessaire à notre école.

Ce résultat ne serait pas moins utile à l'influence française qu'à la religion, car dans nos classes nous recevons tout le monde, chrétiens et païens, et tous assistent au cours d'instruction religieuse. Si tous ne se convertissent pas, ils apprennent du moins ce qu'est notre religion, et voient qu'elle n'a rien de commun avec les absurdités débitées sur elle par les bonzes. Ils connaissent ce qu'est le missionnaire, et savent n'avoir rien à redouter de lui.

C'est déjà prendre pied chez eux pour plus tard.

Au point de vue philanthropique, c'est encore un grand bien ; car nous nous contentons d'une rétribution inférieure à celle réclamée par le gouvernement. De la sorte nous donnerons l'instruction à beaucoup d'enfants que leur pauvreté éloigne des autres écoles [1].

---

[1] Une brochure officielle, publiée en anglais à Tôkiô, en août 1890, sous ce titre : *Seizième rapport du ministre de l'instruction publique*, contient d'intéressants détails sur l'enseignement au Japon. On s'étonnera moins que ce rapport soit écrit en anglais quand on saura que les collaborateurs étrangers employés là-bas au ministère sont au nombre de trente-huit, dont quatorze Anglais, dix Américains, dix Allemands, deux Français, un Autrichien et un Belge.

Au Japon, comme ailleurs, la langue anglaise sert d'avant-coureur aux marchandises et aux mœurs anglo-saxonnes.

L'enseignement public y est en pleine transformation et subit la plus vigoureuse impulsion.

A la fin de l'exercice 1888, d'après le rapport officiel, le nombre des écoles primaires était de 25953, dont 24295 écoles de l'État et 658 écoles libres.

Le chiffre total de la population scolaire s'élève à 2927868 élèves, dont 2873759 pour les écoles de l'État et 54109 pour les écoles libres. Ces chiffres sont desti-

Mercredi, 24 septembre. — C'est aujourd'hui le vingt-sixième anniversaire de ma naissance. Je fais un retour général sur le passé, ce qui me rapproche encore de vous.

Vendredi, 26 septembre. — Nous commençons à moins souf-

Niwa, jardin japonais.

frir des variations de la température. Il nous fallait, les jours passés, changer de vêtement trois fois par jour, pour nous garantir de la fraîcheur le matin et le soir, et, dans l'après-midi,

nés à s'accroître, car le total général des enfants en âge d'aller à l'école s'élevait à 6 920 345.

Le budget des recettes de l'instruction publique était, en 1888, d'environ 35 000 000 de francs.   (*Note de l'éditeur.*)

d'une chaleur étouffante. Ces brusques alternatives sont bien pénibles.

Samedi, 27 septembre. — Un vaisseau de guerre turc, *l'Estogroul,* vient de se perdre corps et biens près de Yokohama. Sa machine, avariée par un typhon, ne pouvant plus fonctionner, il a été jeté sur les rochers de la redoutable île d'Oshima. Ces parages sont funestes aux navires : il y a quelques années, un paquebot des Messageries maritimes, *le Nil,* venant de Marseille, a sombré dans ce même endroit.

Dans le dernier naufrage on compte cinq cents noyés. Soixante personnes ont été sauvées, parmi lesquelles cinq ou six seulement n'ont point eu de jambe ou de bras cassés.

Toutes les côtes du Japon sont d'ailleurs extrêmement dangereuses, et il est providentiel que les missionnaires, obligés par les besoins de leur ministère de naviguer si souvent, ne soient pas plus fréquemment victimes d'accidents.

Dimanche, 28 *septembre.* — Invités à aller voir pêcher un étang à Matsumoto même, nous nous y sommes rendus. Cette opération s'y renouvelle chaque année, et c'est par milliers qu'on ramasse les carpes. Les eaux du Japon sont toutes excessivement poissonneuses.

Il n'y a pas de mare sans poisson, et l'on ignore parfois comment il y est venu. Cette abondance explique qu'il soit la nourriture presque exclusive des habitants.

Les côtes ne sont pas moins favorisées, sous ce rapport, que les cours d'eau; et la qualité égale la quantité. Aussi la pêche est-elle la profession de tous les riverains.

Le saumon abonde au nord du Japon : on le sale comme de vulgaires harengs. Les courants différents qui longent les côtes sont une des causes principales de cette abondance. Ceux qui sont froids charrient en été des détritus de toute nature, conservés dans les glaces hivernales jusqu'au dégel; ceux d'eau chaude retiennent en hiver beaucoup d'insectes attirés par la différence de température. Ainsi le poisson trouve toujours une nourriture abondante.

Lundi, 29 *septembre.* — On taille nos arbres aujourd'hui.

Les artistes chargés de ce soin leur donnent exprès ces mille formes contournées reproduites dans les dessins japonais. Plus l'arbre est vieux, rabougri, étrange, plus il est admiré. On coupe aux sapins la plupart de leurs branches, pour ne laisser à l'extrémité de celles conservées qu'un petit éventail de verdure. Ces exécutions automnales sont faites surtout, m'a dit le jardinier, pour empêcher le poids de la neige de briser les branches en hiver.

Église de Saint-Jean-l'Évangéliste, à Matsumoto.

Mardi, 30 septembre. — Pendant que j'étais avec le P. Clément à voir un coin de la fête païenne célébrée en l'honneur du dieu de l'Automne, les PP. Pettier et Drouart de Lézey sont arrivés de Tôkiô afin d'assister à la bénédiction de notre église, et de donner plus d'éclat à notre cérémonie.

Jeudi, 2 octobre. — Dans la soirée, le P. Drouart, qui avait apporté un appareil à projections, montra dans une salle publique de Matsumoto des photographies astronomiques. Il fit, à cette occasion, un petit discours sur l'existence de Dieu et la toute-puissance de l'Être qui créa les mondes que nous admirons.

La séance s'est terminée par des vues du Japon et des principales villes qu'on rencontre, en allant de Yokohama à Marseille; ce qui a fort intéressé les deux cent cinquante assistants.

Vendredi, 3 octobre. — Ce soir, nouvelle séance de projections. Au début, un peu de géologie pour démontrer que Moïse n'est pas contredit par la science moderne, et que, quatre mille ans avant nos savants actuels, il avait parlé de faits découverts seulement de nos jours. Il a été facile d'en tirer les preuves de l'inspiration divine et de la révélation.

On a terminé vers dix heures en montrant des vues de Rome, de ses principales églises, et enfin de Paris.

Samedi, 4 octobre. — Nous restons tous à la maison, occupés des préparatifs de la fête de demain, et pour entendre les confessions des chrétiens.

Dimanche, 5 octobre. — Hier soir les PP. Christmann et Berger sont arrivés de Niigata et de Sado. Nous sommes donc six. Jamais on ne vit tant de missionnaires réunis, si loin, dans la province.

Un grand honneur m'était réservé : c'était de faire aujourd'hui, au nom de l'évêque, la bénédiction solennelle. Ensuite j'ai chanté la grand'messe avec diacre et sous-diacre. Nos chrétiens ont été ravis. Mais le temps nous a fort contrariés; il est tombé toute la journée une pluie torrentielle qui rendit le soir l'illumination impossible.

Le P. Drouart de Lézey donna le salut solennel.

Puis, avec son appareil à projections, il montra aux chrétiens toute la vie de Notre-Seigneur. Jugez de la joie générale de ces braves gens, ayant si souvent entendu parler de Jérusalem et de la terre sainte, sans en rien connaître.

Lundi, 6 octobre. — Nous devions partir dans la soirée pour *Kôjou*, mais le temps affreux nous oblige à rester. Nous nous mettrons en route, tous les six, demain avant le jour, coûte que coûte, car il faut être arrivé à Tôkiô samedi soir, pour la retraite.

XV

Mardi, 7 octobre. — Ce matin, dès quatre heures, nous étions sur pied, prêts à commencer notre voyage dans la province de *Kôshou.*

Nous montons en *djinrikisha* (voiture traînée par un homme), et nous filons au trot de nos chevaux humains pour sortir de la longue plaine de Matsumoto, et gagner la première chaîne de montagnes, limitant la vallée où s'étend le lac de Sewa.

Cette première partie du voyage, en plaine, n'offre rien d'extraordinaire. Çà et là un torrent grossi par les pluies des jours précédents et coulant à pleins bords, notamment le Shinanogawa, la plus longue rivière du Japon ; elle roule avec fracas dans un lit sinueux, dont elle heurte à chaque instant les rives rocheuses.

Quelques villages, avec leurs petits temples abrités sous de grands arbres, forment l'aspect général.

Arrivés au bas de la montagne, nous mettons pied à terre, et, la soutane relevée, serrée à la ceinture, nous commençons à gravir. Nos bagages sont traînés par deux hommes, que nous aidons à tour de rôle.

Nous faisons route avec six *bonzesses* se rendant à je ne sais quel couvent ; elles nous suivent longtemps, intriguées de notre rencontre. Pauvres femmes ! elles ont plus l'air de mendiantes et de *traîneuses,* que de véritables religieuses.

Un large chapeau plat, en paille, abrite leur tête. Elles portent sur un costume blanc une espèce de redingote en soie noire transparente, et des guêtres leur serrant les jambes. J'ignore leur vie et leur conduite ; mais, à en juger par les apparences, la modestie et le recueillement ne leur semblent pas habituels.

Arrivés vers midi au sommet de la montagne, un splendide panorama se déroule à nos pieds : c'est la plaine du lac de Sewa, entourée de montagnes ornées de jolis bouquets de sapins, du plus charmant effet. Nous sommes dans l'admiration : nos pensées s'élèvent naturellement de cette belle nature vers son auteur, encore inconnu dans ces contrées, où n'existe aucun chrétien.

Au bord du lac nous faisons halte : il est une heure.

Ce lac de Sewa est très célèbre ; sa réputation d'ailleurs est méritée. De là, quand le temps est clair, on aperçoit le sommet du *Foudji-Yama,* la montagne sainte du Japon. Les habitants disent poétiquement que chaque matin la montagne se lave la tête dans les eaux du lac.

Notre modeste repas achevé, nous repartons ; mais il est impossible de trouver un moyen de transport autre que nos jambes : une fête païenne se célèbre dans une petite ville assise à l'extrémité du lac, toutes les voitures sont prises.

Nous longeons le lac dans toute son étendue, pendant trois heures environ, et nous pouvons l'admirer à l'aise.

Notre seul ennui a été d'être entourés par une centaine de Japonais, nous suivant avec une grande curiosité, prenant notre allure, courant autour de nous, pour ne pas être distancés, quand nous pressions le pas afin de leur échapper. Nous dûmes nous résigner à subir cette escorte, marchant dans le tourbillon de poussière qu'elle soulevait.

Parvenus à l'endroit de la fête, nous rencontrâmes enfin des voitures qui nous traînèrent trois lieues plus loin. Mais à l'aide de nos jambes seules nous dûmes escalader plusieurs collines.

Vers six heures du soir nous arrivions enfin au village de Kana-
gawa, à environ quinze lieues de Matsumoto, à moitié chemin de
Kôfou.

A l'hôtel, on nous donne, pour nous six, la grande chambre

Une divinité ambulante, suivie de trois bonzesses.

du fond. Nous commençons par nous laver dehors la tête, les
mains et les pieds, à la mode japonaise, pour nous débarrasser
de la poussière du chemin. Puis on nous sert à manger.
Le plat le moins mauvais était un poisson séché au soleil et
accommodé avec une sauce au sucre. Nous avions si faim, que

nous avons dîné copieusement, et mangé même des *kôkô,* ces détestables raves confites dans la saumure.

Nous sentant un besoin impérieux de sommeil, on nous apporta des *fouton,* matelas peu épais en coton, qu'on étendit par terre et entre lesquels nous nous couchâmes, l'un d'eux formait couvre-pieds. Les Japonais s'y glissent sans linge ; aussi ces matelas, imprégnés de graisse, sont d'une saleté repoussante. Cela explique la nécessité, quand nous voyageons, d'emporter une paire de draps pour les recouvrir, afin d'éviter tout contact, soit dessus, soit dessous. Ce n'est pas seulement une question de propreté, mais d'hygiène.

Mercredi, 8 octobre. — Dès deux heures du matin, deux d'entre nous avaient pris les devants avec les bagages. Comme on nous attendait le soir même à Kôfou, pour faire une conférence religieuse, il fallait arriver à temps pour tout préparer : or il restait encore quinze lieues à parcourir par de très mauvais chemins.

Quand nous nous mîmes en route, le soleil se levait et la chaleur commençait. Nous dûmes marcher plus de quatre lieues, chacun son sac sur le dos : nous n'avions trouvé personne pour nous aider.

La route montait et descendait le long de collines escarpées et boisées, d'où tombaient de hautes cascades qui éclaboussaient les passants.

Nous atteignons enfin un grand village, où nous pouvons nous procurer une charrette munie de bancs. Nous la louons pour six lieues.

Il est assez difficile de décrire ce véhicule, tant il était misérable. Figurez-vous un coffre vermoulu, suspendu sur quatre lanières de cuir, et monté sur quatre roues basses, retenues à l'essieu par des chevillettes en bois. Le cheval, plus maigre que celui de feu don Quichotte, était revêtu d'un harnais en cordes de paille.

Ces voitures, presque toutes semblables, se nomment *basha.* Les banquettes sont si étroites, qu'on ne peut s'y asseoir qu'à moitié et les genoux touchent celles d'en face.

Quant à la route, elle est si remplie de cahots et d'ornières, qu'elle rend tout ressort inutile.

A peine montés, nous partons au triple galop par d'horribles
chemins, passant parfois à un centimètre de précipices au fond
desquels la terre s'éboule derrière nous, et traversant des restes
de ponts emportés par le dernier typhon et raccommodés avec
de vieilles planches. Le moindre mouvement à droite ou à gauche
précipiterait dans le torrent voiture et voyageurs. Mais les cochers japonais sont si habiles, qu'on verse rarement et qu'on passe
partout.

Un pont près du Foudji-Yama, la montagne sainte du Japon.

Cependant, presque au départ, en montant une côte, un accident se produit : un trait casse. Le conducteur, qui n'a point de
ficelle, le rattache avec son fouet.

Un peu plus loin, dans un bois de sapins où le chemin tourne
à angle droit et où les ornières sont profondes, nous versons...
aux trois quarts seulement, car un coup de bâton bien appliqué
fait faire un bond à notre bête, qui nous sort à temps de ce
mauvais pas.

Enfin, à midi, nous atteignons un petit hameau où toutes les
voitures sont obligées de s'arrêter, le chemin n'est plus praticable. Nous entrons dans une mauvaise auberge, où l'on nous
sert des choses répugnantes. Nous repartons sac au dos.

Mais au bout d'une lieue nous nous apercevons que nous nous

sommes trompés de sentier ; nous voici contraints de rétrograder et de traverser moitié à pied, moitié en bac, un torrent des plus rapides.

Il nous restait encore quatre lieues à faire, sur un chemin nouvellement encaissé.

Enfin, vers cinq heures, nous entrons dans un village important, où nous louons un autre *basha*, qui nous conduit à Kôfou.

Cette partie de route, moins accidentée, traverse une contrée fertile : des champs de riz, de tabac, de mûriers, de maïs, de sarrasin, de coton, d'aubergines, parsemés çà et là de *kaki* aux pommes rouges et de grenadiers couverts de fruits.

Derrière on aperçoit le sommet du *Mitaké* et, devant, le *Foudji-Yama*. Ces deux hautes montagnes dominent toutes leurs voisines, et, comme deux géants, semblent se défier.

Il faisait presque nuit quand nous atteignîmes Kôfou, chef-lieu de la province, ville de cinquante mille habitants, l'une des plus jolies du Japon, mais une de celles où se rencontre le plus de turbulence.

Notre conférence religieuse était annoncée pour huit heures. Le P. Drouart de Lézey, afin d'intéresser le public, devait montrer des projections scientifiques et géographiques.

Malgré quelque tapage au début, la séance réussit parfaitement.

A onze heures, nous nous couchâmes et n'eûmes point de peine à nous endormir, malgré le bruit, car il n'y avait qu'une légère cloison à nous séparer de la rue.

Jeudi, 9 octobre. — A Kôfou n'existe pas un seul chrétien, malgré tous nos efforts ; mais à deux lieues de là, dans un hameau appelé *Yamashiro,* nous avons une école, une chapelle et, autour, une chrétienté de cent cinquante âmes. Nous nous empressons d'aller la visiter dans la matinée. Il était une heure quand nous rentrâmes dîner à Kôfou.

Dans cette grande ville se trouve un restaurant qui se pique de servir à l'européenne ; on n'y est pas mal. Seules les serviettes, en papier, sont un peu trop *couleur locale.*

Du château ne restent plus que des ruines, avec de larges fossés et des murs épais, bâtis en grosses pierres superposées, sans ciment.

Founé, bateau japonais.

Dans un des quartiers, on a voulu imiter l'Europe : les constructions ressemblent en effet aux nôtres. L'ensemble est assez
coquet. Le principal commerce est celui de la soie. C'est ici
d'ailleurs qu'elle est le plus renommée.

Le soir, notre conférence se tint dans une grande salle, louée
exprès, où s'entassaient plus de six cents spectateurs, en dépit
du choléra, qui dans la journée fit encore des victimes.

A notre entrée, on applaudit, ce qui n'a pas empêché certain
tapage au début, comme la veille. Néanmoins on écouta. A onze
heures, tout était fini.

Vendredi, 10 octobre. — Dès l'aube, nos bagages ficelés, nous
repartons. Ce sera la plus belle partie du voyage. Nous voici
en *basha*. Six lieues plus loin, à Kadjikasawa, nous nous embar-
querons sur le Foudji-Kawa, la rivière la plus rapide et la plus
dangereuse du Japon.

Pour gagner l'embarcadère, le chemin est assez beau, sauf
dans un endroit, où deux ponts viennent d'être emportés. On
transborde nos bagages; il est midi.

La barque commandée est vite armée. Une petite tente y est
dressée; on étend dessous des nattes pour nous six, et nous
partons.

Nous avons vingt lieues à faire sur cette rivière, qui contourne le volcan du Foudji, au sud, avant de se jeter à la mer.

Le paysage est féerique : le torrent coule à pleins bords dans
une gorge profonde, entre deux montagnes qui descendent à pic.
Sa rapidité est vertigineuse : entraînés par le seul courant, nous
faisons vingt lieues en quatre heures et demie!

Notre barque a douze mètres de long; quatre hommes composent son équipage. Elle est faite de longues planches flexibles,
élastiques, comme en caoutchouc. A tout moment on croit qu'elle
va se disloquer, mais, très solide, elle est destinée à bondir sur
les récifs, qui garnissent le torrent, et qu'on heurte souvent.
Plus rigide elle volerait en éclats. En glissant sur ces rochers,
elle était soulevée par leurs pointes : l'eau jaillissait à travers
les interstices des planches, disjointes par un trop dur frottement.
Mais aussitôt, avec des étoupes de filasse, on bouchait les
voies d'eau qui venaient de s'ouvrir.

Parfois il faut tourner à angle droit, et souvent le lit n'a que trois mètres de large. De chaque côté s'avancent d'énormes roches pointues, redoutables éperons.

Dans ces défilés le courant acquiert une rapidité prodigieuse : on se dirait en chemin de fer. Au moment où l'on croit venir se briser sur la roche d'en face, un vigoureux coup de gaffe fait tourner la barque.

Nombreux sont les méandres ; à chaque instant de nouveaux rapides, véritables cascades où nous bondissons d'un mètre. Les flots sont agités comme en mer. Un père qui nous accompagnait affirmait qu'au Niagara, qu'il avait vu, le bouillonnement des eaux n'était pas plus terrible.

Notre voyage cependant fut des plus heureux : une seule fausse manœuvre, et qui ne dépendait pas tout à fait de nos bateliers, car de récentes pluies avaient gonflé le torrent, fit pirouetter notre barque en passant sur un gouffre. Après un tour complet nous reprîmes le courant.

L'habileté des Japonais est si grande, que les accidents sont rares. Néanmoins, il y a quelques mois, trente personnes se noyèrent, leur barque s'étant brisée ; nous avons vu l'endroit. D'ailleurs, sur ces rapides, il est inutile de savoir nager, car le flot vous emporte et vous roule sans merci. On nous a montré également un rocher sur lequel un préfet, qui s'y trouva jeté, passa deux jours et deux nuits avant de pouvoir être secouru.

Le paysage est varié à l'infini. Ce sont souvent d'immenses blocs de pierres amoncelés les uns sur les autres, et d'où cascadent les torrents qui grossissent la rivière. Je ne pourrais comparer cela qu'aux gaves de nos Pyrénées, mais gaves gigantesques.

Il n'est pas surprenant qu'on mette trois grands jours à remonter ce que nous avons descendu en quatre heures et demie ; et cependant dix hommes halent alors l'embarcation le long de la rive.

Notre bateau était pointu et relevé à l'avant. Un batelier s'y tenait, toujours la gaffe de bambou à la main, afin d'amortir les chocs. A l'arrière, également surélevé, un autre homme manœuvrait une longue rame formant gouvernail. Sur le côté droit, un peu en avant, deux autres bateliers agitaient sans cesse leur unique aviron.

Le pilote, sans dire mot, commandait d'un geste. Parfois ce païen, frappé de terreur à l'aspect d'un immense gouffre aperçu à quelques mètres, récitait tout haut ses prières et se livrait à des pratiques superstitieuses. Passera-t-on, ou sera-t-on broyé sur les rochers ?... Ce danger à peine conjuré, un autre se présente. Comme nous étions heureux de pouvoir nous abandonner dans ces instants critiques à la protection divine, de compter sur l'assistance de notre bon ange, et de répéter cette parole de Notre-Seigneur : *In manus tuas, Domine, commendo spiritum meum !* « Mon Dieu, nous remettons nos vies entre vos mains ! »

Bref, à quatre heures et demie nous étions au bord de la mer, à Iwaboutchi.

A six heures, nous prenions le chemin de fer conduisant à Yokohama, où nous arrivons à onze heures du soir, après avoir traversé, de nuit, la presqu'île d'Idze, ayant fait plus de cinquante lieues dans notre journée.

Samedi, 11 octobre. — Tout à l'heure part la malle. Je n'ai que le temps d'achever cette lettre écrite au galop et que je n'ai pu relire. Excusez-moi, et à vous de cœur.

Dimanche, 12 octobre. — Avant de partir pour la retraite, nous avons assisté à un spectacle émouvant. Un Anglais, monté dans une montgolfière, ayant atteint une hauteur de mille mètres, a subitement abandonné son ballon pour descendre en parachute. L'expérience réussit, mais l'angoisse des spectateurs a été cruelle jusqu'à ce que l'engin se fût ouvert.

Vendredi, 17 octobre. — Nous voilà tous réunis à Tôkiô pour les exercices de la retraite annuelle. Monseigneur la préside et nous donne l'exemple.

Notre recueillement est un peu interrompu par le choléra, qui a envahi la maison des sœurs, en face de nous. Huit personnes ont été atteintes à la fois : elles sont mortes en quelques heures. Ses ravages ont continué toute la semaine. Il ne faut pas s'en étonner, car nos bonnes sœurs reçoivent dans leur orphelinat tous les pauvres petits êtres que leurs parents ont rejetés, et qui, avant d'entrer, étaient déjà débilités par la misère, ou par des maladies héréditaires.

Selon les règlements japonais, tout cholérique doit être aussitôt transporté dans un hôpital spécial : c'est ce qu'on a fait, et ils ont reçu là de bons soins.

Plusieurs jeunes chrétiennes, se dévouant, sont venues s'offrir comme infirmières, afin de baptiser quelques mourants. Trois ont déjà succombé, victimes de leur abnégation.

Un de nos pères a obtenu la permission de pénétrer aussi dans cet hôpital, afin d'assister les chrétiens : il y passe la journée, souvent la nuit.

Dès qu'un malade meurt, on lui fait je ne sais quelle injection, et l'on brûle immédiatement son corps, par prudence.

Avant d'entrer à l'hôpital, on fait endosser au visiteur un vêtement spécial, aspergé d'acide phénique. Bien plus, quand on a traversé un village contaminé, on vous oblige à prendre un vrai bain de désinfection. Dans les gares on trouve des flacons de phénol, et les Japonais en imbibent gravement leurs mouchoirs, en guise d'eau de Cologne.

A la porte des sœurs se tient nuit et jour un policier, pour empêcher qui que ce soit d'entrer, excepté nous. Les fournisseurs sont obligés de déposer leurs marchandises à l'extérieur.

On a édicté bien d'autres précautions sanitaires, dont plusieurs sont un peu exagérées.

Samedi, 18 octobre. — Notre retraite s'est terminée ce matin après la messe pontificale, le salut et la rénovation des promesses cléricales.

Ensuite petite séance synodale, où il a été traité des affaires générales de la mission.

Monseigneur m'a appris que j'étais changé de poste. Je quitte Matsumoto pour aller à *Kanazawa*[1], une des plus grandes villes du Japon, sur la côte ouest, au bord de la mer. Ce poste est nouveau, aucun missionnaire n'y a encore résidé.

J'irai là encore avec le P. Clément.

Mais il faudra d'abord trouver à louer une maison. En attendant, je resterai à Matsumoto avec un de mes anciens confrères de Saint-Sulpice, à Issy; le P. Clément préparera seul là-bas les logements. Je ne pense pas le rejoindre avant quatre mois.

---

[1] Ville ayant plus de cent mille habitants, dans le département d'Ishi-Kawa.

Lundi, 20 octobre. — La journée s'est passée en courses de toutes sortes, car dans l'intérieur du pays on ne trouve rien de ce qu'il faut pour un hivernage. Nous devons donc nous précautionner.

Vendredi, 24 octobre. — Il vient de se passer à Yokohama un événement assez important; il a fait surtout grand bruit. On était, paraît-il, sur le point de signer avec le gouvernement japonais un traité lui concédant juridiction sur les étrangers. Vous savez, en effet, qu'ils ne dépendent que de leur consul, mais qu'en revanche ils ne peuvent ni pénétrer dans l'intérieur des terres, sans permission du mikado, ni posséder d'immeubles. Or les Japonais, qui veulent être traités comme les autres nations civilisées, c'est-à-dire avoir sur les résidents étrangers une juridiction absolue, offraient en retour de cette juridiction d'ouvrir leur pays. Les négociations allaient aboutir, quand les résidents européens, inquiets des conséquences de cette modification, firent parvenir à leurs gouvernements respectifs l'expression de leurs appréhensions, s'appuyant sur des faits nombreux.

Le nouveau traité n'a point été signé, et les Japonais s'en prennent à l'Angleterre, dont ils ont hué les nationaux.

Cet incident prouve une fois de plus combien toute innovation est périlleuse en politique. Il eût bien mieux valu ne point laisser espérer aux Japonais qu'on reviserait les traités, dès que leurs lois seraient jugées acceptables pour des Européens, et leurs magistrats suffisamment instruits. Ils sont furieux aujourd'hui d'être ajournés : on le comprend, car ils croient réunir les conditions formulées.

Au contraire, si on leur avait rappelé, dès le principe, la loi appliquée jadis en pareille circonstance : « Vous aurez juridiction sur nous, le jour où vous serez un État chrétien; » on ne serait point acculé aux difficultés présentes, ni exposé à paraître manquer de parole.

Nos anciens politiques, plus chrétiens que ceux des générations modernes, trouvaient indigne de notre condition surnaturelle d'enfants de Dieu, d'être soumis à la juridiction d'hommes non baptisés, comme autrefois le peuple juif lui-même, le trouvait, d'être soumis à des incirconcis.

Nous avons voulu changer l'ancien *criterium* de la civilisation, le baptême, comme choquant trop notre libéralisme moderne. On oublie qu'il cachait au fond cette grande vérité, d'ordre purement *pratique,* qu'un peuple baptisé est un peuple civilisé. Nous l'avons remplacé par la *supposition* qu'il suffisait d'un code calqué sur les nôtres.

Aussi, aujourd'hui, force nous est de reconnaître que ce nouveau *criterium* est défectueux, et qu'un peuple peut avoir les meilleures lois du monde, sans que ses magistrats possèdent l'esprit juridique : « La lettre tue, dit Notre-Seigneur, et l'esprit vivifie. »

Je regrette doublement que notre diplomatie *fin de siècle* ait fait ce malheureux essai, à propos du peuple japonais. Elle l'a mécontenté en refusant ce qu'elle lui avait trop légèrement promis, et peut-être retardé l'heure de sa conversion. Elle eût sonné plus tôt, il est permis de le penser, si l'on avait franchement posé comme unique condition la nécessité du baptême, pour obtenir l'honneur de marcher de pair avec les peuples les plus civilisés de la terre, qui sont tous chrétiens.

Samedi, 25 octobre. — La malle part aujourd'hui. Adieu bien tendrement. Ma prochaine lettre partira de Matsumoto[1].

---

[1] D'après une statistique faite le 15 août 1890, le vicariat apostolique du Japon septentrional, avant sa séparation en deux diocèses, comprenait :

Une population infidèle d'environ 19 000 000 ;
     —   catholique   —   12 549.

Le personnel de la mission se composait de :

1 évêque, en résidence à Tôkiô ;
36 missionnaires européens ;
3 clercs, dont 2 minorés ;
45 catéchistes indigènes ;
23 élèves ou aide-catéchistes ;
11 marianites, dont 3 prêtres et 8 frères laïques ;
19 religieuses du Saint-Enfant Jésus (Saint-Maur), dont 16 européennes et 3 indigènes ;
6 sœurs ou aspirantes indigènes (Saint-Maur) ;
19 sœurs de Saint-Paul de Chartres ;
7 postulantes indigènes (Saint-Paul de Chartres).

ÉTABLISSEMENTS

18 postes ou districts ;
102 chrétientés ;

62 églises ou chapelles (plus de la moitié de ces dernières ne sont que des oratoires improvisés dans des maisons japonaises) ;

1 séminaire avec 10 élèves ;

1 collège dirigé par les marianites, avec 54 élèves ;

1 pensionnat de filles, avec 95 internes et 51 externes ;

26 écoles, dont 5 de garçons, 8 de filles et 13 mixtes, comprenant ensemble 1794 élèves ; savoir : 674 garçons et 1120 filles ;

6 orphelinats, avec 1107 enfants ;

8 ateliers et ouvroirs fréquentés par 208 élèves ;

5 pharmacies.

Dans l'année expirée le 15 août 1890, il y avait eu :

Baptêmes d'adultes. 1 289
Conversions d'hérétiques et de schismatiques. . .   26 } 2 178
Baptêmes d'enfants de païens. 571
   —   —   de chrétiens. 292

Nota. — Sur ce nombre ont été baptisés à l'article de la mort : 320 adultes et 424 enfants. (*Note de l'éditeur.*)

XVI

Lundi, 27 octobre. — J'ai dîné, à Tôkiô, chez le ministre de
France.

Il fut question de la nouvelle Chambre des députés. La salle
des assemblées n'est pas grande ; la tribune si petite, que l'orateur peut à peine y tenir. Il sera flanqué de deux secrétaires, ce
qui lui donnera l'air d'un prisonnier.

Point d'hémicycle. Les pupitres des députés sont minuscules.
Au lieu d'être groupés par nuance d'opinion, par exemple les
révolutionnaires d'un côté et les conservateurs de l'autre, tous
sont confondus, les places étant tirées au sort.

Derrière chaque siège on a mis un numéro d'ordre, inscrit sur
une planchette, et ce sera toujours par son numéro qu'on désignera l'orateur à qui l'on parlera..., même pour l'insulter, sans
doute.

Cette disposition des places, assez bizarre, est peu pratique, en
ce qu'elle rend impossible aux députés d'un même parti de se
concerter avant le vote.

La loge de l'empereur, tendue de rouge, a des rideaux blancs.
Ces deux couleurs, qui se marient mal ensemble, sont d'un fâcheux effet, et d'un goût douteux. Dans les occasions solennelles
seulement Sa Majesté le mikado y apparaîtra sur son trône.

Mercredi, 29 octobre. — Dès trois heures et demie j'étais levé ; à quatre heures je célébrais la sainte messe, et à cinq heures nous partions pour Matsumoto. Le chemin de fer nous mena jusqu'au bas de l'*Ousui,* montagne que j'avais déjà traversée au mois de mai en me rendant pour la première fois à Matsumoto. Je fis alors le voyage en tramway, c'est-à-dire dans une petite caisse en bois montée sur quatre roues, et traînée par deux chevaux allant à fond de train, sans se préoccuper plus des pentes ou des brusques détours que des précipices vertigineux qui bordent la voie.

Cette fois, pour changer, nous suivons à pied l'ancienne route du *tôgué,* « du défilé » ; un cheval porte à dos nos bagages.

Les sites sont ravissants. La montagne, toute boisée, se termine par une crête de rochers dressés vers le ciel comme des aiguilles. Du sommet nous découvrons la plaine se déroulant devant nous, noyée dans une demi-brume. Nous nous arrêtâmes longtemps à contempler ce beau spectacle. On descend à peine pour entrer dans la plaine de *Karuisawa,* endroit très frais à cause de son altitude. C'est là que les Européens de Tôkiô viennent se reposer pendant les chaleurs excessives de l'été. Actuellement ils sont partis, car nous sommes à l'avant-veille de la Toussaint : l'approche de la saison des neiges se fait déjà sentir ici.

A la nuit, nous arrivons à *Yoiwaki',* pour y coucher. C'est un petit village, au pied de l'*Asama-Yama,* l'un des plus terribles volcans du Japon. Nous en projetons l'ascension pour demain. Un cône de fumée s'échappe en tourbillonnant de son cratère. Toujours en ébullition, il vomit de temps en temps des torrents de lave et des pierres énormes. Son altitude est d'à peu près 2 500 mètres.

Jeudi, 30 octobre. — A cinq heures du matin nous sommes à cheval, grimpés sur d'énormes selles japonaises recouvertes d'un matelas, et ressemblant de loin à celles sur lesquelles dansent nos écuyers de cirque. Après deux heures de marche dans une plaine désolée, où poussent quelques herbes maigres sur un sol de cendre, de lave et de pierres calcinées, nous arrivons au bord d'un torrent, sorte de cascade perpétuelle, aux eaux jaunies par le soufre et les diverses substances qu'elles charrient : il paraît même qu'entre autres minerais l'analyse y a révélé l'or.

Nos hommes et les chevaux s'arrêtent dans une caverne. Un grand feu y est allumé, pour qu'ils puissent se chauffer et faire cuire des aliments en attendant notre retour.

Quant à nous, précédés d'un guide, nous traversons le torrent sur une planche étroite et commençons l'ascension. A une certaine hauteur, il nous faut traverser un marais formé d'une eau rougeâtre et ferrugineuse, qui tache nos soutanes. Notre guide ignorait son existence, car cela date de la dernière éruption, qui eut lieu en février, époque depuis laquelle il y a eu peu d'ascensions. Après une heure de marche dans les cendres, nous arrivons au pied du vrai cône qui s'élève presque verticalement. Nous grimpons à grand'peine, nous aidant des mains, faisant trois pas en avant contre deux en arrière, gênés par les petites pierres roulantes et la cendre qui s'affaissait sous nos pieds. Il faut se retenir avec son bâton, s'accrocher avec les doigts. Les chutes sont fréquentes : notre guide se déchire la jambe en glissant sur une roche tranchante. Pour ma part, j'ai les mains saignantes. Tantôt nous avons la tête brûlée par un soleil de feu, tantôt un nuage nous enveloppe en passant, nous glace et nous cache la direction à suivre. Tous les vingt pas il faut s'arrêter pour reprendre haleine. Le sommet semble reculer à mesure que nous montons...

Enfin nous y voilà. Sous nos pieds, des plaques de neige gelée brillent au soleil. Devant nous, un trou immense s'ouvre béant. Des tourbillons de fumée s'en échappent avec une forte odeur d'acide sulfureux. Nous approchons avec précaution de ce gouffre sans fond, de plus d'une demi-lieue de tour.

Les parois sont à pic. A une vingtaine de mètres plus bas, s'étend une sorte de palier : c'est là que commence réellement le gouffre.

Le spectacle est terrifiant : c'est un des plus grandioses que j'aie vu.

Tout à l'heure nous regrettions notre fatigue : nous en voilà largement récompensés.

Depuis l'éruption dernière, dont les ravages s'aperçoivent encore, le cratère s'est élargi presque de moitié. Le roc sur lequel nous sommes est tout fendu : il ne peut manquer de s'effondrer bientôt dans l'abîme. Nous y faisons rouler, en les

poussant, d'énormes blocs de pierre restés comme suspendus au
bord. Ils tombent avec fracas sur le premier palier et rebon-
dissent dans le gouffre, renvoyés de roc en roc, jusqu'au moment où l'on entend un bruit indéfinissable et terrible, longtemps répercuté par les échos souterrains, et ressemblant à celui
que produirait la chute d'une masse énorme dans une immense
chaudière contenant un métal en ébullition. Alors, au bout de
quelques minutes, une fumée intense sort du cratère, comme
si nous eussions attisé sa fournaise intérieure.

Une auberge au bord de la route.

Nous nous étions oubliés à contempler ce spectacle grandiose ;
notre fatigue avait disparu , et nous songions à peine à jeter un
coup d'œil autour de nous, sur la vaste plaine d'où nous venions,
sur ces longues chaînes de montagnes étagées à perte de vue,
toutes couronnées de neige, et que nous devions escalader le
lendemain, pour rentrer à Matsumoto.

Pourtant il fallut redescendre, et refaire nos forces. Assis
au bord du précipice, nous mangeâmes quelques œufs durs,
avec des boulettes de riz froid légèrement grillées, apportées
par notre guide. Notre repas fut court, car le froid nous gagnait.
Nous jetons un dernier regard dans le cratère, et nous nous
remettons en route.

La descente fut moins pénible que la montée, mais aussi difficile. Il fallut nous laisser glisser le plus lentement possible, assez écartés les uns des autres pour que les pierres qui se détachaient sous nos pieds, et roulaient au loin, ne nous atteignissent pas dans leur chute.

Après une heure de cette gymnastique, nous fûmes au bas du cône proprement dit, et n'eûmes plus qu'à reprendre, pour descendre la montagne, le sentier sinueux que nous avions déjà suivi.

Nos chevaux nous attendaient dans la caverne : ils étaient tout harnachés, car on nous avait aperçus. Bientôt hissés sur nos selles, nous rentrons vers quatre heures à *Yoiwaké*, enchantés de notre ascension. A l'auberge nous nous lavons des pieds à la tête, et nous gagnons, clopin clopant, la station du chemin de fer, à une lieue de là. Un cheval portait les bagages.

La nuit était venue quand nous prîmes le train pour Uyéda, où nous devions souper et coucher. Très fatigués, nous avions espéré dormir ; mais nos voisins, moins lassés sans doute, n'éprouvaient pas le même besoin. Leurs rires et leur bruyante conversation durèrent une grande partie de la nuit. Or un simple paravent de papier nous séparait d'eux. Pour comble de malchance, d'autres voyageurs se levèrent dès deux heures pour repartir et ne nous épargnèrent aucun tapage. Aussi, quand nous nous levâmes, vers quatre heures, nous n'avions guère dormi.

Vendredi, 31 octobre. — Avant le jour nous étions dans nos *kourouma*, filant sur la route de Matsumoto. Nous ne sommes plus sur la côte orientale du Japon, toujours chaude, mais en plein pays de montagnes : un froid vif nous pique la figure.

Arrivés au pied de la première montagne, à six lieues d'*Uyéda*, nous mettons pied à terre. Deux hommes chargent nos bagages sur leur dos, et nous nous mettons à grimper un peu vite, pour mieux nous réchauffer.

Au sommet, nous dînons dans l'unique auberge. Nous demandons des œufs, il n'y en a pas. On n'avait à nous offrir que de mauvais riz mal écossé, et des raves confites, d'une odeur repoussante : toujours ces fameux *kôkô !*

Il nous restait encore une vallée à traverser, puis une montagne et enfin une partie de la grande plaine de Matsumoto. Cette dernière partie du voyage se fit moitié à pied, moitié en *kourouma*, par une route nouvelle, creusée à mi-côte sur le flanc de la montagne.

Vers quatre heures du soir nous arivons enfin chez nous, heureux de pouvoir nous reposer à l'aise, après un mois d'absence.

Samedi, 1er novembre. — Au cours du mois de septembre dernier, trois de nos pères, accompagnés d'un catéchiste, sont allés visiter l'île d'Oshima, située en face de la baie de Tôkiô, à une douzaine de lieues de la côte japonaise. Ils n'étaient pas sans inquiétude sur le résultat de leur excursion, car c'était la première fois que des missionnaires tentaient ce voyage, et l'on prétendait à Tôkiô que les habitants étaient fort inhospitaliers.

Après avoir attendu deux jours dans le port de Shimoda un temps convenable, nos pères partirent dans une barque conduite par six rameurs, dont le costume primitif et les cris sauvages ne laissaient guère soupçonner qu'ils appartenaient à un peuple se piquant de la civilisation la plus avancée, et possédant des institutions représentatives.

Ils débarquèrent, vers minuit et demi, sur un rivage fait de scories. L'île d'Oshima est en effet formée tout entière d'éruptions volcaniques. Elle est dominée par un volcan, nommé *Mihara*, toujours en activité.

Il est couronné, le jour, d'un magnifique panache de fumée blanche, et, la nuit, d'une lueur d'un rouge sombre, d'un aspect fantastique.

La superstition des habitants fait de ce volcan la demeure d'un dieu terrible, qui ne permet pas aux femmes d'approcher de son antre.

Du côté de l'océan Pacifique, le rivage présente un aspect désolé ; il en est tout autrement sur la face regardant le Japon : la végétation y est luxuriante, mais la zone cultivable est bien étroite pour fournir à la subsistance des six mille insulaires.

On accueillit convenablement nos missionnaires ; on se montra même disposé à entrer en relations avec eux. Aussi en profitèrentils pour faire une conférence religieuse, qui fut écoutée avec autant de respect que d'étonnement.

Nos pères procédèrent sans obstacles à l'ascension du fameux volcan, dont l'altitude ne dépasse pas huit cents mètres. On peut le gravir aisément.

A mi-côte se trouve une porte rustique qu'il est défendu aux femmes de dépasser, sous peine de provoquer une éruption immédiate, conséquence de la colère du dieu.

Au sommet du cône, le cratère actuel s'ouvre au milieu d'un cirque immense, entouré de falaises et pouvant avoir deux lieues de circonférence.

D'après leur disposition, on voit que ces falaises formaient autrefois les parois de l'ancien cratère.

Parvenus à la cime par une pente rapide, couverte de débris calcinés, les pères purent alors contempler le fond du gouffre, après avoir eu quelque peine à se garantir d'une fumée suffocante. Ils virent au milieu des décombres, ouverts côte à côte, deux énormes trous circulaires d'où s'échappaient deux colonnes de fumée, aux reflets d'un jaune rougeâtre, indiquant l'emplacement de la fournaise.

De cette hauteur le panorama était splendide. Un beau soleil couchant embrasait l'horizon. Les arbres et les maisons du petit port, situé au pied de la montagne, se reflétaient dans l'eau et formaient les plus jolis effets.

La population est très vigoureuse. Les femmes surtout sont remarquables par leur air énergique. Ce sont elles qui vaquent à tous les travaux de l'île. Pendant ce temps les hommes sont occupés à la pêche, afin de pourvoir à l'insuffisance des ressources de leur île. En dehors de cela, ils se reposent, tandis que les femmes travaillent. Celles-ci, coiffées d'une sorte de bonnet phrygien, portent les fardeaux sur leur tête. Elles coupent le bois et font la moisson.

Tous ces gens mènent une vie simple et tranquille, et s'intéressent assez peu aux innovations introduites au Japon. Leur unique préoccupation paraît être de ne pas mourir de faim et d'échapper aux éruptions volcaniques.

Au moment où les missionnaires regagnaient leur embarcation, l'un d'eux apprit d'une jeune fille qui portait son bagage un détail de mœurs assez significatif : à Oshima, les familles n'ont jamais plus de trois enfants. Ceux qui naissent ensuite sont mis à mort, afin de prévenir un accroissement de population excédant les ressources de l'île. Cette jeune fille allait continuer ses révélations, auxquelles elle n'entendait point malice, quand un homme du pays la fit taire en disant : « Ces choses-là ne sont pas bonnes à raconter. »

XVII

Vendredi, 7 novembre. — A Matsumoto, où la population n'est que de trente mille âmes, il n'y a point de garnison. Il en est autrement à Kanazawa, et nous pourrons peut-être amener chez nous les officiers désireux d'apprendre le français.

L'Allemagne est aujourd'hui leur modèle ; mais comme les Allemands n'ont point encore pénétré dans l'intérieur, ils ne peuvent enseigner leur langue aux officiers japonais. Aussi ceux-ci se livreront-ils volontiers à l'étude du français, comme moyen d'avancement. Nous en profiterons pour les attacher à notre chère patrie, et nous leur rappellerons que ce sont nos officiers qui ont été les premiers instructeurs de leur armée.

A ce propos, voici ce qui m'a été raconté :

Chaque officier possède deux képis, qu'il peut porter indifféremment : celui de l'armée française et celui des Allemands. Quand un officier de l'une ou l'autre de ces deux nations vient à passer, ils ont l'habitude, s'ils veulent l'honorer, de mettre le képi de son pays. Dans les circonstances ordinaires, on constate que les officiers japonais prennent presque tous la coiffure allemande.

Il n'y en a guère que deux ou trois qui s'obstinent à garder le képi français.

Je persiste à penser cependant qu'on pourrait arriver à un revirement d'opinion en propageant la langue française. Mais il faut se hâter. Je suis certain que les officiers nous reviendraient, s'ils étaient mis en état de lire nos livres de tactique, et qu'ils entraîneraient une bonne partie de l'opinion.

Mais, pour en arriver là, il nous faudrait à tous plus d'argent. Nous n'avons pas même de quoi vivre d'une façon conforme à notre rang !

Le gouvernement français devrait le comprendre, et nous aider ; car nos seules ressources viennent de la charité des catholiques. Je regrette que notre cher pays entende si mal ses intérêts et perde, comme à plaisir, la force que lui procurerait au dehors l'extension de notre influence.

Au Japon, plus qu'ailleurs, il est nécessaire de frapper les yeux pour attirer ce peuple encore enfant, qui préfère toujours ce qui brille, quel qu'en soit le dessous. Or, je le répète, *nous ne pouvons rien actuellement ; et la mission est à bout de ressources.*

Puisse la France s'apercevoir enfin que le missionnaire fait de ses amis ceux de la France ; qu'il donne *tout* pour cela, partageant son cœur entre Dieu et sa patrie.

Mercredi, 12 novembre. — Deux fois par semaine le P. Clément donne des conférences religieuses à Matsumoto, afin d'attirer quelques nouvelles âmes. L'œuvre du bon Dieu ne se fait pas sans labeur.

Dimanche, 16 novembre. — Nous avons dû accepter, bien malgré nous, le souper que nous offrait aujourd'hui un riche marchand chrétien de Matsumoto. Il tenait absolument à nous avoir.

Voici comment les choses se passent.

A l'arrivée des invités, le maître de maison se rend sur le seuil et se prosterne devant eux avec mille compliments. On quitte alors ses souliers pour se rendre dans la salle du fond, où un immense tapis recouvre les nattes. Au milieu, se trouve une petite table, de quelques centimètres de haut, entourée de coussins pour les invités. Ils s'y accroupissent, et les prosternations mutuelles recommencent. Sur cette table se place un petit réchaud, pour allumer les pipes.

Le repas commence. On sert d'abord, avec le thé, des bonbons que l'hôte prend avec deux petits bâtonnets pour vous les offrir, et que vous recevez dans vos deux mains ouvertes. Vous les portez ensuite à votre front, en signe de remerciement.

Il serait impoli de refuser, mais il est très permis de ne pas manger séance tenante. Il suffit de déposer près de soi ce qu'on ne veut pas ; et quand vous serez parti, on enverra par un domestique tout cela chez vous.

Après les bonbons, on sert avec le même cérémonial des légumes macérés dans du vin de riz. Vous devinez dans quel état les invités ont déjà les mains après tant d'acceptations ; aussi souvent les recouvre-t-on d'un morceau de papier blanc. On apporte ensuite à chacun, sur une petite table, une série de plats contenant des mets variés : des herbes plus ou moins fermentées ; du fromage de purée de pois nageant dans le jus ; un mélange de grives, d'écrevisses et d'oranges, entourées d'une pâte composée de farine et de feuilles de thé vert, etc. etc.

Les convives piquent à droite et à gauche, avec leurs petits bâtons, tantôt dans la soupe au poisson, tantôt dans autre chose. Le tout est assaisonné de nombreuses bouffées de tabac, car on fume tout le temps : les cigarettes ou les pipes ne s'éteignent guère.

Et cela dure très longtemps. On voudrait cesser d'avaler ; mais le maître de céans vous invite si instamment à continuer, qu'il faut recommencer.

L'hôte mange quelquefois avec ses convives. Les autres personnes de la maison assistent au festin sans rien prendre, ou viennent, à courts intervalles, apporter quelque chose ; la maîtresse de maison, surtout, reparaît sans cesse, pour redire : « Combien elle est honteuse de servir de si mauvaises choses, si mal préparées, car elle est si maladroite, si..., si..., etc. » Il est bien évident qu'elle n'en croit pas un mot ; aussi la politesse exige-t-elle qu'on lui réponde que tout est délicieux, qu'elle est fort habile, etc.

Le festin commence d'ordinaire par force *rasades* de *saké,* vin de riz fermenté, car chacun doit offrir son verre plein aux plus nobles invités, pour leur faire honneur ; et ceux-ci, à leur tour, doivent, après l'avoir bu, rendre la politesse. Le prompt résultat de ces libations multipliées se devine : si l'on occupe un rang élevé, on ne tarde pas à être grisé... de tant d'honneurs, et de vin aussi.

On sait, heureusement, que les Pères n'aiment point ce genre

Le presbytère de Matsumoto.

de fête, avant la fin desquelles, trop souvent, les convives roule-raient sous les tables... s'il y en avait !

Cet usage rappelle nos toasts, au dessert : chez les Japonais ils ont lieu au commencement.

Mais j'en reviens à notre fameux repas. Après avoir bu quelques gorgées de ce *saké*, nous mangeâmes notre soupe, vrai court-bouillon où nageaient un gros morceau de thon et quelques écorces d'oranges.

Après le potage, on servit du saumon avec des racines de nénu-phar ; puis une purée de pommes de terre très liquide, dans la-quelle on délaya devant nous du *saké*.

A la seconde tasse de cette atroce chose, tout me remontait à la gorge.

Quant au fromage de pois, appelé *tôfou*, impossible d'y toucher : c'est d'une telle fadeur, que l'odeur seule rendrait malade.

Je parvins cependant à manger à peu près une grive, sans pourtant avaler les os, ce que font les Japonais.

J'en avais déjà par-dessus les yeux, quand il fallut encore me bourrer de riz cuit à l'eau et sans sel : c'est le pain japonais.

Remarquez la manière de servir : d'abord le dessert, puis, à la fin du repas, le pain tout seul.

Après la première tasse de riz, je remerciai poliment, bien résolu à m'en tenir là pour cette fois. Je demeurai inflexible, malgré toutes les supplications : une grande tasse de thé acheva de faire passer le tout.

Enfin, si l'on veut être *très, très* poli, il est de bon ton (passez-moi l'expression) de *roter* tout le temps du repas, pour montrer qu'on a l'estomac bien plein. Nous n'allons pas jusque-là, nous serions malhabiles dans ce genre d'expansion ; mais les Japonais s'y livrent très bruyamment.

Vous connaissez maintenant les festins du pays. Je vous assure qu'on en sort bien fatigué, et qu'on a les jambes rompues d'être resté si longtemps assis sur ses talons.

Quand donc les Japonais, si avides de civilisation, adopteront-ils des usages moins inhumains ?

Lundi, 24 novembre. — Le *Japan Daily Mail,* journal anglais publié au Japon, dans un numéro de la fin de septembre, résumait les idées d'un indigène nommé Yokoï, ancien élève de Doshisha, sur la façon de christianiser le pays.

Cet article est fort instructif : il montre bien et l'ignorance des lettrés japonais sur les choses du christianisme, et l'orgueil d'une race qui se croit supérieure à toutes les autres.

Yokoï voudrait qu'on reprît les choses *ab ovo,* et qu'on s'en tînt à l'Évangile, avec lequel on composerait, pour le Japon, une religion nationale, ainsi que cela, croit-il, s'est pratiqué en Europe, où chaque peuple possède une religion particulière, appropriée à son tempérament. C'est, d'après lui, ce qui explique pourquoi les Anglais ont la religion épiscopale ; les Allemands, la luthérienne ; les Russes, le schisme grec ; les Français, le catholicisme, etc.

« Vous tous, dit-il, catholiques, protestants, grecs, vous êtes venus nous apporter l'Évangile : grand merci, Messieurs !

En fait, cela vaut mieux que le bouddhisme, qui n'est que l'athéisme, si l'on va au fond des choses, sous les dehors d'une philosophie fort séduisante. C'est ce que vient de démontrer un bonze dans une controverse avec le révérend Knapp, unitairien qui voulait, lui, l'alliance de sa secte avec le bouddhisme ; mais le bonze a prouvé l'impossibilité d'allier une religion théiste avec l'athéisme. Cela vaut mieux que le shintoïsme, où tout est Dieu, excepté Dieu lui-même. Grand merci donc de vous être dérangés pour venir jusque chez nous ; mais, de grâce, retournez d'où vous venez, et laissez-nous seulement votre Bible. Nous ferons comme vous dans la vieille Europe ; et avec votre Évangile nous créerons une religion adaptée aux besoins, aux mœurs, aux aspirations de notre jeune Japon. »

Tel est le raisonnement de ce lettré, autant du moins que je m'en rends compte.

En fait, cette théorie a une apparence de bon sens, étant donné surtout l'état actuel de l'empire, où le shintoïsme, cette ancienne religion nationale, a, pour ainsi dire, cessé d'exister. Cette année même, en effet, un décret du mikado a déclaré les prêtres shintoïstes simples officiers de l'État, les chargeant seulement des cérémonies officielles. Or le mikado est un des dieux du shintoïsme.

Quant au bouddhisme, l'inconduite des bonzes est notoire : chaque année voit diminuer la ferveur de ses adeptes.

Le Japon est donc menacé de perdre toute religion officielle, alors que le *christianisme,* sous toutes ses formes, s'impose, au contraire, comme une force qui n'est plus à dédaigner. Les gens instruits sont touchés de la beauté de sa morale, et savent qu'en l'embrassant ils se rapprochent des nations civilisées. Mais ils sont déroutés en voyant les mille sectes protestantes, qui se combattent publiquement dans des articles dogmatiques que chacun peut lire dans le *Japan Daily Mail.* Leur désarroi s'accroît encore en voyant les catholiques attaquer à la fois les hérésies protestantes et le schisme grec. Aussi ne comprennent-ils rien à tout cela, sinon que le christianisme est au fond un progrès, par conséquent une religion qu'il faut accepter, en l'arrangeant, afin qu'elle ne soit ni protestante, ni russe, ni catholique, mais bien japonaise.

Comme je le reconnaissais tout à l'heure, ce raisonnement peut sembler juste à des esprits superficiels ; mais en réalité il est archi-faux, puisque la vérité est une : elle est, ou n'est pas ; elle ne peut se contredire. Il faudrait donc, si les Japonais voulaient agir *raisonnablement,* chercher dans tout ce fatras de doctrines contradictoires quelle est la seule vraie, afin de l'embrasser ensuite résolument, au lieu de vouloir en créer une nouvelle.

Voilà où nous en sommes au point de vue religieux. La question est **grave**, et je ne sais ce que l'avenir nous réserve. Peut-être, après avoir combattu le paganisme, nous faudra-t-il lutter contre un christianisme japonais.

Mardi, 25 novembre. — Ce jour est pour nous rempli de larmes, puisqu'il est l'anniversaire de notre séparation. J'y ai bien pensé ce matin, et c'est pour vous que j'ai offert le saint sacrifice de la messe.

Voilà déjà un an que nous nous sommes quittés ! La distance qui nous sépare est immense, mais nos cœurs et nos souvenirs sont restés unis.

On a répété, après le P. Gratry, que la mémoire est une faculté qui oublie. Il faudrait distinguer : il en est une autre, qui, celle-là, ne sait pas oublier ; c'est la mémoire du cœur. Le temps ronge, en effet, la première, comme toutes choses ; mais la seconde, qui réside surtout dans l'âme, participe à son immortalité. Elle résiste à tout : les années ne font que la rajeunir, si bien qu'un temps arrive où le vieillard ne vit plus que de souvenirs, qu'on croyait disparus, mais qui renaissent des **débris** de tout le reste. Cette vie qui repasse sans cesse devant lui, et que tout évoque, constitue souvent la meilleure part du bonheur de ses derniers jours. S'il n'a plus la force de vivre, il a du moins celle de *revivre.*

Vous avez pu remarquer combien la jeunesse attire le vieillard : c'est que les jeunes, comme les vieux, vivent d'enthousiasme ; les uns dans l'avenir, les autres dans le passé. Chacun parle du sien, et tous deux se comprennent ; car ils se rencontrent, en dehors de la réalité de cette vie, dans ce qui n'est pas encore et dans ce qui n'est plus.

Du passé ou de l'avenir, lequel vaut le mieux ? J'opine pour le premier, car l'enthousiasme de l'avenir trompe, et celui du passé s'embellit toujours avec le temps écoulé.

Je m'aperçois un peu tard de ma trop longue digression. Je vou-

lais vous dire : Votre souvenir n'attendra pas ma vieillesse pour
devenir la meilleure partie de ma vie. Il l'est, il le sera jusqu'à
la fin.

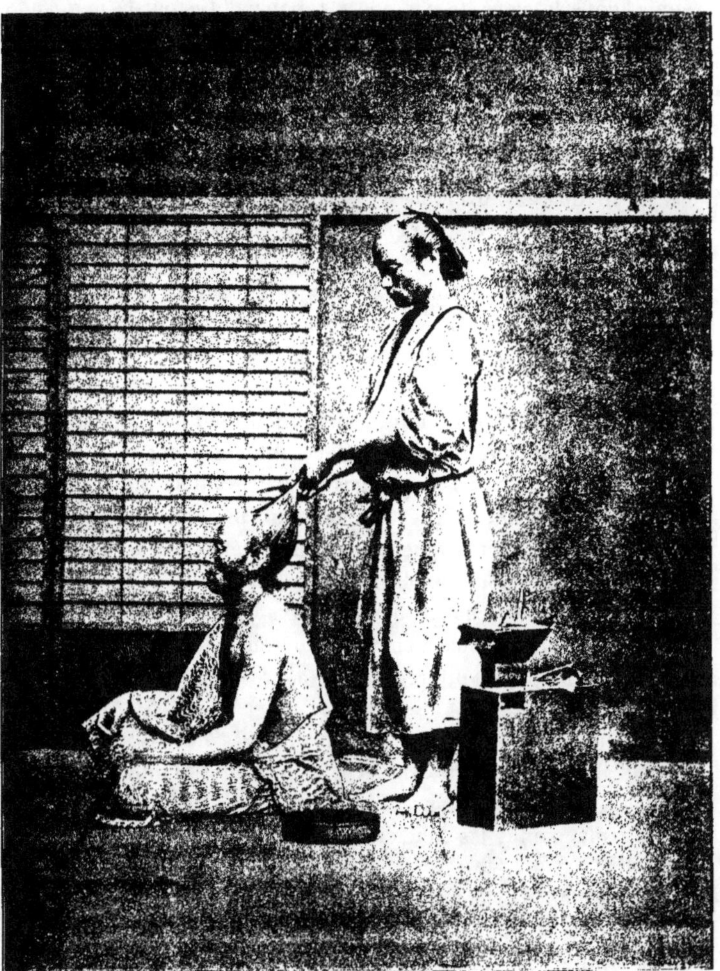

Coiffeur ambulant coiffant un Japonais.

Samedi, 29 novembre. — Aujourd'hui s'ouvrent à Tòkiô les
Chambres japonaises. Tout le pays est en fête, et nous avons fait
comme tout le monde. Deux drapeaux entrecroisés décorent notre

porte : celui de l'empire, avec sa sphère rouge (le soleil) sur fond blanc, et celui des chrétiens, une croix rouge, également sur fond blanc. Mais quand verrons-nous ces deux emblèmes, ainsi réunis, dans le cœur de nos chers Japonais ? Ce jour-là le mikado n'aura rien à craindre pour son trône.

Lundi, 1er décembre. — Je transcris ici la relation qu'un journal nous a faite de la première séance du parlement japonais.

« Ce matin (29 novembre 1890), S. M. l'empereur s'est rendu au palais de la diète de l'empire et a ouvert solennellement la première session.

« Le cortège qui escortait Sa Majesté a quitté le palais dans l'ordre suivant : en tête, dans trois voitures de la cour, étaient assis les maîtres des cérémonies, porteurs des insignes impériaux.

« L'empereur, vêtu de l'uniforme militaire et portant en sautoir le grand cordon de l'ordre du Chrysanthème, occupait le fond d'un magnifique carrosse de grand gala, attelé de six beaux chevaux bai-bruns, et précédé de deux piqueurs à cheval. Le grand chambellan, marquis Tokoudaïdji, était assis en face du souverain. Des valets, un bec-de-corbin doré à la main, marchaient à la tête de chacun des chevaux. Écuyers, aides de camp et officiers d'ordonnance à cheval entouraient le carosse impérial, que suivaient cinq voitures de la cour où s'étaient placés les princes du sang.

« Ensuite, dans des landaus aux sièges drapés de vert, se tenaient les membres du cabinet. Le maréchal comte Yamagata, seul dans sa voiture, les précédait.

« L'arme haute, les lanciers de la garde impériale formaient l'escorte.

« Ce brillant cortège sortit du palais par la porte principale, passa par celle de Sakourada, défila devant le ministère des affaires étrangères ; puis, longeant le côté nord du palais de la diète, entra dans l'enceinte de ce palais par la grille principale de la Chambre haute, qui avait été fermée jusque-là.

« Une foule immense, contenue par une haie d'infanterie, gardait un silence respectueux en saluant Sa Majesté à son passage. Au moment où l'empereur pénétra dans l'enceinte de la diète, la musique de la garde impériale, massée en face de l'entrée, fit entendre le *Kimigayo*, hymne national japonais.

« Le carrosse impérial s'avança sous la marquise qui précède le bâtiment occupé par la Chambre haute ; là, les chambellans qui attendaient Sa Majesté l'introduisirent dans un salon d'attente disposé pour le recevoir.

« Depuis quelque temps déjà, les membres de la diète avaient occupé leurs places dans la salle des séances de la Chambre haute.

« Il faut le dire, cette salle manque d'ampleur, et son enceinte n'est pas digne de l'imposante cérémonie dont elle était le théâtre ; elle semble même peu appropriée à l'usage auquel elle est habituellement destinée. La tribune, en particulier, est singulièrement resserrée et exiguë et ne permettra guère de grands effets à l'orateur qui l'occupera[1].

« Aujourd'hui la salle est à peine suffisante pour contenir les membres de la Chambre haute qui, revêtus de leurs plus brillants uniformes, en occupaient la gauche. Les députés, tous en habit noir, étaient placés à droite. Dans l'hémicycle, le comte Ito et M. Nakashima se tenaient debout, à la tête des membres de chaque chambre qu'ils doivent présider.

« Dans les tribunes se pressaient les représentants étrangers et les membres du corps diplomatique en uniforme, les fonctionnaires du rang de *shôkounine* et un certain nombre du rang de *sônine,* tirés au sort dans chaque administration.

« Le fond de la salle était occupé dans toute sa longueur par une estrade sur laquelle s'élevait le trône, tendu de velours aux couleurs impériales et rehaussé de chrysanthèmes d'or.

« Sur l'estrade, à gauche, se placèrent dès leur arrivée, et par ordre d'ancienneté, les membres du cabinet et du conseil privé. A onze heures seize minutes, l'empereur, précédé du marquis Nabéshima, grand maître des cérémonies, et des porteurs des insignes impériaux, fit son entrée dans la salle des séances par l'extrémité droite de l'estrade. Sa Majesté se plaça debout devant son trône pendant que les princes de sa maison, le prince Sànjô et les autres fonctionnaires de la suite s'arrêtaient à sa droite.

« Le comte Yamagata, quittant alors la place qu'il occupait

---

[1] Peu de jours après, tous ces bâtiments ont été détruits par un incendie.

en tête des membres du cabinet, présenta à l'empereur le texte
du discours suivant, que Sa Majesté prononça à haute et intelli-
gible voix :

« Messieurs les membres de la Chambre haute,
« Messieurs les membres de la Chambre des représentants,

« L'organisation des divers services d'administration intérieure,
à laquelle nous avons travaillé pendant les années qui se sont
écoulées depuis notre accession au trône, est une œuvre qui peut
être considérée comme achevée, du moins dans ses grandes
lignes. Grâce au mérite de *nos divins ancêtres,* nous comptons
poursuivre et développer cette œuvre de concert avec vous et
arriver, par les excellents fruits que nous recueillerons de la
constitution, à faire briller à l'avenir d'un éclat de plus en plus
vif, tant au dehors qu'au dedans, la gloire de notre empire et
l'esprit loyal et entreprenant de notre peuple.

« Un objet constant de notre sollicitude a été d'entretenir des
rapports de bonne amitié avec les autres pays. Nous sommes
d'ailleurs heureux de constater que les liens qui unissent cet
empire aux puissances avec lesquelles nous avons conclu des
traités deviennent chaque jour plus intimes et plus étroits.

« Le souci du maintien de la paix au dedans comme au dehors
nous fait désirer de nous rapprocher chaque année du moment
où l'organisation de nos forces de terre et de mer sera complète.

« Nous ferons soumettre par nos ministres d'État, aux délibé-
rations de la diète, le budget approximatif de l'exercice 1891,
ainsi que divers projets de lois. Guidés par l'impartialité et la
prudence dans vos travaux, et aussi dans le concours que vous
nous prêterez, vous laisserez, nous en avons la ferme confiance,
des exemples qui serviront de règle pour l'avenir. »

« A ce moment retentit le premier coup d'une salve de cent un
coups de canon. Le discours terminé, le comte Ito monta de
l'hémicycle sur l'estrade, et reçut des mains du souverain le
texte des paroles impériales.

« A onze heures vingt minutes, l'empereur quittait la salle des
séances, précédé et suivi du même cortège qu'à son entrée.

« On a remarqué que Sa Majesté avait pénétré dans la salle

des séances la tête découverte et qu'elle ne s'était pas assise sur
son trône. A son entrée et à sa sortie, l'empereur a salué en
s'inclinant légèrement. Avant de prendre des mains du comte
Yamagata le manuscrit du discours du trône, Sa Majesté a
déposé elle-même son képi sur un tabouret voisin.

« Le discours impérial a été écouté debout, avec un profond
respect, par les députés et les sénateurs, ces derniers la tête
inclinée en signe de déférence.

« Aucune des personnes présentes ne perdra certainement le
souvenir de cette imposante cérémonie, qui marque le commencement d'une ère nouvelle dans l'histoire de l'intéressant peuple
japonais. »

Mardi, 2 décembre. — J'étais occupé à confesser quand, vers
six heures du soir, on se précipita sur ma porte en criant :
« Au feu ! au feu ! » J'entendais en effet sonner le tocsin depuis
quelques instants. Je sors, et j'aperçois une immense gerbe de
flammes illuminant le ciel. J'achève vite mon pénitent, puis je
cours sur le lieu du sinistre, après m'être assuré de la direction
du vent; car s'il était venu sur nous, je n'aurais eu que le temps
de jeter dans une caisse mes objets les plus précieux pour les
mettre à l'abri.

L'incendie était heureusement plus éloigné que je ne le supposais. Et grâce à Dieu, il n'y avait rien à craindre pour nos
chrétiens. Je rentrai donc chez moi, mais non sans risquer à
chaque pas d'être bousculé par des Japonais accourant à toutes
jambes, munis de lanternes qui les aveuglaient, et criant à tue-
tête, comme des sauvages ou plutôt comme des enfants. Rien ne
semble les surexciter plus que les incendies : on pourrait croire
qu'il s'agit d'un feu de joie... pour ceux qui ne brûlent pas.
Tout le monde y court, femmes et gamins, mais sans y travailler beaucoup. Ils font grand bruit et s'illusionnent sur leurs
exploits.

Vendredi, 5 décembre. — Il paraît que la première séance
de la Chambre des députés japonais a été fort mouvementée.
C'était un secrétaire d'État qui présidait, avant l'élection du président.

Les députés, voyant les tribunes sans public, en demandèrent la raison. On leur répondit que, pour pénétrer, il fallait une carte écrite, et qu'aucun des nombreux curieux stationnant aux abords n'en avait présenté *ou obtenu ;* de là grand émoi.

Le secrétaire d'État fut obligé de suspendre la séance, prétendant que les esprits étaient trop surexcités pour délibérer utilement. Il leur conseilla d'aller prendre l'air et de revenir dans quelques instants. Un tapage indescriptible suivit cette admonestation.

On put enfin procéder à l'élection du président; et, chose assez singulière, bien que la Chambre soit en majorité gouvernementale, le président élu fut un libéral, c'est-à-dire du parti opposé à l'état de choses existant.

Il est permis de douter que les députés aient bien compris la portée de leur vote, à moins qu'ils n'aient obéi à leur irritation. Certains prétendent qu'ils se sont mis en tête qu'une chambre était destinée à faire toujours opposition au gouvernement : ce serait pour le moins une idée originale.

Samedi, 6 décembre. — Nous sommes en ce moment moins malheureux pour notre nourriture ; car le temps, plus froid, permet de conserver le saumon et d'en apporter jusqu'ici de presque frais. Les faisans s'achètent aussi relativement à bon compte. Mais on se fatigue vite de ces deux aliments, si recherchés en France.

Dimanche, 7 décembre. — Nous venons de passer une nuit affreuse. Notre jeune domestique, catéchumène encore, et que je comptais baptiser à Noël, nous avait demandé la permission de sortir à six heures du soir. A dix heures je l'appelle : il n'était pas rentré. Mais voilà qu'à minuit j'entends en bas, dans la maison, un vacarme affreux. Je devine que notre homme est rentré ivre, ayant bu trop de *saké* avec ses amis. Comme au bout d'un certain temps le tapage continuait toujours et m'empêchait de dormir, impatienté, je passe un vêtement et descends. Mon apparition dégrise un peu notre Japonais ; il met son habit, car il se roulait dévêtu sur les nattes. Il prend une posture plus convenable.

Ce n'était guère l'instant de le sermonner ; je me bornai donc à le réprimander d'un mot dur, mais mérité. Je remontai me coucher, et tout bruit cessa.

Le lendemain matin il était tout honteux, mais ce fut alors que je le tançai. Je lui annonçai qu'il m'était impossible de le baptiser à Noël.

Il a certainement mérité d'être renvoyé ; mais un autre vaudrait-il mieux ?

Lundi, 8 décembre. — Je me suis procuré ce matin deux vieilles idoles japonaises, très anciennes et assez rares : deux divinités du shintoïsme. Ce sont les dieux du commerce. L'un, debout sur deux sacs de riz, en porte un troisième sur son dos ; l'autre, accroupi, tient sous son bras un poisson.

Le riz et le poisson sont la base de l'alimentation, il est assez naturel que, dans le pays, on en ait fait les emblèmes du commerce. Ces dieux sont en bois sculpté. Ils n'ont pas donné la fortune à leur possesseur, puisque ce pauvre homme, ruiné, a été réduit à les vendre, pour ne pas mourir de faim.

Jeudi, 11 décembre. — Il paraît que les députés japonais, comme les nôtres, en France, passent leur temps à se chamailler, sans aboutir à grand'chose. Le peuple n'en revient pas. Cela prouve une fois de plus que les assemblées populaires ne conviennent guère à certains pays, habitués à de tout autres procédés de gouvernement.

Vendredi, 12 décembre. — Le bill relatif au commerce américain fait grand tort aux exportations japonaises. Les magasins de Yokohama regorgent de soieries, que l'élévation des droits de la douane américaine a retenues au Japon. Aussi sont-elles tombées à très bas prix.

Samedi, 13 décembre. — Voici mes ennuis de ménage qui recommencent. J'ai dû congédier le domestique qui s'était enivré il y a huit jours, car j'ai su que cela lui était arrivé, non pas dans une maison particulière, comme il le prétendait, mais ailleurs. Il y a eu scandale, et nous ne pouvons garder à la mission catholique des gens qui donnent le mauvais exemple. Il faut être très sévère, dès le commencement surtout, afin que chacun sache qu'il faut, chez nous, se bien conduire ; et que nous ne ramassons pas les premiers venus pour en faire des catholiques.

Lundi, 15 décembre. — Pour vous donner un exemple de la sévérité dont nous devons user envers nos chrétiens, voici ce qui est arrivé l'an dernier à l'un de nos missionnaires.

Il avait établi une chrétienté dans la ville de Ghifou, où se trouvaient déjà quelques fidèles. Il venait y faire sa visite d'administration, et son séjour devait se terminer par quelques nouveaux baptêmes. Voulant faire fête aux futurs chrétiens, on résolut d'acheter pour quelques sous de vin de riz, chacun se promettant bien de rester sobre. Mais la soif vient en buvant, et le Japonais est si faible ! On dépassa la mesure.

Des discussions théologiques s'élevèrent dans la réunion, et comme les esprits étaient trop peu rassis, sans doute, pour trouver la solution, on vint consulter le père. Il y avait à cela quelque audace, car on ne marchait pas très droit, et l'on raisonnait encore plus de travers. Le missionnaire, pour toute réponse, les renvoya au lendemain, et se retira sans les saluer.

Ils avaient compris leur faute, et rentraient tête basse.

Le lendemain, le Père leur dit : « Hier, vous avez été un sujet de scandale. Il faut réparer le mal. Tous ceux qui ont trop bu jeûneront ces trois jours, et ceux qui n'ont point bu jeûneront comme les autres, parce que nous sommes tous membres d'une même famille et solidaires. Il faut que tous nous expiions les fautes de nos frères : c'est toute la chrétienté qui a été déshonorée. »

On obéit. Les païens en furent émerveillés, et les coupables corrigés.

C'était ainsi qu'on agissait dans la primitive Église, alors qu'existaient tant de rigoureuses pénitences publiques.

Grâce à Dieu, cet accident est un fait isolé, dans nos chrétientés du moins.

XVIII

Vendredi, 19 *décembre.* — Ce matin j'ai quitté Matsumoto avant le jour, pour aller célébrer dans le Kôshou les fêtes de Noël. Il faisait si froid, que ma barbe se couvrait de glaçons. Malgré mes manteaux, cache-nez, couvertures, je grelottais, et plusieurs fois je dus descendre de mon *kourouma* pour me réchauffer par la marche.

Le mauvais temps dura toute la journée. D'épais nuages de neige cachaient le soleil; de glacials tourbillons d'air rendaient le trajet fort pénible.

Ce vent est si froid, si fréquent, que devant chaque maison on est obligé de construire, pour s'en garantir, un abri de planches ou de branchages. Par un phénomène assez remarquable, provenant sans doute de contre-courants atmosphériques, à Matsumoto et dans toutes les vallées environnantes, le vent d'hiver ne souffle pas du nord-est, direction de la mousson, mais

14

du sud-est. Il n'en est pas plus chaud, car il s'est glacé au contact des neiges qui couvrent le sommet des montagnes.

Je vous ai déjà raconté, cet automne, le voyage que je refais. J'y trouve en plus, cette fois-ci, les ennuis de la solitude et la souffrance du froid. A onze heures et demie j'étais sur les bords du lac de Sewa, où je dînai. J'arrivai à Kanazawa dès quatre heures du soir. Mon homme me semblant fatigué, je fis, depuis Sewa, la route à pied; et au lieu de coucher à Kanazawa, comme la première fois, je résolus de passer la montagne et de pousser jusqu'à Tseutaki. Il faisait clair de lune, et j'avais cru pouvoir risquer cette étape. Ma raison principale était la crainte d'être retardé par la neige, qui menaçait. Je me remis donc en route bravement, après avoir réconforté mon voiturier avec un verre de vin de riz.

Mais vers le sommet de la montagne l'obscurité nous surprit, la lune s'étant voilée de gros nuages. Je commençai à regretter de m'être aventuré si loin, si tard, dans un vrai désert. Mon homme me semblait exténué, et je craignais de le voir rester en route ou d'être obligé de le traîner moi-même. Cependant la route s'acheva peu à peu, et nous eûmes la joie d'apercevoir la lumière des premières maisons de Tseutaki. Il était alors sept heures du soir, c'est-à-dire pleine nuit.

A l'auberge, on ne semblait pas très disposé à nous loger; car, dans toutes ces contrées éloignées, les Européens sont encore redoutés. J'insistai, disant que, venant de Matsumoto, j'étais très fatigué; qu'il était nuit, que je n'irais pas plus loin : j'entrai sans attendre de réponse. On me conduisit dans une chambre du fond, éclairée par une mèche fumeuse trempant dans un petit pot d'huile. En fait, on n'y voyait goutte.

Mais quel ne fut pas mon étonnement, quand vint bientôt se présenter à moi le domestique que j'avais chassé le dimanche précédent et qui devait, primitivement, m'accompagner dans ce voyage !

J'avoue qu'au premier moment cette rencontre me fut désagréable. Je n'eus pas cependant à m'en plaindre. Cet homme occupait une chambre voisine de la mienne, mais plus confortable. Il me l'offrit et vint se mettre à ma disposition. Ce fut lui encore qui m'apporta mon dîner, consistant en quatre œufs à la coque et un peu de riz. J'avais eu soin d'emporter de Matsumoto un petit

morceau de pain et une boîte de lait concentré. Après mon repas,
je dis mon bréviaire, puis j'étendis un drap sur les couvertures
qu'on m'avait apportées. Il faisait un tel vent, que la maison en
était ébranlée ; pénétrant à travers les fermetures mal jointes, il
me soufflait sur la tête.

La nuit fut épouvantable ; les rats couraient de tous côtés
autour de moi. Le vent augmentait : impossible de fermer
l'œil.

Dès quatre heures j'étais levé. J'étendis une nappe d'autel
sur le seul meuble, une petite commode, large de cinquante
centimètres, haute de un mètre seulement. J'y célébrai la sainte
messe.

Personne autour de moi ne se doutait de ce qui se passait.
Quand on se réveilla, toutes mes affaires étaient déjà pliées et
ramassées.

Cette messe était la première, sans nul doute, qui fût célébrée
à Tseutaki depuis l'origine du christianisme.

Je ne vis point la police, car voici ce qui s'était passé. La
veille au soir, au moment où j'allais me coucher, on était allé,
suivant les règlements, porter mon passeport au bureau de police
afin d'avertir qu'un Européen était arrivé. Je ne sais pourquoi,
on était bientôt venu me dire de me rendre en personne auprès
du magistrat. J'avais fait répondre que c'était à lui de venir
s'il désirait me voir, que je ne me dérangerais point. L'affaire en
resta là. Il faut parfois montrer les dents si l'on ne veut pas être
victime de tracasseries.

Samedi, 20 décembre. — Dès sept heures, au jour, je re-
partais.

La route était mauvaise, empierrée par endroits et souvent
montante, de sorte que je cheminais aussi souvent à pied qu'en
voiture. Les ponts emportés par les inondations précédentes
étaient, heureusement, réparés en partie ; je ne fus pas arrêté
comme la première fois.

Vers midi et demie, la faim se fit sentir ; mais point d'auberges. Mon voiturier m'en montra cependant une, mais de si
mauvaise apparence, que je passai outre, espérant facilement rencontrer mieux. Il m'en indiqua plus tard une seconde, hélas ! pire
encore ! « Plus loin, » dis-je. Bref, je fis comme dans la fable,

et, pour avoir été trop difficile, je dus me contenter d'une limace.

Apercevant enfin une misérable baraque, je priai la vieille femme qui l'habitait de me servir des œufs : elle n'en avait pas ; du riz, pas davantage. Je fis alors allumer un peu de feu, chauffer de l'eau, et je déjeunai de mon lait concentré et des quelques bouchées de pain qui me restaient.

Nous n'étions plus qu'à quatre lieues de Kôfou ; nous repartîmes. Le temps était devenu splendide. En effet, le Koshou et le Shinshou diffèrent autant qu'en France le centre et le midi. Dans le Koshou poussent les grenadiers ; ils n'existent pas dans le Shinshou.

A trois heures, je faisais mon entrée à Kôfou. Le même homme, en peu de temps relativement, m'avait traîné, presque sans arrêt, l'espace de vingt-sept lieues, et cela pour dix francs. Quel Européen ferait pareil métier à ce prix !

A Kôfou, toutes les autorités chrétiennes de Yamashiro, je veux dire les catéchistes et les maîtres d'écoles, venus à ma rencontre, m'attendaient. En causant on prit le thé, puis je m'acheminai vers Yamashiro, centre de la chrétienté, où se trouvent une assez jolie chapelle dédiée à saint Joseph, et, à côté, l'école. La sacristie sert de chambre au missionnaire !

A peine installé, je soupai, désireux de me coucher au plus tôt ; mais les visites des chrétiens commencèrent, et je ne pus que tard me mettre au lit, pour essayer de réparer la nuit précédente.

Dimanche, 21 *décembre*. — Je ne célébrai la messe qu'à dix heures, ayant voulu donner le temps aux chrétiens d'arriver. J'avais reçu auparavant des confessions.

Après l'office, je pris vite quelque chose, étant attendu déjà par les chrétiens accourus pour me présenter leurs hommages.

Dans la soirée je sortis ; on me montra le fameux torrent qui, cette année, ruina la contrée, emportant toutes les récoltes. Les dégats furent épouvantables.

Plus tard, je confessai encore quelques personnes qui communièrent le lendemain.

Lundi, 22 *décembre*. — C'est l'anniversaire de la mort de

mon grand-père. J'ai dit la messe pour lui, comme je le fais tous
ces jours-ci. Cela m'est d'autant plus facile, que depuis plusieurs
. mois nous sommes sans honoraires de messes.

De ma chambre, j'aperçois, derrière une première chaîne de

Tchaya, auberges au bord d'un torrent.

montagnes, vers le sud, le sommet blanc du Foudji-Yama. Il
reste éclairé quelque temps après la disparition du soleil, tant sa
hauteur domine l'horizon.

Nous jouissons actuellement ici d'une température semblable
à celle que nous avions l'an dernier, à pareille époque, en passant
le splendide détroit de Messine. Que c'est délicieux : cela me
rappelle les belles journées de septembre en Touraine.

Le soir, j'allai avec le catéchiste assister à la conférence religieuse. Chaque semaine les chrétiens se réunissent chez l'un d'eux, afin que le catéchiste leur explique un point de religion. On cause, et l'on se sépare après avoir fait en commun la prière du soir.

C'est une excellente coutume pour entretenir la charité et l'esprit chrétien.

En y allant, je m'étais arrêté chez des malades que je dois baptiser prochainement, pauvres cultivateurs, partageant leur chaumière avec leurs poules. La mère, souffrante, était couchée sur sa natte; le fils avait l'influenza, maladie à laquelle, ici, bien peu de personnes échappent.

Mardi, 23 décembre. — Chaque matin, avant de commencer la classe, les maîtres d'école amènent en rang leur petit monde à la chapelle. On y récite tout haut la prière du matin, sans distinction de religion. Les parents païens en ont été avertis : on enseigne à leurs enfants le catéchisme comme à ceux des chrétiens.

Mercredi, 24 décembre. — Ma journée s'est passée tout entière à entendre des confessions. Comme je loge dans la sacristie, on n'a qu'à frapper à la porte quand on veut se confesser. C'est très commode pour les pénitents, qui n'ont pas à attendre; mais de la sorte je n'ai pas une minute à moi; car, à peine rentré, il faut ressortir pour un autre.

J'ai pu admirer, chez certains, une délicatesse de conscience qui les pousse à refaire un long trajet, pour venir accuser un petit mensonge, par exemple, commis dans la journée, ou une faute oubliée. Cela console de bien des fatigues.

Enfin minuit approche. Je vous quitte pour aller me préparer à la sainte messe, autant du moins qu'on le peut quand on a la tête farcie des misères entendues pendant une journée entière. En pensant aux autres, on s'oublie toujours un peu; mais c'est pour le bon Dieu.

Jeudi, 25 décembre. — On a décoré la chapelle le mieux possible. A la porte, un arc de triomphe en feuillage; dans l'église, deux chaînes de lanternes japonaises, partant de chaque côté de l'autel et aboutissant à la porte d'entrée. Beaucoup de chrétiens.

A onze heures, prière du soir, en commun. J'ai fait mon premier sermon en japonais; il a été bien compris, m'assure-t-on.

A deux heures du matin, j'ai pu me coucher; auparavant il avait fallu écouter tous ces braves gens. Mais dès six heures, j'ai dû me lever : on m'attendait déjà pour de nouvelles confessions.

A huit heures et demie je célébrais ma seconde messe. A peine terminée, encore des confessions et deux baptêmes d'adultes: une mère et son fils. La pauvre femme était bien souffrante ; elle avait quitté sa natte pour se traîner à l'église. Elle put cependant, sans trop de fatigue, recevoir toutes les cérémonies, qui durèrent près de trois quarts d'heure.

A onze heures, ma troisième messe : ce ne fut qu'à midi et demie que je mangeai pour la première fois. De petits enfants, ayant assisté à cette messe, avaient voulu se confesser sitôt après.

J'avais à peine terminé mon repas, que les notables de la chrétienté vinrent m'offrir leurs remerciements.

Ma voiture attendait : je boucle ma valise, et me voilà reparti.

Le vent soufflait avec violence : l'homme qui me traînait pouvait à peine avancer. Une charrette vint à passer, se rendant à Kadjikasawa. J'en profitai pour abandonner mon *kourouma*. Trois Japonais se trouvaient installés déjà dans ce véhicule.

A six heures nous arrivions à Kadjikasawa, village situé sur le bord du torrent du Foudji-Kawa, que vous connaissez déjà, et sur lequel je voguerai demain.

Vendredi, 26 décembre. — Quelle nuit affreuse! Pas une seconde de sommeil. Mes voisins de chambre ont joué aux dés jusqu'à une heure avancée, en faisant grand tapage.

Comme les chambres sont séparées par des cloisons mobiles en papier, mon excessive envie de dormir ne parvint pas à triompher. Le papier, du reste, ne suffit pas plus à arrêter le bruit que le froid du dehors. Aussi, à trois heures et demie, fatigué de rester allongé sans sommeil, tout raide de froid, je me levai et célébrai la messe.

A cinq heures je quitte cette auberge maudite, où l'on voulut néanmoins m'écorcher quand il s'agit de régler. Je protestai si fort, qu'on eut peur, et on me laissa fixer moi-même le prix.

Le bateau devait partir à cinq heures : je fus exact ; mais les Japonais le sont si peu, que nous ne quittâmes la rive qu'à sept heures. J'avais attendu sous un hangar, auprès d'un brasier fumeux.

La barque démarre. Nous sommes huit passagers, sans compter les quatre hommes d'équipage. Nous descendons le cours du torrent, moins rapide qu'en octobre dernier, car il y a peu d'eau ; mais nous courons de plus grands dangers, parce que les rochers sont à peine recouverts, et que les chances de s'y déchirer ont augmenté d'autant. Nous arrivons sans accident. Quelle fatigue de passer cinq heures par le froid, accroupi, ratatiné sur soi-même, les jambes dans l'eau qui remplit le fond de la barque !

A une heure et demie je pris, à Iwaboutchi, un train à destination de Yokohama.

La voie contourne le fameux volcan du Foudji. On voit se dresser devant soi sa masse énorme, haute de quatre mille mètres, présentant la forme d'un tronc de cône régulier, tronqué légèrement à son sommet. La calotte supérieure, couverte de neige, revêtait au soleil les teintes les plus tendres.

Bientôt nous quittâmes la plaine et le rivage de la mer, pour traverser la pittoresque presqu'île d'Idze. A chaque instant un tunnel nous fait changer de gorge ; un pont, franchir un torrent.

Les tableaux se succèdent avec rapidité, mais un peu trop dans le même ton.

Le soleil a disparu. La lune est venue jeter sur la campagne sa douce lumière, si poétique, qui fait déjà rêver avant de sommeiller.

Il était sept heures quand j'arrivai à la mission de Yokohama, juste pour dîner. J'éprouvais la joie d'un écolier au matin d'un congé.

Samedi, 27 décembre. — A deux heures de l'après-midi, un paquebot, amenant de France deux nouveaux missionnaires, entrait dans la rade de Yokohama. Je saute dans une barque et j'arrive en même temps que lui à sa bouée d'amarre.

Quelle joie de voir de nouveaux visages français, d'apprendre ce qui se passe dans la patrie !

C'était le *Sydney,* des Messageries maritimes, ce navire qui, l'an dernier, était parti de Marseille en même temps que nous et que nous avions suivi dans la Méditerranée.

Un visiteur présentant à son hôte un cadeau de premier de l'an.

Il apportait vos lettres, si tendres, si nombreuses, et vos souhaits de nouvel an.

Quels doux moments elles m'ont fait passer ! Il me semblait que je causais avec vous tous.

Dimanche, 28 *décembre.* — Une triste nouvelle nous parvient : deux de mes confrères viennent de mourir. L'un, résidant en Corée, a été emporté par une phtisie : il avait fait la traversée avec moi.

L'autre, parti depuis six mois seulement, a succombé à Pondichéry, victime de la même maladie.

C'est déjà le troisième de mon cours qui meurt depuis moins d'un an.

Lundi, 29 *décembre*. — Je suis allé à Tôkiô saluer Monseigneur et lui conduire les deux nouveaux missionnaires.

Mercredi, 31 *décembre*. — Les rues sont décorées et pleines de monde, en l'honneur du premier de l'an. On illuminera ce soir, et plusieurs jours de suite.

A la porte de chaque maison on a piqué deux petits sapins ou des bambous, supportant une longue ficelle d'où pendent des tiges de paille de riz et des morceaux de papier. Ce sont des signes symboliques.

Les marchands étalent toutes leurs marchandises, et les cèdent à très bon compte, afin d'avoir uu peu d'argent pour s'amuser.

C'est aussi l'époque du règlement des comptes. Personne ne travaille plus, si ce n'est à faire rentrer ses fonds. On a mis ses plus beaux vêtements, ceux qui n'en possèdent pas en louent pour la circonstance.

Les enfants s'amusent à la raquette du matin au soir : c'est de tradition. Les petites filles portent dans les cheveux, comme ornement, un petit volant à lancer. Nos joueurs de *lawn-tennis* ne sont pas si *enragés !*

Tout ce mouvement seul est intéressant.

Quant aux missionnaires, ils reçoivent force visites, compliments et cadeaux, tels que sacs d'oranges, paquets de sucre, gâteaux de riz, appelés *motchi*, etc.

La nuit entière se passera à faire du commerce : les magasins resteront ouverts et illuminés jusqu'au jour.

Jeudi, 1ᵉʳ *janvier* 1891. — Hier soir j'ai quitté Tôkiô pour rentrer à Yokohama. J'y resterai probablement un ou deux mois, m'a dit Monseigneur.

Vendredi, 2 *janvier*. — Le mouvement continue dans les rues. Personne ne travaille. Chacun s'occupe à dépenser son peu d'argent, si péniblement amassé pendant l'année. Quelle insouciance de caractère ! Dès qu'un Japonais possède quelque chose, le moindre petit revenu, il se hâte de prêter à son voisin, qui, lui, n'a rien. Aussi jamais ne rendra-t-il. Le prêteur deviendra bientôt emprunteur à son tour. Au Japon on passe sa vie à emprunter et à prêter, non pas seulement de l'argent, mais des habits, qui souvent constituent la majeure partie de l'avoir personnel.

A propos de négoce, j'ai vu qu'au Japon le commerce extérieur s'est élevé en totalité, pendant l'année, à cent trente-quatre millions de *yén*. Dans ce chiffre, la France figure pour la somme de dix-sept millions et demi.

Elle n'est surpassée que par les États-Unis et l'Angleterre. Le *yén* vaut un dollar ; le change atteignait ces jours-ci quatre francs cinquante de notre monnaie.

Samedi, 3 janvier. — Si dans le nord, pendant les fêtes du premier de l'an, les Japonais jouent surtout à la raquette, dans le sud c'est au cerf-volant. Ils sont très habiles à cet exercice. Les plus petits enfants les font monter à une très grande hauteur, sans faire un mouvement. A Nagasaki chacun se rend sur une petite montagne, près de la ville. La ficelle des cerfs-volants est munie de morceaux de verre : le jeu consiste à scier la corde du voisin par une habile juxtaposition des ficelles. Quand elle est coupée, le cerf-volant qui tombe appartient à celui qui le premier s'en emparera.

Lundi, 5 janvier. — J'ai visité une canonnière des États-Unis qui se trouvait dans le port, profitant de la présence à Yokohama d'un frère marianite américain. Malgré le mauvais état de la mer, nous avons atteint ce navire. Le capitaine, très poliment, nous a permis de le visiter.

Nous avons tout vu, même à l'infirmerie et dans le carré des officiers.

L'ensemble du bateau ne m'a pas semblé très propre. Peut-être cela tenait-il à l'heure, mal choisie. L'infirmerie et la salle où se trouvaient les marins étaient sombres et sentaient mauvais.

Plusieurs catholiques vinrent nous saluer.

Les vaisseaux de guerre anglais ont de meilleurs règlements

que les américains pour le service religieux : on conduit les catholiques, en rang, à la messe, de même que les protestants au prêche.

Les Américains donnent la permission du dimanche, mais à partir de midi seulement, jusqu'au lendemain sept heures. Les catholiques ne peuvent donc assister à la messe ; mais en revanche on passe la nuit à terre. Cette liberté paraît regrettable sous plus d'un rapport.

Mardi, 6 janvier. — Quoique la fête de l'Épiphanie soit ici d'obligation, comme jadis en France avant le Concordat, nous n'avons pas eu grand monde à la messe. Cela tient sans doute à ce que les Français, peu habitués à célébrer cette fête chez eux, l'ont oubliée ici, et à ce que les Japonais, encore plongés dans les fêtes du premier de l'an, ne songent qu'à s'amuser.

Jeudi, 8 janvier. — Ce matin j'ai dû me lever dès quatre heures pour aller confesser, confirmer et administrer un malade. C'était à la léproserie de *Gotémba,* qui se trouve sur la grande ligne du chemin de fer allant de Tôkiô à Kobé, et que j'ai déjà suivie, depuis Iwaboutchi, en venant de Kôfou à Yokohama.

Parti à six heures et demie, après la sainte messe, j'arrivai à la gare de Gotémba vers onze heures, avec une heure de retard. J'ai voyagé avec un de mes jeunes confrères se rendant, lui, à Nagoya.

Comme la léproserie est à deux lieues de la station de Gotémba, je pris un *kourouma.*

La route, qui passe au pied du Foudji-Yama, est bordée de vieux pins énormes. Elle longe une vallée profonde dans laquelle coule un petit torrent.

Nous passons à mi-côte ; la pente abrupte qui descend au torrent n'est qu'un bosquet perpétuel de hauts bambous et de camélias simples, entremêlés de pins. Tous ces verts mélangés, éclairés par le rouge éclatant des fleurs du camélia, composent un bouquet d'un ravissant effet.

Je traverse le torrent sur un pont des plus rustiques, et j'entre à la léproserie, située dans un lieu écarté de toute habitation, mais peu distant cependant du petit village de *Koyama,* entre les deux stations de *Gotémba* et de *Sano.*

Elle est construite sur un plateau, d'où le vent chasse incessamment les miasmes; l'air est sec et froid.

Les meilleures conditions d'hygiène s'y trouvent réunies.

La maison du médecin est à l'entrée. Quelques mètres plus loin, se trouve le bâtiment principal, avec la salle des visiteurs et le logement du missionnaire.

Des gens se souhaitant la bonne année dans les rues.

De chaque côté de cette construction centrale sont, d'un côté, le quartier des hommes et, de l'autre, celui des femmes.

L'ensemble des bâtiments présente la forme d'un fer à cheval. Au milieu, en arrière du bâtiment réservé au père et aux visiteurs, s'élève la chapelle, dédiée à la sainte Vierge, sous le vocable de Notre-Dame de la Merci, patronne de la léproserie. On peut circuler de tous côtés, sans perdre l'abri du préau qui longe ces constructions.

L'établissement comprend plusieurs catégories de malades,

d'après le prix de la pension payée par chacun. Cette rétribution est bien minime et ne couvre même pas les frais de nourriture.

Actuellement on y soigne trente lépreux, dont seulement six femmes, et quelques enfants atteints déjà par l'horrible mal[1].

Malgré l'extrême propreté de la maison, il s'en échappe une odeur nauséabonde : le cœur se soulève quand on ouvre certaines chambres.

L'établissement est réglé comme le couvent le plus sévère. La cloche donne le signal du lever, de la prière, des repas, des bains, du travail : de tout en un mot. Je parle du travail, parce que la maladie n'empêchant point de s'occuper, on en profite pour employer ces malheureux à quelque chose d'utile.

Hélas ! on a bien peu fait encore pour soulager ces déshérités, ces *repoussés* de l'humanité ; et pourtant que d'argent dépensé déjà ! On ne sait comment suffire au lendemain, car on ne peut compter que sur la Providence. Elle n'abandonnera pas ces lépreux, auxquels Notre-Seigneur a voulu être comparé, afin de les rendre plus vénérables.

Voici, à propos de cette léproserie, quelques détails empruntés au rapport du P. Vigroux, vicaire général de la mission, qui, à la mort du P. Testevuide, son fondateur, prit la lourde charge de cette grande œuvre.

« ... Il y a au Japon divers lieux, où les lépreux des provinces voisines se réunissent près d'un temple élevé à la mémoire d'un ancien bonze, du nom de Nitchi-rén, qui eut, dit-on, une commisération spéciale pour ce genre de malades. Ils y viennent implorer son secours, espérant guérir, ou du moins être soulagés.

« Or, dernièrement, une troupe de lépreux réunis près d'un temple fameux entre tous, bâti à *Minobou*, à vingt lieues environ de notre léproserie, en ont entendu parler. Ils ont d'abord douté qu'il fût possible de trouver sous le soleil un lieu où tant d'humanité fût prodiguée à leur infortune. Ils ont pourtant voulu voir de leurs yeux. — Ils ont vu, ils ont cru ; ils ont désiré entrer à leur tour, et les premiers arrivés se sont hâtés d'informer leurs compagnons. Trois autres localités, où, pour le même motif qui les amène à *Minobou*, se réunissent des bandes de lépreux, ont

---

[1] En juin 1892, le nombre des lépreux s'y élevait à cinquante.

été visitées, et des relations ont été établies avec notre léproserie. De plus, sur la côte orientale du *kén* (département) de *Tchiba*, un chrétien connaît plus de quarante lépreux, et il se propose de les adresser, en partie du moins, à notre établissement, si leur entrée est autorisée. Un autre chrétien, enfin, a rencontré sur les montagnes qui limitent à l'ouest le *kén* de *Goumma*, à *Kousatse*, plus de soixante lépreux, réunis là pour prendre des bains d'eaux thermales. Ils se sont fort réjouis d'apprendre qu'il y avait ailleurs un asile où des malades comme eux étaient soignés. Ils en ont pris l'adresse et ils ont demandé s'ils pouvaient s'y rendre. Il n'a été possible que de leur donner des espérances. Mais il est à croire que quelques-uns d'entre eux, sans attendre une autorisation formelle, tenteront fortune et se mettront en route.

« Ainsi, de divers points la voie est ouverte et de nombreux malades vont s'acheminer vers notre hôpital. Un petit nombre sont déjà arrivés. Le dernier venu avait fait près de cent lieues. Il est tombé de défaillance à quelques pas avant d'atteindre le seuil de notre établissement. Heureusement il a été aperçu. On s'est empressé de le relever, de le soigner, de le réconforter. Quelques jours après, il avait pu être instruit assez pour recevoir le saint baptême, et il expirait. Il avait été amené de bien loin pour obtenir, juste à temps, sinon la vie du corps, du moins la vie de l'âme.

« Le courant est donc établi. Il ne pourra que grossir, et bientôt nous arriveront sans doute beaucoup de malades. Que faire alors? Faudra-t-il les rejeter? Leur misère est affreuse; leur mal les ronge tout vivants. Moins heureux que les lépreux des îles Sandwich, qui vivent réunis dans une grande léproserie, entretenus aux frais du gouvernement local, sagement dirigés et soignés par des missionnaires catholiques et des religieuses; moins heureux encore qu'une bonne partie des lépreux du Tonkin, qui, dans les provinces de premier ordre, trouvent à côté du chef-lieu un asile où la munificence royale les secourt, les lépreux du Japon sont en majeure partie abandonnés à eux-mêmes. Ceux qui jouissent des biens de la fortune peuvent trouver dans certains établissements publics ou privés une retraite et des soins; mais les pauvres, à peu d'exceptions près, et ceux qui viennent frapper à la porte de notre hôpital, sont sans refuge et sans abri; souvent même ils sont sans vêtements, ils souffrent de la faim, et la désolation est dans leur âme : faudra-il ajouter encore à leur douleur, en les repoussant sans pitié du seuil d'une demeure où ils avaient espéré trouver un lieu de repos et un soulagement ? Je laisse à ceux qui liront ces lignes le soin de le décider. Pour ma part, je n'en aurai jamais le courage, et j'ouvrirai toujours cette demeure à un malheureux malade qui vient y chercher un asile.

« Encore une fois, je fais appel à la charité des âmes compatissantes, et j'implore les secours nécessaires pour soulager tant d'infortunés. Notre-Seigneur, qui eut ici-bas tant de miséricorde pour ces abandonnés, saura bien rendre au centuple le bienfait d'une obole généreusement donnée, et c'est là la meilleure récompense assurée aux cœurs charitables qui entendront mon instante prière... »

Mais j'aurais dû vous dire le motif de mon voyage. Le médecin se mourait, et il fallait aller lui administrer les sacrements.

Je trouvai le pauvre malade étendu sur sa natte, entouré de sa femme et de sa fille. Je le confessai ; puis, ayant fait rentrer tout le monde dans la chambre et préparé un petit autel, je lui administrai le sacrement de *confirmation,* car le pauvre homme, baptisé l'an dernier, ne l'avait pas encore reçu.

Après avoir rappelé à tous que l'évêque seul est le ministre ordinaire du sacrement de confirmation, je fis savoir que c'était par un indult spécial du souverain pontife que ce sacrement allait être administré par un simple prêtre.

Pour la première fois, je donnai donc le sacrement des forts, faisant descendre dans une si pauvre demeure ce même divin Esprit qui, le jour de la Pentecôte, remplit le cénacle de ses merveilles. Je ne pus faire communier le moribond, mais il reçut l'extrême-onction et l'indulgence plénière.

Après un petit repas pris à la léproserie, je remontai en voiture pour gagner la station de Gotémba. Je ne rentrai à Yokohama qu'à sept heures du soir.

Dimanche, 11 janvier. — L'influenza, qui semble abandonner Yokohama, sévit fortement à Tôkiô. Le mikado et sa famille n'ont pu lui échapper. Presque tous nos pères sont atteints ; le P. Berger, un tout jeune missionnaire, est au plus mal.

En route pour l'incendie.

Lundi, 12 janvier. — Les fêtes du premier de l'an touchent à leur fin. Les individus qui parcourent les rues avec des masques de diables, de bêtes, tous laids à faire peur, jouissent de leur reste. Suivis de joueurs de flûte et de frappeurs de tambourin, ils vont de porte en porte faire grand bruit, afin de recueillir quelques sous. Les païens croient que ce tapage et ces affreux masques ont le don d'épouvanter tous les diables qui vivent cachés dans leur maison. En vérité, si les diables japonais s'effrayent de si peu, c'est qu'ils sont moins malins que ceux de la vieille Europe !

Jeudi, 15 janvier. — Les feuilles publiques retentissent du tapage produit en France par le toast républicain du cardinal Lavigerie.

A mon avis, le clergé doit se garer de la politique, qui sera toujours un dissolvant, c'est-à-dire un écueil. Que le prêtre reste donc prêtre, toujours et avant tout, se faisant tout à tous et ne manifestant ses sentiments privés ni par ses paroles, ni par ses actes ! Autrement il s'aliénera des âmes.

Dimanche, 18 janvier. — Après avoir chanté la messe, j'ai pris le train de Gotémba pour me rendre à la léproserie enterrer notre médecin administré l'autre jour.

Débarqué vers quatre heures à Gotémba, je monte en voiture et j'arrive à la porte de l'établissement : on m'apprend que l'enterrement est terminé depuis deux heures. C'est ce qui arrive souvent, car les Japonais vous envoient chercher, et n'ont pas la patience d'attendre le retour de l'exprès.

J'avoue que je n'étais pas content, mais au lieu de perdre mon temps à gronder, je m'empressai de tourner bride, afin d'attraper le train de six heures, et de pouvoir rentrer le soir même à Yokohama.

Lundi, 19 janvier. — Une bien triste nouvelle m'attendait au retour. Notre cher confrère, le P. Berger, était mort le matin même.

Ce cher père, parti pour le Japon il y a trois ans seulement, n'avait que vingt-sept ans. Il était destiné, après la séparation de notre mission, à faire partie de celle du Nord. On l'avait envoyé de Niigata à Tôkiô pour apprendre l'anglais : il commençait à le bien savoir. Il y a une dizaine de jours, les orphelins de la mission furent tous atteints de l'influenza, avec le père chargé d'eux. Monseigneur y envoya le P. Berger. Pris à son tour, il dut rentrer à l'évêché se faire soigner. Malheureusement il avait la poitrine délicate ; la maladie s'y porta, et son état devint tout de suite grave. Monseigneur et les autres pères le veillaient chaque nuit, mais leurs soins furent inutiles : le vendredi soir on l'administra, le samedi il cessa de parler, et le dimanche matin, à trois heures et demie, il s'éteignait sans souffrance, tout doucement, entouré de ses confrères, entre les bras de Monseigneur.

On a télégraphié sa mort à tous nos postes du Japon, afin de prévenir les missionnaires de l'enterrement, qui se fera demain à la cathédrale, et demander leurs prières.

Mardi, 20 janvier. — Dès le matin j'arrivai à Tôkiô avec tous les pères de Yokohama. Un grand nombre de missionnaires étaient déjà réunis : nous étions vingt prêtres.

L'église était tendue de noir. Le corps, revêtu des ornements sacerdotaux, y était exposé. Le ministre de France, les représentants des puissances européennes catholiques, et beaucoup de personnes de la colonie étrangère étaient présents.

Monseigneur officia pontificalement. Après l'absoute, on cloua le cercueil, resté découvert tout le temps de la cérémonie, suivant l'ancien usage de l'Église.

Pour atteindre le cimetière, il fallait traverser toute la ville de Tôkiô. Chaque père monta dans une petite voiture, revêtu de son surplis et la barrette sur la tête.

En avant, dans la première voiture, un séminariste portait la croix. Les missionnaires venaient après, sur deux rangs. Derrière eux, également en voiture, l'évêque dans son costume de cérémonie ; puis le corbillard, suivi des frères marianites et des religieuses ; enfin les représentants des ministres, dans l'équipage de chaque légation. Les chrétiens fermaient la marche : c'était splendide, comme démonstration religieuse.

Monseigneur bénit la tombe, et chacun se dispersa pour rentrer.

Mercredi, 21 janvier. — En passant hier devant la chambre

des représentants, nous fûmes tout surpris de ne voir plus que des ruines fumantes. Le feu s'était déclaré à une heure du matin, et les derniers débris achevaient de se consumer.

Cette construction, à peine terminée, avait été inaugurée il y a deux mois. Il n'en reste rien.

On ignore encore la cause du sinistre. Diverses opinions circulent : les uns l'attribuent à l'électricité, les fils auraient été mal isolés ; d'autres accusent les révolutionnaires japonais appelés *sôshi,* qui ont déjà commis plusieurs attentats.

Jeudi, 22 janvier. — Je faisais aujourd'hui mes préparatifs pour retourner à Matsumoto, quand ce soir, à l'évêché, Monseigneur me dit d'ajourner mon départ, et de m'en retourner à Yokohama, où mes services seraient plus utiles actuellement.

Vendredi, 23 janvier. — J'ai appris une singulière coutume existant dans le sud du Japon, près de Nagasaki. Là, comme chez tous les peuples d'Orient, et notamment chez les bouddhistes et les shintoïstes, on a le culte des morts poussé jusqu'à l'adoration des mânes des ancêtres. Aussi a-t-on grand soin d'orner les sépultures : elles deviennent un lieu de fêtes. On sert sur le tombeau les mets que doit manger le défunt (en esprit, bien entendu). En traversant les cimetières on voit, dans une petite auge de pierre ou sur une petite table, les grains de riz et autres comestibles, restes du festin funèbre.

Chaque famille tient beaucoup à ses tombeaux ; plus ils sont anciens, plus ils sont précieux : leur antiquité constitue une sorte de titre de noblesse.

Alors qu'en Europe, dans des moments de gêne, on hypothéquerait ses terres ou son château, à Nagasaki, faute de propriétés, cas le plus ordinaire, on donne en gage au prêteur le tombeau de famille, parfois le seul coin de terre qu'on possède. Il n'y a pas de garantie plus sûre, car, par sentiment religieux et par orgueil, l'emprunteur fera l'impossible pour remplir ses engagements. A son défaut, il sera suppléé par ses parents, intéressés à rembourser capital et intérêts, afin de posséder à leur tour ce précieux tombeau, titre de noblesse dont la valeur croît avec l'ancienneté.

Il est bien probable que si la famille ne pouvait se libérer, le prêteur serait ravi de s'attribuer le tombeau, pour en tirer un honneur personnel.

D'ailleurs, pendant toute la durée de l'emprunt, c'est le créancier qui se charge de l'entretien du monument, et des prières pour les défunts.

Samedi, 23 janvier. — Dans les villages environnant la ville de Kochi en Tosa, dans l'île de Shikokou, à chaque fête shintoïste, les habitants se livrent à ce qu'ils appellent un *giogi*. Ils choisissent parmi les enfants de la commune un garçon de quatorze ans, lui fardent la figure avec du rouge, et l'amènent au *shinkan,* prêtre du temple où doit se célébrer la fête. Celui-ci trace sur le front de l'enfant, en gros caractères, le signe 大 (*taï*), qui signifie grand, et lui adresse une prière en lui soufflant sur la bouche.

L'enfant s'endort immédiatement d'un profond sommeil. On le revêt des vêtements de cérémonie des anciens guerriers, on le monte sur un cheval richement harnaché, et on le promène dans les villages au milieu d'un vacarme infernal, accompagné de chants, de cris cadencés, de coups de gongs, etc., comme cela se pratique d'ailleurs dans leurs fêtes, ou *matscuri,* shintoïstes.

L'enfant continue à dormir et ne se réveille que lorsque, au retour, on efface le caractère qui marque son front et la couleur qui recouvre son visage.

On assure qu'il ignore absolument tout ce qui s'est passé durant son lourd sommeil. Cela ressemble bien à de l'hypnotisme.

Mardi, 27 janvier. — De fort mauvaises nouvelles nous arrivent du P. Ligneul, atteint à son tour de l'influenza, à Tôkiô. Les médecins désespèrent de le sauver; on vient de lui administrer les derniers sacrements.

Mercredi, 28 janvier. — Je reviens de Tôkiô visiter notre cher malade ; il va mieux. Sitôt après les derniers sacrements, la fièvre a cessé : les médecins ont repris espoir.

On peut constater une fois de plus que l'extrême-onction ne fait pas mourir, et c'est à elle qu'on attribue cette amélioration subite. L'un des effets de ce sacrement est en effet de rendre la santé au corps, quand c'est plus utile à la gloire de Dieu et au bien de l'âme.

Comme il est regrettable qu'en France on oublie, de nos jours, cette vertu du sacrement, et qu'on ne le reçoive que lorsque tout est désespéré !

Que de malades recouvreraient la santé, s'ils en profitaient à temps !

Mais, hélas ! la foi est bien faible dans beaucoup d'âmes, et l'ignorance plus grande encore.

Monseigneur m'a annoncé qu'on ne pouvait trouver de maison ou de terrain à acheter à Kanazawa, mon nouveau poste. Il m'a donc dit de rester à Yokohama provisoirement, jusqu'en mai, je pense. Tout le pays, là-bas, est sous la neige : depuis le 28 décembre, toute communication est interrompue avec l'île de Sado.

Vendredi, 30 *janvier.* — Nous recevons un télégramme de Paris, daté d'hier, nous annonçant la nomination du nouvel évêque pour la partie nord du Japon. C'est le P. Berlioz, de Chambéry. Il se trouve en ce moment à Hakodaté, dans le Yéso. Né en 1852, il est parti pour les missions en 1875.

Hakodaté, devenu le centre de la nouvelle mission, a pris une grande extension depuis qu'il est ouvert aux Européens ; sa magnifique rade sert d'entrée à l'île du *Yéso* (appelé *Hokkaïdo* par les Japonais), et de rendez-vous à tous les bateaux qui sillonnent les mers du Nord. Comme le climat y est sain, l'été, les bâtiments de guerre des différentes nations viennent y passer la saison des chaleurs. Il y a quarante ans, cette ville n'était qu'un village de pêcheurs : elle possède aujourd'hui une population de 56 000 habitants dont 376 catholiques ; c'est de beaucoup le centre le plus populeux de l'île, mais la capitale (*Sapporo*) est située à soixante-dix lieues au nord-ouest.

Sapporo fut fondé en 1870 sur l'emplacement d'une forêt vierge ; il a été construit sur le modèle des villes américaines. Aujourd'hui, après vingt-un ans d'existence, il renferme déjà 15 000 habitants, dont 104 catholiques.

Les sauvages *Aïno,* qui habitent le *Yéso,* ne sont actuellement guère plus d'une douzaine de mille, et leur nombre diminue chaque jour, tandis qu'augmente considérablement celui des Japonais venus du reste de l'empire.

Samedi, 31 *janvier.* — Quel malheur qu'on ne comprenne plus, dans notre pays, que le missionnaire français soutient à l'étranger deux causes à la fois. En prêchant notre sainte religion, nous parlons aussi de notre patrie : nous apprenons à la faire aimer.

Sans nous, qui donc représenterait la France à l'intérieur du Japon ? Nos consuls ne quittent guère les ports ouverts et n'ont aucun rapport avec la masse des indigènes. Les commerçants songent avant tout à leurs intérêts : leur patrie n'arrive qu'après bien d'autres soucis.

Nous avons la bonne volonté, mais les ressources nous font défaut. Seule, la charité catholique vient à notre aide, le gouvernement ne nous donne rien.

Combien nos voisins d'Angleterre, d'Allemagne et des autres pays comprennent mieux leurs intérêts !

Espérons qu'enfin la lumière se fera et qu'on saura se servir de nous en nous aidant.

Nous ne nous lasserons pas néanmoins de chercher à assurer à notre pays cette place d'honneur, qui doit lui appartenir partout, et qu'il occupe dans nos cœurs.

Merci à ceux qui veulent bien nous secourir dans notre œuvre religieuse, patriotique et charitable : nous ne pouvons leur offrir que nos prières et notre profonde reconnaissance ; mais c'est du fond de l'âme.

XIX

Dimanche, 1ᵉʳ février. — En me promenant tantôt dans la
ville, j'ai rencontré un bel enterrement païen. Je ne sais si je
vous ai déjà parlé de ces sortes de cérémonies.

Selon que le mort était inscrit chez les shintoïstes ou chez les
bouddhistes, c'est le *kannouschi* ou le *bonze* qui préside aux funérailles.

Cette distinction de culte, indiquée par la présence de l'un ou
l'autre de ces ministres, ne signifie pas que, durant sa vie, le
défunt ait été fidèle à l'un ou l'autre des deux cultes, exclusivement. Les Japonais entendent plus largement les questions religieuses : ils font indistinctement leurs dévotions aux temples de
l'une ou de l'autre religion ; et si nous voulions consentir, nous
autres catholiques, à ce qu'on adorât Jésus-Christ à côté de
leurs dieux, ils iraient à nos cérémonies aussi bien qu'aux leurs.

Au surplus, c'est ce qui eut lieu dans la Rome païenne, où
l'on offrit de placer le Christ dans le panthéon des dieux ; et en
Grèce, où, de peur d'oubli, on adorait jusqu'aux dieux encore
inconnus.

Comme chez tous les peuples païens, le Japonais dévot n'est pas pieux : il est superstitieux ; et s'il adore les dieux, c'est parce qu'il les craint. Pour lui, ce sont des êtres puissants, mais méchants, jaloux les uns des autres, toujours disposés à jouer de mauvais tours à qui ne les apaise pas par des présents. Je parle, bien entendu, des croyances du bas peuple, et non des gens instruits, imbus d'athéisme, de positivisme, ou plutôt d'un orgueil poussé si loin, qu'ils ne croient qu'en eux-mêmes et n'adorent personne. Voilà pourquoi, dans les grands centres, on voit, comme chez nous, des espèces d'enterrements *civils*. Ainsi le veut le progrès de la civilisation.

Mais je reviens à la cérémonie dont j'avais commencé à vous parler.

Le prêtre était revêtu d'une sorte de manteau rouge ; il ouvrait la marche. De chaque côté de la rue, en tête du cortège, deux hommes portaient des lanternes en papier, au bout d'un bambou. Derrière eux, venaient dix porteurs d'énormes bouquets de fleurs de nénuphar en papier doré (vous savez que le nénuphar est la fleur sacrée du bouddhisme). Ces bouquets avaient au moins deux mètres de hauteur.

Souvent, au lieu de ces fleurs en papier doré, argenté, ou de toutes autres couleurs, on porte autour d'un bâton d'énormes fagots de fleurs naturelles, des branches de cerisier, de prunier fleuris.

Deux jeunes filles, magnifiquement habillées de soie blanche, précédaient le cercueil en *kourouma*. L'une portait les parfums destinés à être brûlés en l'honneur des mânes *glorieuses* du défunt ; l'autre, des tablettes où était inscrit son nom, et censées contenir l'âme même du mort.

Le cercueil, déposé dans une riche litière en bois sculpté, était recouvert d'une pièce de soie blanche, brochée d'or. Il était porté à dos d'homme. Ordinairement le cercueil a la forme d'une caisse carrée, dans laquelle le mort est placé assis, faisant le *sowari*, c'est-à-dire accroupi sur ses talons, suivant l'habitude japonaise.

La bière était suivie d'une double rangée de voitures traînant des femmes, en costumes éclatants, aux couleurs variées, la figure peinte.

Autrefois, comme le nombre des épouses était ordinairement

proportionné à la richesse de l'individu, on louait des femmes en habits de cérémonie, pour les faire assister aux funérailles, afin d'accroître ainsi l'apparente opulence du défunt.

Ses véritables épouses se montraient à son enterrement dans leurs plus beaux atours ; car, sachant bien que, le soir même, les héritiers les congédieraient, pour n'avoir pas à les nourrir, elles s'efforçaient, durant le trajet, de faire une nouvelle conquête, afin de ne pas se trouver sans asile.

On voit combien on était loin des temps barbares où les femmes s'immolaient sur la fosse de leur maître. Au surplus, nous ne sommes pas ici dans les forêts de l'antique Germanie.

Venaient ensuite, pêle-mêle, les parents, les obligés du mort, auxquels s'adjoignaient souvent des gens payés pour grossir l'importance et l'éclat du cortège.

On voit encore quelquefois, mais plus rarement aujourd'hui, des *pleureuses,* filles dont on a loué les cris et les larmes, et dont le rôle est d'accompagner le cercueil, le visage voilé.

Elles reviennent de la cérémonie, poussant encore des cris lamentables ; mais, rentrées au logis, on les fait boire et manger pour réparer leurs forces. Aux sanglots succèdent bientôt alors des éclats de rire, tout aussi bruyants...

Lundi, 2 février. — Hier soir, à onze heures, nous avons été réveillés en sursaut : le tocsin sonnait à la cloche de l'église, et la lueur des flammes éclairait nos chambres. A cinq maisons de nous, un restaurant européen flambait du rez-de-chaussée au toit. Les flammèches pleuvaient de tous côtés. S'il eût fait du vent, nous brûlions aussi.

La maison incendiée était entourée de *koura,* sortes de magasins construits en terre, recouverts de tuiles, et dont les ouvertures sont fermées par des portes en fer. Ils sont faits pour échapper à l'incendie. On y renferme les choses précieuses, les soieries, etc. Cette enceinte de koura sauva le quartier. A minuit, le feu s'éteignait, faute d'aliments.

Mardi, 3 février. — Jadis, et cela jusqu'en 1871, à l'époque de certaines fêtes païennes, on promenait solennellement, au bout d'une pique, de tels emblèmes, que les résidents européens durent protester auprès du gouvernement japonais. Il prohiba ces honteuses exhibitions dans les villes ouvertes aux étrangers. Je dois dire que je n'ai jamais vu semblable chose, si ce n'est cependant aux environs de Matsumoto, sous forme d'immense sculpture, à la porte d'un temple shintoïste : l'objet était abrité sous une espèce de kiosque ruiné, où, les jours de fête, les kannouschi se livrent à toutes sortes de danses en l'honneur de leurs dieux.

Il faut bien reconnaître qu'un pays où de telles exhibitions pouvaient, il y a moins de vingt ans, se produire en public, sans choquer personne, a beaucoup à faire encore pour atteindre le niveau moral où sont parvenus les pays d'occident, après tant de siècles de christianisme.

Jeudi, 5 février. — Il y a huit jours, dans la nuit du 29 au 30 janvier, vers dix heures, dit-on, un phénomène atmosphérique assez singulier s'est manifesté dans la région lunaire. Il paraît (je n'ai rien remarqué, et ce sont les Japonais païens qui le racontent) qu'une croix, fort régulière, y a été aperçue.

Les païens en ont tiré toutes sortes de présages appropriés à leurs superstitions particulières ; car, pour les shintoïstes, la lune est une divinité. Durant les éclipses, la supposant malade, ils jettent de l'eau dans sa direction, comme pour faire revenir une personne évanouie. Ils croient à la réussite de ce traitement, et, quand la lune reparaît, ils se figurent que son malaise a cessé.

Vendredi, 6 février. — On vient de découvrir, dans la province de Iyo, une mine d'antimoine très riche. Les travaux d'exploitation vont commencer. Vous savez d'ailleurs qu'en ce pays les mines abondent. Les gisements de houille sont tellement considérables dans le Yéso, qu'ils suffiraient pour alimenter pendant des siècles tout le reste du monde.

Lundi, 9 février. — Affreux Chinois ! Sous prétexte que c'est demain leur premier jour de l'an, dans tout leur quartier, trop voisin du nôtre, ce ne sont que pétarades depuis minuit.

Ces agréables réjouissances devaient durer huit jours. Mais, sur la plainte des Européens, le gouvernement japonais a prescrit aux Chinois de ne tirer aucun pétard après la première nuit. Ce plaisir leur est interdit de onze heures du soir à cinq heures du matin. Six heures de repos obligatoire, ce n'est pas exagéré. Leurs rues sont dégoûtantes : on ne marche que sur des douilles de pétards.

Tômourai, enterrement païen.

Ce matin, j'ai dû aller, à pied, porter le bon Dieu jusqu'au delà de Kanazawa, première station de la ligne de Yokohama à Tôkiô. J'étais accompagné d'un chrétien. Sous ma douillette j'avais mon surplis et mon étole, et, pendue à mon cou, dans une petite enveloppe en soie, la custode d'argent renfermant la sainte hostie. On n'en voyait rien extérieurement. Nous avons suivi tout le temps le bord de la mer, pour être plus tranquilles. Vers dix heures, j'arrivai chez le malade, jeune homme de vingt ans : il était mort, hélas! Mais, la veille, un père l'avait confessé et administré. Le pauvre enfant était poitrinaire. La cabane qu'il occupait avec son père et sa mère, anciens nobles ruinés, n'avait pas deux mètres carrés. Les pauvres gens pouvaient à peine y coucher tous ensemble.

Et puis, dans quel endroit nous étions! La hutte voisine était celle d'un vidangeur; tous ses ustensiles encombraient l'entrée, et les grandes fosses du dépôt se faisaient sentir de bien près.

Je dus rapporter le saint sacrement; mais je pris une petite voiture à Kanazawa, pour ne pas faire deux fois à pied ce trajet considérable.

Pendant toute cette longue procession, j'ai bien pensé à vous tous, priant Notre-Seigneur de vous bénir. Que nous étions loin de ces provinces catholiques de France où tout le monde se prosterne sur le passage de son Dieu! Ici, rien que des païens auxquels il faut cacher jusqu'à la présence de leur Créateur!

Mardi, 10 *février.* — Il y a quelque temps, certains journaux du pays réclamaient hautement l'abolition des titres de noblesse dans l'empire.

Voici quelques détails à ce sujet.

Aujourd'hui la noblesse japonaise diffère de celle de tous les pays d'Occident, en ce sens qu'elle a été créée par un décret unique du mikado actuel.

Comme il l'a déclaré lui-même, ce sont des titres particuliers et nouveaux qu'il a voulu conférer aux descendants des familles nobles et à ceux qui s'étaient illustrés par des actions d'éclat.

Vous savez qu'avant 1868 le mikado était complètement sous la dépendance du *shôgoun,* chef de la caste des *daïmio,* ou seigneurs féodaux, et véritable maire du palais.

Les mikados, ou empereurs, coulaient des jours tranquilles dans leur magnifique installation de Kiôto, la ville sainte. Le shôgoun s'était chargé de tout.

Or, en 1868, l'empereur actuel se révolta et renversa son maire du palais. Leur rivalité fit naître dans tout l'empire une immense guerre civile.

D'un côté était l'empereur; de l'autre la noblesse féodale, commandée par son chef, le shôgoun. Le mikado, victorieux, choisit dès lors pour résidence Tôkiô, ou capitale de l'est, l'ancien Yeddo.

La féodalité fut détruite ; tous les châteaux des daïmio furent rasés ; si bien qu'il n'en subsiste plus aujourd'hui que quelques restes, comme la tour de Matsumoto, dont je vous ai déjà parlé ; celle de Nagoya et quelques autres.

Les daïmio furent ruinés, et avec eux tous leurs gens de guerre ou *samouraï*, qui ne vivaient que de leur solde.

Ceux-ci, caste de guerriers fainéants, ne connaissaient d'autre métier que les armes. Ils ne se mariaient qu'entre eux ; aussi présentent-ils un type particulier, une physionomie très caractéristique : nez long, yeux fendus en amande. Ils ont une certaine distinction de manières. Aujourd'hui encore, ils sont reconnaissables à première vue. Dans les villes, ils habitent des quartiers distincts, et, pour gagner leur nourriture de chaque jour, ils exercent de petits commerces.

Les anciens daïmio, fort riches en général, portaient le nom de la province qu'ils possédaient, par exemple, Hizén no kami (*kami*, seigneur ; *no*, de ; *Hizén*, nom d'une province) ; Kaga no kami (seigneur de la province de Kaga), etc. Beaucoup d'entre eux, aujourd'hui ruinés, vivent çà et là de la rente que le gouvernement leur sert. Le shôgoun notamment, leur ancien chef, est actuellement retiré dans la petite ville de Shidzuoka, située sur la ligne du chemin de fer, entre Yokohama et Nagoya.

Autrefois, lorsqu'un de ces daïmio, toujours plus ou moins en guerre avec ses voisins, venait, par suite d'une défaite, à être chassé de son château et dépouillé de ses biens, il descendait au rang de simple guerrier ou samuraï. Il perdait en même temps son titre de seigneur de tel endroit, titre dont le vainqueur s'emparait.

A côté de ces seigneurs féodaux, il y avait une autre noblesse, les *kougné*, qui formaient la noblesse de la cour du mikado, leur suzerain. Comme titres, ils portaient celui de la fonction qu'ils remplissaient auprès de lui. Ils étaient, en général, peu fortunés ; car le shôgoun, qui jalousait les *kougné*, auxquels il préférait les *daïmio*, ne leur allouait qu'une très faible pension. Aussi disait-on communément : « Pauvre comme un kougné. » Cependant la noblesse de cour trouvait parfois un important accroissement de ressources dans la broderie de ces splendides étoffes qu'on admire encore dans les temples et les palais.

Or, en 1868, les nobles furent recrutés :

1° Parmi les quelques daïmio qui avaient embrassé la cause du mikado, et que celui-ci tenait à indemniser de la perte d'une partie de leurs biens et privilèges ;

2° Parmi les kougné, pour les récompenser de leur fidélité au mikado, leur chef légitime ;

3° Parmi tous ceux enfin qui chassèrent alors le shôgoun et rétablirent le mikado dans ses droits *quarante fois séculaires*, dit la tradition.

Parmi ces ennoblis se trouvèrent donc de simples samuraï ou guerriers, et même des plébéiens ou *heimine*.

L'annuaire de la noblesse s'accroît encore chaque année de quelques noms, mais en très petit nombre.

En même temps, le mikado créa cinq catégories de nobles. Bien que reproduisant les distinctions du haut mandarinat chinois, elles sont néanmoins calquées sur les titres nobiliaires européens.

Il y a donc au Japon : 1° les *princes,* qu'il conviendrait peut-être d'appeler *ducs* pour se rapprocher de nos usages : ce sont les *fürst* allemands et autrichiens, mot qui a la même origine que le mot latin *princeps* (premier); 2° les *marquis;* 3° les *comtes;* 4° les *vicomtes;* 5° les *barons.*

Comme on l'a fait remarquer dans quelques journaux, on aurait tort d'abolir ces titres de noblesse, car le gouvernement se nuirait auprès des habitants de la province, qui ont conservé généralement le respect du passé. Quant aux étrangers, ils sont presque toujours très flattés d'avoir à traiter avec des marquis ou des comtes, même japonais.

Vendredi, 13 *février.* — La notion de la vie future, et surtout celle de l'enfer, est bien confuse dans l'esprit des shintoïstes japonais.

D'abord ils croient que l'enfer n'est pas éternel. Ils se l'imaginent un peu à la façon des poètes de l'antiquité : les supplices y sont très variés, parfois presque amusants. En voici un, celui des épouses infidèles (les autres femmes ne sont point punies). On les condamne à déraciner un bambou avec un instrument aussi mou que du coton. Vous voyez quelle souffrance, et comme la crainte doit arrêter sur la pente du mal ! Au surplus je crois que cette appréhension n'a jamais rien empêché au Japon.

Les autres tourments ressemblent à celui-ci, et sont toujours temporaires.

Les gens instruits ne croient plus à tout cela, pas plus qu'à la métempsycose, enseignée par les bonzes, c'est-à-dire à la transmigration successive et expiatoire des âmes dans le corps des différents animaux de la création.

Cette croyance a été cause, à l'origine, de l'éloignement des Japonais pour l'usage de la chair des animaux : ils craignaient peut-être, par un scrupule exagéré, de manger un membre de leur famille !

Elle explique également l'exclusion des vêtements de laine et des fourrures, et leur remplacement par le coton et la soie ; enfin l'espèce d'opprobre qui s'attache au métier de corroyeur, et, par suite, le manque de chaussures de cuir, si mal remplacées par les *guéta,* ces petits escabeaux de bois qui gênent tant la marche.

Dieu merci, les Japonais commencent à mépriser ces scrupules.

Samedi, 14 février. — Une curieuse histoire nous arrive de Nagasaki. Un nommé Watanabé Isao, enfermé dans la prison de la ville, parvient à s'échapper, et, sous un nom d'emprunt, se met à l'étude du droit. Il réussit à obtenir une place au ministère de la Justice, et bientôt se voit élevé à la dignité de juge. C'est alors seulement que son identité a été reconnue. Il vient d'être condamné à six ans de prison pour changement illégal de nom.

Nous apprenons aussi que des malfaiteurs s'étant introduits dans la banque nationale de *Yousawa,* département d'*Akita,* ont massacré six personnes. La police n'a pas encore trouvé les coupables.

XX

Dimanche, 15 février. — Vous voudrez bien remercier pour nous tous l'œuvre des tabernacles de Laval, qui a bien voulu songer à la pauvreté des missions du Japon, dans la distribution qu'elle a faite du linge et des ornements destinés aux églises nécessiteuses.

Il est, en effet, bien pénible pour un catholique, et surtout pour des prêtres, de comparer ici la richesse des temples païens au dénuement des sanctuaires réservés au vrai Dieu. En contribuant de loin à la décoration de nos chapelles, on s'associe en quelque sorte à l'œuvre des missionnaires.

C'est prêcher aussi Notre-Seigneur au delà des mers, que montrer à tous les païens le zèle d'une foi qui, ne se bornant pas à embellir les églises françaises, songe aussi à la pénurie de celles des pays infidèles. Cette charité sera récompensée par Celui qui a promis de tenir compte d'un verre d'eau donné à un pauvre ; Notre-Seigneur saura bien compter les points d'aiguille sur les chasubles que portent ses ministres, et sur les linges sacrés envoyés pour la divine Eucharistie.

Chaque mois, tous nos missionnaires offrent le saint sacrifice pour tous ceux qui se font, d'une façon quelconque, les coopérateurs de leur évangélisation.

Lundi, 16 février. — Il y a au Japon une centaine de banques placées sous la surveillance immédiate du gouvernement, lequel contrôle leurs opérations. Cette intervention accroît beaucoup leur crédit.

De temps en temps, un inspecteur des finances vient examiner les livres qu'on lui présente; il compte soigneusement le numéraire et les billets en caisse. Il sort, n'ayant trouvé que des éloges à faire, et son rapport est conçu dans ce sens.

Or voici qu'un journal japonais prétend que toutes ces banques ont établi entre elles une sorte de société de secours mutuel.

Elles n'ont pas habituellement dans leurs coffres les sommes indiquées sur les livres; mais au moment de l'inspection les banques voisines leur prêtent, et le contrôleur peut avec vérité attester l'équilibre.

Sitôt après cette visite, les espèces prêtées sont restituées, en même temps qu'on apporte à la banque obligeante ce qui peut lui manquer. Et ainsi de suite.

Cette révélation a jeté quelque émoi en haut lieu. Le gouvernement a donc décidé que la vérification serait faite partout simultanément.

L'embarras pour les banquiers ne sera pas beaucoup plus grand : ils s'adresseront, ce jour-là, à de forts capitalistes qui, moyennant une grosse commission, leur fourniront les fonds nécessaires.

Jeudi, 19 février. — Voici une anecdote toute chrétienne. Elle montre bien la foi de nos Japonais, foi souvent mal éclairée, mais bien grande chez certains.

Près d'ici se mourait un païen ayant deux fils, dont un seul baptisé. Celui-ci s'efforçait d'instruire son père, mais le moribond refusait absolument de se convertir. Ce fils savait qu'on ne peut baptiser les gens malgré eux. Voici donc ce qu'il imagina. Étant obligé de s'absenter pour affaires, il recommanda à son frère d'attendre que leur père fût sans connaissance, lui indiquant la manière de le baptiser quand il ne pourrait plus refuser. Mais un scrupule lui vint : son frère n'ayant point été lui-même baptisé, pouvait-il conférer validement ce qu'il n'avait pas? Et, dans le doute, il baptisa ce frère, qui peut-être ne s'en souciait guère. L'histoire est curieuse.

Puisque je vous parle de religion, il me semble intéressant de vous signaler un incident qui montre une fois de plus la répugnance réelle des Japonais à accepter l'ingérence étrangère.

Il s'agissait de déterminer dans un synode protestant, tenu à Tôkiô, les termes du *Credo*. Une commission avait été chargée de résoudre la difficulté de manière à satisfaire les opinions plus ou moins opposées. Elle était composée de trois ministres étrangers et de quatre Japonais, des plus marquants, de la confession presbytérienne. On avait élaboré un rapport dont les conclusions semblaient devoir être acceptées sans conteste. Mais elles furent repoussées pour cela seul que l'inspiration venait d'étrangers.

On n'accueillit pas mieux la proposition de s'en tenir purement et simplement au symbole des Apôtres, sans doute pour le même motif.

Désormais, au Japon, tout doit donc être japonais, même la religion. On la fabriquera au besoin. Voilà le premier article de foi.

Il fallut, pour rétablir l'entente dans le synode, qu'un professeur japonais, nommé Ishimoto, prît l'initiative d'une nouvelle proposition qu'il affirma ne provenir que de son inspiration personnelle. Elle fut adoptée avec enthousiasme.

Les ministres protestants étrangers sont navrés de cette tendance ; mais peuvent-ils s'en étonner beaucoup? Est-ce que la divergence des doctrines ne doit pas aller en augmentant, quand on a renié l'institution divine du magistère pontifical, qui seul peut assurer l'unité de croyance? Il faut s'attendre à ce que l'esprit d'orgueil et d'innovation aille en s'accentuant.

Ils verront toutes les églises, qu'ils ont fondées à grands frais, leur échapper, et se séparer même les unes des autres, ce qui complétera le désordre moral.

***Vendredi,** 20 février.* — Je trouve dans une publication locale l'indication du nombre d'étrangers résidant à Yokohama à la fin de 1890. Voici les chiffres :

Anglais, 748 ; Américains, 249 ; Allemands, 214 ; Fran-

çais, 124 ; Suisses, 44 ; Hollandais, 41 ; Danois, 13 ; Belges, 13 ;
Hawaïens, 9 ; Espagnols, 7 ; Russes, 3 ; Chinois, 3 004. Ceux-
ci finiront par envahir pacifiquement tout le pays.

En revanche, les journaux protestants eux-mêmes n'hésitent
pas à reconnaître la supériorité de l'enseignement donné par les
frères de Marie. Cela va faciliter l'ouverture de nouvelles écoles
qu'ils dirigeront.

Samedi, 21 *février.* — Un des principaux personnages de la
cour est mort. C'est le prince Sànjo, garde des sceaux, l'un des
trois auteurs de la révolution qui renversa le shôgoun, il y a
vingt-cinq ans.

Quant le mikado le sut mourant, il se rendit près de lui et lui
conféra, dit-on, la plus haute dignité de l'empire, dignité qui
n'avait pas été donnée depuis quatre cents ans et qui met Sànjo
au rang des dieux. C'était juste six heures avant sa mort. On
peut se demander si cette grande faveur adoucit les derniers moments du prince, ou si ce fut au contraire pour lui un nouveau
sujet de regretter la vie.

A ce propos, en mourant, l'empereur change aussi de nom.
On lui en impose alors un nouveau, sous lequel il sera connu
parmi les dieux, et dans l'histoire.

Quant à son nom ordinaire, il est défendu de le prononcer,
même durant sa vie, car ce serait traiter trop familièrement
l'empereur, qui est dieu. C'est pour cela qu'aucun Japonais pieux
ne peut, sans blasphémer, prononcer le nom de Moutsechito. Il
l'appellera *mikado,* ce qui signifie *noble gond ;* — ce sens est
le même que celui de notre mot français *cardinal,* du latin
cardo (gond). — On le désignera aussi sous le nom de *Ténshi*
(Fils du Ciel), ou de *Ténnô* (Roi du Ciel), etc.

Mercredi, 25 *février.* — Je suis allé aujourd'hui à Tôkiô pour
assister aux funérailles du prince Sànjo, qui promettaient d'être
splendides.

En me rendant du côté de la maison mortuaire, je trouvai
encombrées de monde les rues par où devait passer le cortège
funèbre. De ma vie je n'avais vu foule semblable. Le public était
massé, de chaque côté du parcours, sur une longueur de plusieurs
lieues. L'ordre était maintenu par de nombreux agents.

Quand je vis cet encombrement, je pris une voiture, et bravement je m'aventurai au milieu de la chaussée entre cette double haie de curieux. La police me laissa passer, car quelqu'un avait crié : « Cet étranger va aux funérailles ! » On crut que j'étais du cortège, et l'on m'ouvrit passage. Je me gardai bien de détromper la police ; mais, dès que j'aperçus le convoi, je me fis ouvrir par elle la haie des spectateurs afin de me placer par derrière, d'où je pus tout voir à l'aise, debout dans ma voiture, dominant les têtes, sans courir le risque d'être étouffé.

Des *gens d'armes* à cheval marchaient en tête, puis venait la musique impériale, suivie des troupes à pied et à cheval, de l'artillerie, etc.

Mais voici le cortège religieux.

En tête, des prêtres shintoïstes ou kannouschi, à cheval, avec de grandes robes blanches et des chapeaux de toile cirée noire ; derrière eux, dans le même accoutrement, d'autres prêtres à pied, portant les uns des bannières rouges ou blanches ; les autres, d'immenses épées de bois argenté ; d'autres d'énormes fagots de fleurs naturelles et artificielles, fixés au sommet d'un bambou. Quelques-uns chantaient ou jouaient d'une petite flûte devant le cercueil. Le corps du prince était porté sur les épaules de cinquante prêtres, dans une sorte de châsse fermée, en bois blanc. Enfin, suivaient encore des prêtres avec le grand pontife shintoïste, à cheval, président des funérailles.

Le jeune fils du défunt, à pied, dans un costume des plus pauvres, ayant des sandales de paille, pour marquer sa douleur par le négligé de son costume, portait sur un coussin les insignes et les décorations de son père.

Derrière, en voiture et vêtus de blanc, ici couleur de deuil, les parents ; puis les princes dans leurs équipages ; les ministres, en costumes rouges, chamarrés d'or, couverts de décorations, portant de grands panaches blancs à leurs *bicornes ;* les membres de la chambre des pairs, tous en voiture et dans des habits beaucoup trop éclatants pour être beaux.

Ah ! qu'ils eussent mieux fait de conserver la pompe orientale, si pittoresque, de leurs anciens cortèges, et de leurs anciens costumes !

Les voitures défilaient toujours, je n'en voyais pas la fin. Après la chambre des pairs était venue celle des représentants, puis encore des soldats : le défilé occupait en longueur plus d'une lieue.

Rassasié de ce spectacle, je m'éloignai, prenant, pour éviter la foule, des rues détournées.

Samedi, 28 février. — Les bonzes se remuent beaucoup dans le sud du Nippon. Ils ont entrepris une série de conférences pour combattre le catholicisme, qu'ils se proposent d'anéantir. Ils sont inquiets, sans doute des succès que l'un de nos missionnaires a obtenu dans une grande réunion publique, tenue à Wakayama ; mais leurs efforts n'amènent pas toujours le résultat espéré.

Tout récemment, une grande affiche nous provoquait à une discussion contradictoire. Nous ne jugeâmes pas à propos d'accepter le débat public dans des conditions nécessairement défavorables. Quelques chrétiens se rendirent seuls à la conférence pour nous tenir au courant du résultat.

Une grande foule était accourue, alléchée sans doute par l'annonce d'un spectacle gratuit. Or grande fut sa déception quand on réclama deux *sén* (deux sous) par tête aux gens qui étaient entrés. Ceux-ci protestèrent avec vivacité. Les curieux, au dehors, firent de même. Ce fut bientôt un brouhaha indescriptible.

Le caissier fut sommé d'enlever sa trompeuse affiche. En un instant, pancarte, drapeaux, lanternes, tout disparut. Sur ces entrefaites les bonzes firent leur entrée ; on devine l'accueil qu'ils reçurent.

Ne pouvant faire cesser la bagarre, ils s'accusèrent réciproquement du fâcheux résultat de l'entreprise ; et nos chrétiens, tout joyeux, vinrent nous raconter cet heureux incident. Le tumulte dura plusieurs heures encore, car la jeunesse de l'endroit prit un malin plaisir à l'accroître.

En résumé, cette réunion, toute hostile, a tourné à notre complet avantage.

Dimanche, 1ᵉʳ mars. — Je pars pour Tôkiô, où je séjournerai quelque temps auprès de Monseigneur, afin de lui servir de secrétaire.

Lundi, 2 mars. — Hier soir, je m'entretenais avec Sa Grandeur, quand nous fûmes tout à coup interrompus par un assez long tremblement de terre.

Les portes et les fenêtres dansaient comme les vitres d'un omnibus roulant dans une rue mal pavée. Quel singulier phénomène !

Jeudi, 5 mars. — J'ai été chargé de faire passer les examens de théologie, en latin, à ceux de nos jeunes séminaristes qui vont prochainement recevoir les ordres mineurs, et j'ai été étonné de leur science, égale certainement à celle de la plupart de nos séminaristes, en France.

Samedi, 7 mars. — Je suis allé ce soir visiter le parc de Shiba, où se trouvent deux des plus beaux temples du Japon et l'ancienne sépulture des shògoun. Ces temples sont admirablement situés, au bas d'une petite colline ombragée d'arbres séculaires, d'où la vue s'étend au loin sur la ville de Tôkiô et sur sa baie. C'est là qu'on vient se reposer et chercher la brise de mer, quand on étouffe partout ailleurs, pendant l'été.

Des commerçants s'y sont établis. De petites tables, recouvertes de tapis rouges, servent à s'asseoir pour prendre le thé.

Dimanche, 8 mars. — Le corps législatif japonais est en vacances. Ils siégeaient, ces pauvres députés, depuis le mois de novembre. C'était beaucoup pour une première fois.

Ils ont voté, eux aussi, le budget, mais non sans avoir obtenu du gouvernement d'importantes réductions, s'élevant à plusieurs millions de francs. Or, comme ils ont été mus beaucoup plus par l'intérêt personnel que par l'intérêt national, si le gouvernement tient compte de leurs votes, on devra brusquement arrêter une foule d'entreprises utiles et pour lesquelles de grosses sommes ont été déjà dépensées.

Si les députés n'ont pas toujours fait preuve de beaucoup d'intelligence, ils ont donné prise à beaucoup d'autres critiques. Assurément, nos chambres françaises ne sont pas toujours des écoles de politesse et d'urbanité ; mais, au Japon, les choses ont été poussées plus loin encore. Par exemple certain député, répondant à ses collègues qui faisaient du bruit, les apostropha de la sorte : « Tas de grossiers personnages ! si vous ne comprenez pas, écoutez donc au moins ! »

Mais ce n'était rien en comparaison de la scène à laquelle on devait bientôt assister.

Il y a, paraît-il, un député dont la spécialité est d'ergoter, à tout propos, d'une façon exaspérante. Un jour qu'il venait de se lever pour recommencer ses interruptions habituelles, quelqu'un lui lança des tribunes, non pas un bouquet de fleurs, mais autre chose. Il fallut renouveler l'air.

Vue de Yokohama.

La séance resta suspendue pendant deux heures. Quant au mauvais plaisant, il fut conduit en prison.

En somme, dès la première session, le jeune parlement a singulièrement gêné et contrarié le gouvernement.

En ce moment un vieux parti s'efforce, non sans succès, de raviver dans le pays l'opposition aux étrangers. Quantité de journaux propagent ces tendances. Ils sont pleins d'articles très hostiles. Espérons pour notre mission que ce sera en vain.

Jeudi, 12 mars. — Le ministre d'Amérique vient de mourir subitement. C'est une perte ; car, malgré la différence de religion, il était très bon pour la mission catholique.

Les épidémies paraissent nous avoir abandonnés, pour le moment du moins.

L'influenza est allée sévir à Hong-Kong ; la variole semble devoir avorter.

Quant au choléra, d'apparition plus ancienne, il a fait, au Japon, cette année, trente-trois mille huit cent victimes. Neuf malades sur dix ont péri. Comme d'habitude, la colonie européenne a été épargnée.

Dimanche, 15 mars. — On n'a peut-être pas assez remarqué qu'au Japon, tout se fait en sens inverse de ce qu'on voit en Europe.

Ici, on lit de droite à gauche et de bas en haut, de telle sorte que la première page d'un livre japonais serait pour nous la dernière. Il en est de même dans la construction des phrases : l'inversion est complète : le premier mot serait chez nous le dernier.

Les charpentiers manient la scie et le rabot non en poussant l'outil devant eux, mais en le tirant à eux. On commence la construction d'une maison par le toit, le reste se fait après. Les plus beaux appartements sont toujours sur l'arrière, et non sur la rue. Les hommes ont la préséance sur les femmes ; la gauche est la place d'honneur. Les repas commencent par les vins et le dessert. Dans un appartement, les chaises ont leur siège tourné du côté du mur et leur dossier vers l'intérieur de la pièce.

Un trépied est placé sur le feu la couronne en bas, les pieds en l'air. Les cierges sont allumés par le gros bout.

Dans l'écurie, les chevaux ont la tête où les nôtres ont la queue, et l'on monte à cheval par la droite.

Une embarcation aborde au rivage par l'arrière, etc.

On pourrait signaler une foule d'autres dissemblances.

Lundi, 16 mars. — Voici un détail de mœurs bien japonais. Il s'agit de la caste noble et guerrière qu'on appelle les *shizokou* ou *samouraï.*

Vous savez déjà qu'ils poussent fort loin le sentiment de l'honneur. Celui d'entre eux qui se croit offensé ne connaît qu'un moyen de réparer l'outrage, c'est de le laver dans son propre sang. Il s'ouvre alors le ventre avec son sabre. Cette cérémonie se nomme le *harakiri.* Aujourd'hui interdite, elle s'accomplissait jadis dans la plus belle salle de la maison, et l'on se parait, pour la circonstance, de ses vêtements de cérémonie. Il suffisait d'un ordre de son seigneur, du *daïmio,* pour qu'immédiatement le guerrier, le *samuraï,* s'ouvrît le ventre, et cela sans sourciller.

Il en était ainsi pour la moindre offense : par exemple, si quelqu'un portait la main sur le sabre de l'un d'eux. Celui-ci se croyant dès lors déshonoré, s'exécutait.

Au Japon, l'histoire et les théâtres remémorent à chaque instant la fin tragique de cinquante guerriers qui s'ouvrirent le ventre, ensemble, sur le tombeau de leur maître, pour témoigner leur fidélité.

Mais j'en reviens à ce que je voulais vous raconter.

Parmi nos jeunes séminaristes, il en est un de quatorze ans, appartenant à une famille de shizokou. Il est l'aîné. Désirant être prêtre, il ne peut continuer les traditions militaires de ses ancêtres ; il a donc cédé son droit d'aînesse à son frère cadet.

La seule richesse, comme la vraie noblesse d'un shizokou, c'est son sabre : l'aîné en hérite de droit.

Notre jeune séminariste avait donc reçu ce sabre ; mais sa vocation religieuse l'empêchant de le garder, il l'a transmis à son frère. Auparavant il a enlevé l'un des clous de la poignée ; il le porte suspendu à son cou, dans un sachet d'étoffe, comme une relique.

Mercredi, 18 *mars.* — Que n'êtes-vous ici pour voir tous nos camélias en fleur ! Aucun pays n'en possède autant de variétés, et de si beaux. Les jardins en sont remplis, comme nos bois et nos montagnes.

Le camélia recherche l'ombre : c'est sous les grands arbres qu'il vient le mieux.

Un rayon de soleil trop vif, une goutte de pluie suffisent pour jaunir sa fleur.

Jeudi, 19 *mars.* — Aujourd'hui, fête de saint Joseph, patron de la cathédrale, Monseigneur a officié pontificalement.

Avant la messe, nous avions une petite ordination : deux de nos grands séminaristes japonais ont reçu les quatre ordres mineurs. Espérons qu'ils persévéreront et feront d'excellents prêtres dans trois ou quatre ans. Ils seront pour nous des auxiliaires bien précieux. La mission du Nagasaki possède déjà plusieurs prêtres indigènes qui lui rendent de grands services.

Samedi, 21 *mars.* — On m'a raconté, aujourd'hui, une cérémonie pratiquée dans l'intérieur du Japon, à l'équinoxe d'automne.

On l'appelle le *Bon.* Elle a pour but d'honorer les mânes des ancêtres.

Pendant trois jours, à la porte des maisons, on sert un petit repas composé, surtout, de *motchi,* gâteaux de riz, cuits à la vapeur d'eau.

Vers le soir, pendant que la jeunesse s'en va sur la route avec des lanternes et des tambourins, au-devant des mânes des morts, pour les amener au festin préparé, les autres personnes de la maison attendent, accroupies sur le seuil de la porte, jouant de divers instruments de musique, avec le plus de bruit possible, pour mieux attirer les mânes de leurs ancêtres.

Les deux premiers soirs, la jeunesse rentre sans avoir trouvé les ancêtres, et l'on fait sans eux un grand festin qui finit bien tard dans la nuit, après force libations.

Le troisième jour, on est censé les rencontrer à un certain endroit fixé d'avance.

On s'y prosterne, car on est en présence de l'*ombre* divine et invisible des aïeux. On les amène triomphalement à la maison, où on leur offre à manger avec mille cérémonies, au milieu d'un affreux vacarme qui, loin de les retenir, devrait les mettre en fuite, si elles avaient conservé l'*ombre* d'une oreille.

Le repas des ancêtres achevé, on les reconduit processionnellement dans l'endroit convenu. Puis on les salue profondément, le front dans la poussière, et l'on va jeter dans le torrent le plus voisin les restes du repas qui leur a été servi. Ordinairement c'est fort peu de chose, parce que les Japonais, en gens pratiques, n'aiment pas à perdre ce qu'ils donnent aux poissons.

Alors seulement commence le grand festin des vivants, et pour celui-ci rien n'est épargné. Tous les convives rouleraient bientôt sous la table..., mais il n'y en a pas au Japon.

Telles sont les fêtes païennes.

Lundi, 23 *mars.* — La semaine sainte est commencée, semaine de travail pour tous les missionnaires chargés de préparer les catéchumènes qui doivent recevoir le baptême, le samedi saint, selon l'ancien usage de l'Église.

Pour les adultes, l'une des plus grandes difficultés est d'être fixé sur leur mariage, afin de savoir s'il est valide. Il n'est pas rare que femme et mari se soient déjà mariés cinq ou six fois et que les précédents époux vivent encore. De tous ces mariages quel est le légitime ?

Yokohama : une rue dans la concession européenne.

C'est rarement le premier, car l'union a été le plus souvent ordonnée par les parents, et l'on ne s'est épousé qu'avec la résolution de se séparer, dès qu'on en aurait assez.

Il n'y a donc pas eu consentement réel : l'union n'est pas valide.

D'ailleurs, l'une des deux parties est souvent mariée, licitement déjà, avec une autre. De là des complications presque inextricables.

D'après une statistique *officielle,* les deux tiers des mariages, au Japon, sont suivis de divorce ; et, à Foukuoka, grande ville au nord de l'île de Kiou-Shiou, quand deux époux sont restés *dix années ensemble,* ils donnent une fête splendide, tant cet événement est rare : ce sont leurs noces d'or.

Mardi, 24 mars. — Il a fallu renvoyer cinq catéchumènes demandant le baptême (toute une famille), jusqu'à ce qu'ils aient réparé une tache morale, trop fréquente : les malheureux ont vendu leur fille pour une centaine de francs, et cela pour trois années.

Mais quand la pauvre enfant pourra-t-elle revenir? On ne manquera pas de lui faire contracter des dettes, qu'elle ne saura payer à l'expiration du traité. Alors les magistrats la condamneront à rester; le cas a déjà été jugé. Un nouveau bail recommencera; il peut se renouveler indéfiniment.

Ce serait une honte pour toute la chrétienté d'admettre au baptême de pareilles gens. Leur contrition ne suffit pas. Il faut qu'auparavant ils rachètent leur fille, afin de réparer le passé, autant que possible.

Pauvres gens, ils pleurent leur faute : peut-être l'ont-ils commise alors qu'il n'y avait plus de riz à la maison pour nourrir les petits.

Cette situation se rencontre souvent. On voit quelquefois alors la fille aînée se vendre d'elle-même, par une sorte de piété filiale, difficile pour nous à qualifier.

Pauvre Japon ! Combien les notions les plus élémentaires de saine morale sont obscurcies, puisque de tels actes sont admirés des païens.

Jeudi, 26 mars. — Ce matin, jour du jeudi saint, Monseigneur a consacré les saintes huiles. Il était entouré de tous les missionnaires de la capitale, réunis pour cette circonstance, toujours si solennelle. Malgré l'heure tardive les chrétiens communièrent en grand nombre. Toute la journée ils se succédèrent dans l'adoration de la divine Eucharistie. Monseigneur, le père Steichen et moi, nous nous réservâmes de veiller seuls pendant la nuit, que nous nous partageâmes.

XXI

Dimanche, 29 mars. — Aujourd'hui, fête de Pâques, beaux offices pontificaux à la cathédrale. Tous les chrétiens japonais et toutes les légations européennes y assistent. Monseigneur en profite pour faire à tous un bon sermon en français, leur rappelant leurs devoirs de chrétiens. Après la messe, bénédiction papale, annoncée en cinq langues : latin, français, anglais, allemand, japonais, ce qui montre d'une façon bien sensible la catholicité de l'église. Le matin, j'avais eu le bonheur de faire faire la première communion à l'un de nos petits séminaristes.

Mercredi, 1er avril. — A sept heures du matin, je quittais Tôkiô, me rendant à Matsumoto, pour y chercher mes bagages et m'en aller à Kazanawa, mon nouveau poste.

D'abord, voyage en chemin de fer jusqu'à *Takasaki.* Là, changement de train jusqu'à *Yokogawa,* situé au bas du fameux col de l'*Ousui,* dont je vous ai déjà parlé.

J'y suis monté avec le célèbre tramway qui conduit, en trois heures, de Yokogawa à Karuisawa, de l'autre côté de la montagne.

Ici je ne ferai qu'une réflexion, c'est que cette traversée, si hardie pour un nouvel arrivant au Japon, finit par sembler peu extraordinaire après d'autres voyages dans ce pays. On s'habitue au danger, ce qui explique le calme des indigènes.

Cependant nous étions hermétiquement enfermés dans une grande boîte carrée, munie de barreaux de fer, comme une cage de bêtes féroces. La porte ne pouvait être ouverte que de l'extérieur : en cas d'accident nous étions condamnés à rester emprisonnés. Au surplus, si nous étions dégringolés dans le précipice, personne n'en serait sorti vivant. C'est peut-être pour cela que nul ne s'inquiète de cette claustration.

A Karuisawa, j'ai pris la ligne de *Nagano* jusqu'à *Uyéda*, où j'ai couché.

Quand j'y arrivai, il était huit heures du soir, nuit complète. Sachant la mauvaise réputation de cette petite ville et la répugnance qu'on y éprouve à recevoir des étrangers, ne voulant pas d'ailleurs passer la nuit à mendier un logement, je priai un *policeman* de me trouver une place dans une auberge quelconque. Tout alla pour le mieux; on me donna une chambre et des couvertures pour la nuit. Mais, comme d'habitude, je ne pus dormir, gêné par le tapage des voisins et les cris des enfants.

Mardi, 2 avril. — Dès cinq heures, j'étais levé : la charrette pour Matsumoto partait à six heures. Cette route était nouvelle pour moi. Au lieu de traverser à pied les montagnes qui me séparaient de Matsumoto, j'allais suivre le nouveau chemin ouvert pour les voitures.

Nous étions neuf, entassés dans ce malheureux *basha,* assis les uns sur les autres, pour faire ce long voyage, et par quels chemins!

On ne peut s'imaginer la hardiesse de ce trajet dans la montagne : on escalade tout, à force de circuits.

Quelle étroitesse! deux voitures peuvent difficilement se croiser sans que les moyeux ne s'accrochent et que les roues ne fassent écrouler la terre dans un précipice à pic. On galope néanmoins en montant, en descendant, en se croisant. C'est vertigineux, quand du bas on aperçoit, tout en haut, la petite voiture circuler dans ce sentier de chèvre et côtoyer l'abîme comme en se jouant. Qu'un cheval s'écarte, tout est fini!

Il y a quelques jours, la charrette versa ses voyageurs dans un ravin de cinq ou six mètres de profondeur ; il n'y eut que quelques bras et jambes cassés, aussi n'en parla-t-on même pas.

Ces chemins sont bien faits pour guérir de la peur en voiture. Après un mois de pareils voyages on ose tout affronter dans ce genre.

Bref, partis à six heures du matin, nous arrivâmes à trois heures à Matsumoto. Neuf heures dans un tel équipage sont un supplice. Je me sentais les reins brisés, et l'estomac plus rempli de poussière que de riz. Mais que cette route capricieuse était pittoresque !

Lundi, 6 avril. — Il a suffi de trois jours pour terminer notre déménagement. Nous partons ce matin.

Tous les chrétiens se sont réunis pour nous conduire au bateau, comme pour un triomphe : il est d'usage, quand un personnage de distinction s'en va, que ses inférieurs, ses amis, ses obligés l'accompagnent jusqu'à l'embarcadère.

A huit heures, nous prenions place dans la barque, pour descendre le *Shinanogawa,* la plus grande rivière du Japon, nous rendant à *Shimmatchi,* petite ville située à quatorze lieues au-dessous de Matsumoto.

Le paysage est magnifique, mais bien différent de celui du Foudji-Kawa : il n'a point son imposante grandeur, et volontiers je le comparerais, par moments, aux rives justement célèbres de notre Creuse, dans ses endroits les plus sauvages.

Nous suivîmes le cours de l'eau pendant sept heures, sous une pluie battante, ayant commencé dès notre départ. Elle se changea en neige fondante, puis en vraie neige, ce qui nous empêcha de jouir de la vue. Nous avons cependant entrevu de bien jolis sites, quand la rivière s'engouffrait dans une profonde et étroite vallée creusée dans la roche.

D'énormes quartiers de pierre, entassés les uns sur les autres, avaient l'aspect d'une cascade subitement solidifiée dans sa chute. Çà et là, quelques pins contournés se dressaient sur la pierre nue, se nourrissant on ne sait où.

Il paraît qu'il y a huit ou neuf cents ans, la plaine de Matsumoto était un immense lac. Un seigneur du pays entreprit

de couper ou d'élargir une des gorges de la montagne, afin de
laisser échapper l'eau. Il rendit ainsi labourable une vaste
étendue de terre, et la vallée du Shinanogawa devint une des
plus fertiles du Japon. On y obtient deux récoltes par an : d'abord
du blé, puis du riz.

Ce travail d'écoulement des eaux s'est reproduit dans la
plaine de Kôfou, pour le Foudji-Kawa. La montagne fut coupée
au village de Kadjikasawa. C'est là qu'on s'embarque aujour-
d'hui pour descendre le torrent. Quelques mètres plus bas, on
voit encore le monument élevé à celui qui, il y a sept cents ans,
entreprit ce travail. Ses concitoyens reconnaissants en ont fait un
dieu shintoïste.

Nous arrivâmes à cinq heures du soir dans la petite ville de
Shimmatchi.

Pour gagner *Matsushiro* et, de là, *Nagano,* premier but de
notre voyage, il nous restait six lieues à travers la montagne.
Mais à cause de l'heure avancée nous nous arrêtâmes dans la
première auberge du chemin pour y coucher. On nous apporte
des charbons ardents dans un vase de terre que nous plaçons
sous une grosse couverture, et nous nous fourrons dessous,
pour nous réchauffer un peu.

Mardi, 7 avril. — Dès l'aube, nous prenions le chemin de la
montagne : deux hommes nous suivaient, portant nos bagages
sur leur dos. Il fallut marcher dans une épaisse couche de
neige pendant quatre lieues, puis en faire encore deux dans la
boue par-dessus la cheville.

Enfin nous arrivons à *Matsushiro,* fort désireux de nous reposer de ce fatigant voyage.

Le soir, il devait y avoir conférence religieuse. Elle avait été
annoncée par des affiches qu'on avait déchirées. Nous nous atten-
dions donc à du bruit : il ne nous a pas manqué.

Une bande de tapageurs, ayant amené un malheureux bonze,
empêchait d'entendre le discours du missionnaire. Celui-ci pria
les interrupteurs de venir s'expliquer publiquement s'ils avaient
des observations à faire. Le bonze fut alors contraint par son
entourage de prendre la parole, mais il ne savait que dire.
Il crut se tirer d'embarras en prétendant que le père s'était
contredit. Il lui prêtait un langage qu'il n'avait point tenu.

Aussi son imposture fut aisément établie, et il dut quitter la salle suivi de ses acolytes.

Jeudi, 9 avril. — A la conférence de ce soir, deux de nos catéchistes développèrent quelques grandes vérités religieuses.

Le silence était relatif, car, pour prévenir le tapage de la veille, nous avions demandé main forte à la police.

Tant qu'un policeman, avec son grand sabre, se trouva dans la salle, les païens furent assez tranquilles ; mais dès que l'homme de la police se fut retiré, et que le père eut pris la parole pour démontrer l'existence de Dieu, une dizaine d'individus, excités par trois ou quatre bonzes, commencèrent le tumulte, nous adressant de grossières injures. Notre bonze de la veille s'était fait assister cette fois par plusieurs de ses confrères, voulant nous attirer dans quelque discussion publique de nature à provoquer du désordre.

Mais le père ne se laissa pas attirer dans ce piège ; il refusa cette joute oratoire : les auditeurs étaient par trop hostiles.

Les bonzes en furent donc pour leurs frais de déplacement.

Chose singulière, dans cette petite ville de Matsushiro, les protestants et les Russes font aussi des conférences religieuses, mais sans être inquiétés ; car, malgré leurs affiches, leurs annonces et toutes leurs réclames, ils restent sans auditoire. Le diable ne s'en prend qu'à nous, sachant bien où se trouve le vrai danger pour lui.

A onze heures du soir la conférence était terminée. Le public se dispersa et nous pûmes, étendus sur les nattes, nous endormir sous la protection de nos couvertures.

Le lendemain, dès quatre heures, nous étions debout, voulant célébrer la sainte messe avant de partir. La même chambre nous servit donc de salle de conférence, de salon, de réfectoire, de dortoir et de chapelle.

Après un petit déjeuner composé de trois ou quatre œufs crus, avalés l'un sur l'autre, et d'un bol de riz froid, nous montons dans une charrette couverte, pour gagner la gare de *Yashiro*, à deux lieues de là. A onze heures, le train nous déposait à *Nagano*, chef-lieu de la province.

C'est une jolie ville, célèbre par son temple bouddhiste, l'un des plus vieux du Japon. On y vient de fort loin en pèlerinage. Il est bâti à mi-côte sur le flanc de la montagne.

On y accède de la gare par une grande rue en pente douce, bordée de magasins. Leur commerce est alimenté par le perpétuel va-et-vient des pèlerins.

Pour arriver au temple, on franchit une double porte. La première est défendue par deux affreuses divinités, appelées *Ni ô,* ayant de gros ventres, des cornes, des yeux diaboliques et flamboyants. Elles donnent, dit-on, le bonheur à ceux qui, malgré la grille qui les *encage,* parviennent à les atteindre avec des boulettes de papier mâché.

Cette enceinte, dépendance du temple, est louée à des marchands dont les boutiques sont remplies de gâteaux japonais, de pipes et de tabac, d'amulettes, d'images de toutes sortes, etc.; c'est un peu comme aux abords de tous les grands pèlerinages des autres pays.

Nous traversons une nouvelle poterne, immense et massive, et nous voilà dans la véritable enceinte du temple. A droite, la bonzerie des hommes; à gauche, celle des femmes ou bonzesses, très célèbre dans l'empire et dont, paraît-il, une princesse du sang est protectrice.

Disons que les bonzeries de femmes n'ont pas, au Japon, la mauvaise réputation de celles de Chine.

Dans cette dernière enceinte, plus de marchands. Une magnifique avenue dallée mène au temple. Elle est bordée, à droite et à gauche, de statues de Bouddhas et de bassins d'eau, dans lesquels les pèlerins viennent se laver les mains, pour se purifier de leurs fautes.

Enfin nous gravissons les degrés du sanctuaire.

Deux magnifiques lanternes en marbre sont de chaque côté; au milieu, un immense réchaud de bronze où brûle de petites baguettes d'encens, d'une odeur toute spéciale.

L'intérieur du monument ressemble à une sorte de bazar, tant on y voit de choses différentes : lanternes à pied, lanternes suspendues, cassolettes fumantes, bouquets de fleurs en papier, divinités diverses : au milieu de tout cela des pigeons sacrés, en liberté, salissent de leur fiente de magnifiques objets, sur lesquels ils nichent.

Le plafond, particulièrement remarquable, est préservé par

un immense filet, placé à trois mètres du sol, pour arrêter ces animaux.

Dans cette sorte de capharnaüm, où sont mêlés les symboles du bouddhisme et du shintoïsme, sont étendues des nattes. C'est

Ni ô. Une des deux divinités qui gardent les abords des temples.

dessus que la piété des fidèles donne à manger aux pigeons; les pèlerins viennent eux-mêmes s'y accroupir pour prier ou dormir. Nous en voyons en effet certains, lassés sans doute de leur voyage, plongés là dans un profond sommeil. Rien ne les trouble, pas même les *oublis* irrévérencieux des oiseaux sacrés.

Du reste, pourquoi s'en plaindraient-ils, puisqu'ils se frottent les pieds dans la fiente de ces volatiles par amour de leur dieu?

De grosses portes en fer clôturent l'entrée du véritable sanctuaire, renfermant toutes sortes d'objets, vases, statues brillantes, etc.

Au fond, est un petit autel, et, en avant, le pupitre du chef des bonzes. De chaque côté, dans ce sanctuaire, toute une rangée de petits coffrets contenant les livres de prières des autres bonzes. C'est là qu'ils s'accroupissent pour réciter leur office, à deux chœurs alternés.

On a dit que le diable était le singe du bon Dieu. Les bouddhistes, en effet, ont emprunté au judaïsme et au christianisme une foule de cérémonies, dans des âges très reculés. On voudrait faire croire aujourd'hui que le contraire est la vérité ; et, pour soutenir cette affirmation, on fait remonter, mais sans preuves, l'existence de ces usages bouddhiques à des temps fabuleux.

Alors que les chrétiens invoquent à l'appui de leur prétention des dates certaines, on ne trouve chez les bouddhistes que des chronologies mythologiques fort embrouillées, pleines de contration, par conséquent très douteuses.

Ce temple immense forme un ensemble remarquable et imposant. Il est difficile de préciser ce qui en fait la beauté. Peut-être, est-ce tout simplement sa masse elle-même qui produit cette sensation, grâce à l'accord de proportions et à certains contrastes?

Après nous être promenés sous le péristyle qui entoure extérieurement le temple, nous avons aperçu une bande de pèlerins qu'un bonze dirigeait dans leur visite. Nous les avons vus entrer dans le sanctuaire et descendre dans la crypte. « On les menait, disaient-ils, en enfer. » On les a fait sans doute circuler dans un obscur dédale, puis à la sortie on leur persuada qu'ils avaient, en effet, entrevu quelque chose.

Cette petite excursion coûte dix sous; mais tout le monde n'est pas admis à la faire, car un de nos missionnaires en fit un jour, inutilement, la demande aux bonzes. Ils cherchent tous les moyens d'accroître leurs profits, mais ils redoutent de prêter à rire.

Enfin nous sortons du temple pour aller dîner. On nous a

servi de ce fameux *sashimi* ou poisson cru, mets fort recherché, paraît-il.

Dans les grands festins, on apporte un certain poisson, tout vivant, appelé *taï* : l'habileté consiste à le découper par tranches, sans attaquer l'épine dorsale. On répand du vinaigre sur les chairs palpitantes; à ce contact elles se contractent, se séparent d'elles-mêmes, et chacun peut alors se servir.

Nous prenons le train, à la gare de *Nagano,* pour *Naoétse,* petite ville située sur la côte occidentale. Nous y arrivons à cinq heures du soir : j'avais traversé le Nippon dans toute sa largeur pour la première fois.

Cette ligne de chemin de fer franchit de belles montagnes et de grandes plaines d'un aspect tout autre que celui du versant opposé.

Sur celui-ci, les montagnes paraissent moins découpées. Les habitants aussi ont un type différent.

Dans les villes, la construction des maisons est assez singulière. La couverture, au lieu d'être en chaume ou en tuiles, est formée de petites lattes de bois, retenues par de gros galets, rangés à dix centimètres les uns des autres. Ces lattes noircissent vite, exposées à toutes les intempéries : cela donne aux villes un air de vétusté, de tristesse et de pauvreté.

Dans la province d'*Etchigo,* dont fait partie *Naoétse,* et à *Niigata,* la neige tombe l'hiver avec une telle abondance, que les maisons sont complètement enfouies. Aussi, pour faciliter les relations à l'intérieur des villes, toute maison possède, à l'avant, une sorte de véranda. Leur réunion forme de vraies galeries par lesquelles on circule.

Malgré cette abondance de neige, le froid n'est pas très vif; en revanche le vent est si terrible, que pour s'en garantir on construit, au bout des rues donnant sur la mer, de véritables paravents en planches, en feuillages ou en paillassons.

Le rivage de la mer n'est point semblable non plus à celui de la côte est : ce sont des dunes de sable, au lieu de rochers et de montagnes volcaniques.

Les tremblements de terre, si fréquents autour de Tôkiô, sont ici relativement rares. Cette côte, n'étant pas réchauffée comme l'autre par des courants d'eau chaude, reste plus froide. La mer y est très poissonneuse : le saumon, la morue, la sardine

abondent. Le pays est de même fort giboyeux en lièvres et surtout en faisans, dont on peut tuer une demi-douzaine en quelques
heures de chasse, sans être très habile.

Pour aller de *Naoétse,* où nous sommes, à Niigata, nous
prendrons un vapeur japonais qui fait le service côtier. Ce petit
bateau doit lever l'ancre à neuf heures du soir et arriver le lendemain matin à Niigata sur les huit heures. Il y a une trentaine
de lieues.

Vendredi, 10 *avril.* — A l'heure dite nous étions hier sur la
grève; comme il n'y a pas d'embarcadère à *Naoétse,* des hommes
nous portèrent sur leur dos jusqu'à une petite barque qui nous
conduisit au vapeur, ancré à trois cents mètres. La mer était très
calme, par exception. Nous allions donc avoir une bonne traversée.

Arrivés au vapeur, nous nous hissons à bord.

L'entrepont est divisé en deux, pour séparer les voyageurs des
premières de ceux des secondes. Ceux-ci encombrent l'espace
qui leur était réservé. Les hommes, les femmes, sont couchés
pêle-mêle sur des nattes; on ne peut se tenir debout. Nous
eûmes grand'peine à nous frayer passage à travers tous ces
corps : que de jambes nous dûmes piétiner !

En première classe il n'y avait heureusement que trois voyageurs avec nous. Après une heure passée sur le pont, le froid
nous fit redescendre. Nous nous roulâmes dans nos couvertures
près d'un petit brasier, essayant de dormir, la tête sur nos
sacs, mais sans y parvenir. Aussi dès le jour nous étions sur le
pont.

D'un côté, nous apercevions les dunes bordant le rivage ; de
l'autre, à une quinzaine de lieues au large, l'île de Sado, avec
ses hautes montagnes neigeuses.

Niigata se trouve à l'embouchure du Shinanogawa. Mais pour
débarquer il fallait d'abord passer la barre, l'une des plus difficiles et des plus dangereuses qui existent. Deux barques de pilotes
indiquent le chenal. Comme il faisait très beau, le passage fut
aisé, mais il n'en est pas toujours ainsi : dernièrement, un de
nos pères resta quatre heures en mer, son bateau essayant vaine-
ment de franchir la barre. Que de fois il arrive aux embarcations
de toucher le fond ! le choc peut les briser.

A huit heures, nous débarquions à Niigata, grande ville ouverte aux Européens, comme Yokohama. Le P. Lecomte, de
Laval, où sa sœur est religieuse au Carmel, nous attendait. Il
nous conduisit à la mission, où je célébrai la messe, heureux
d'être sorti de ce fatigant voyage.

Samedi, 11 avril. — Nous nous reposons aujourd'hui. Nous
visiterons l'orphelinat des sœurs de Saint-Paul de Chartres, qui
touche la mission. Ce sera notre seule sortie.

Téra, intérieur d'un temple bouddhiste.

La mission possède à Niigata même un beau terrain dans les
dunes, avec une église.

Dimanche, 12 avril. — Aujourd'hui, grande fête pour la première communion ; j'ai eu le bonheur de chanter la messe, et de
présider, le soir, la rénovation des promesses du baptême,
avant de donner le salut. J'ai été bien édifié par l'air recueilli de
tout ce petit monde.

Mon confrère, le P. Clément, a prêché matin et soir. C'est du
reste pour donner plus d'éclat à la fête que nous nous étions
écartés de la route conduisant à Kanazawa.

Lundi, 13 avril. — Nous assistons à la distribution des

prix de l'école des filles, tenue par les sœurs, et à celle des garçons.

Au fond de la salle, on a déposé sur une table et entouré de fleurs le portrait du mikado et de l'impératrice. Ce sont eux qui président la cérémonie en effigie, nous sommes assis de côté.

La séance s'ouvre par le *Kimigayo,* chant national japonais. Puis chaque enfant vient recevoir sa récompense. Il fait un grand salut en passant devant le portrait des chefs de l'empire.

Il va ensuite chercher son prix, et n'a garde d'oublier le cérémonial usité. A trois pas il s'incline donc profondément, les mains étendues devant les jambes, se redresse lentement et s'avance, les bras pendants, pour recevoir, des deux mains, du plus loin possible, la récompense que nous lui remettons également des deux mains. Il la porte à son front, pour remercier; recule de deux petits pas, sans tourner le dos ; ouvre le pli, pour vérifier si ce qu'on lui a donné porte bien son nom ; reporte l'objet à son front, salue de nouveau profondément, et retourne à sa place.

Voyez, on suit exactement, dans nos écoles, les règles de l'étiquette. C'est un point essentiel pour toute bonne éducation quel que soit le pays.

Mardi, 14 avril. — Nous devions partir ce matin à cinq heures pour *Ébise,* le port de l'île de Sado ; mais la barre de la rivière étant trop mauvaise, on nous fit dire que le petit vapeur ne pouvait la franchir.

Je ne regrette qu'à moitié ce retard, car le vent était fort, la mer grosse, et le bateau si petit! Nous aurions horriblement dansé pendant les quatre ou cinq heures de traversée.

C'est donc partie remise. On nous préviendra dès qu'on pourra s'embarquer.

Je suis très désireux de connaître Sado, île ouverte aux Européens en 1867. Distante de dix-huit lieues de la côte, elle en a cinquante de tour, et compte plus de cent mille habitants. Dans ses hautes montagnes sont des gisements d'or et d'argent en exploitation.

On aperçoit depuis ce matin, attendant au large la possibilité de débarquer ses passagers, un gros bateau japonais venant de

Hakodaté, et sur lequel est embarquée une pauvre sœur de Saint-Paul de Chartres à destination de Niigata.

Nous voyons du sémaphore, à une demi-lieue en mer, le navire tanguer et rouler. Un autre bâtiment est dans la même situation.

Que la pauvre sœur doit souffrir, et quel supplice si près de terre !

Vers le soir, la brise fraîchissant encore, le navire dut mettre le cap sur l'île de Sado, afin de s'abriter dans l'anse d'Ébise.

En revenant du sémaphore, nous avons pris le chemin des dunes, enfonçant dans le sable jusqu'au-dessus des chevilles.

Malgré les pins plantés par les Japonais, malgré les treillis en bambous, et les mimosas qui poussent en grand nombre, les dunes avancent toujours, menaçant d'un lent envahissement la ville, obligée de reculer devant elles.

Dans ce sable, pour boire frais l'été, on creuse en hiver de grands trous qu'on remplit de neige foulée, et qu'on recouvre de paille. Cette neige se conserve ainsi, et on la vend par les rues tant que dure la saison chaude.

Jeudi, 16 *avril*. — On est venu nous réveiller ce matin de bonne heure pour nous dire que le petit vapeur de Sado allait partir. Nous nous levons en hâte et arrivons à la jetée. Le vent était tombé, mais le temps couvert n'annonçait rien de bon. Nous nous embarquons néanmoins. La barre est franchie sans difficulté ; nous voilà en pleine mer.

Comme il n'y a pas eu de départ depuis plusieurs jours, les voyageurs sont nombreux. Nous sommes entassés dans l'entre-pont, assis sur nos sacs.

Malgré la pluie, la mer est clémente : le petit bateau, qui saute beaucoup d'ordinaire, ne remue presque pas. Nous faisons notre traversée de vingt lieues en cinq heures. A onze heures nous débarquons à Ébise, le grand port de l'île de Sado, au fond d'une baie.

Ébise, surnommée la ville puante, n'est séparée de celle de *Minato* que par un pont, jeté sur un canal faisant communiquer la mer avec le grand lac situé derrière ces deux villes. Elles sont donc construites sur un petit isthme d'un kilomètre environ de largeur, et ne se composent guère que d'une seule rue.

La maison du père et l'église, à l'extrémité ouest de la ville d'Ébise, baignent dans ce beau lac toujours sillonné par des barques de pêcheurs. C'est le P. de Noailles qui a construit cette maison et l'église. Celle-ci, surmontée d'un joli clocher, est dédié à sainte Susanne. On l'aperçoit au loin, quand on entre dans la baie.

Derrière le lac, de hautes montagnes boisées forment une sorte d'amphithéâtre. A l'ouest se dresse le sommet majestueux du *Kimpokou,* presque toujours couvert de neige, et point culminant de l'île.

Aujourd'hui le temps est si mauvais, que nous ne pouvons sortir. Nous remettons nos promenades à demain. Je regrette d'autant plus ce retard, que mon séjour à Sado doit être court, car je compte repartir dès samedi, si toutefois le petit bateau peut venir nous chercher. La mer du Japon change si brusquement, qu'on n'est jamais sûr de l'heure suivante.

Vendredi, 17 avril. — Le soleil brille ce matin. Nous allons donc pouvoir jouir des beautés de la nature, si libéralement répandues à Sado par le bon Dieu.

L'île est très boisée, sa végétation luxuriante; ses allées, bordées de hauts pins au tronc lisse, serpentent au milieu des bouquets de camélias et de bambous; les violettes commencent à fleurir, les églantiers à verdir, et parmi les fougères qui déroulent déjà leur tige, s'épanouissent des iris aux nuances variées, et mille autres fleurs que mon ignorance botanique m'empêche de nommer. Le plus bel effet est produit par des cerisiers dont toutes les branches sont littéralement enveloppées d'une gaîne épaisse de fleurs blanches teintées du rose le plus délicat.

Le but de notre promenade était un énorme pin, célèbre dans toute l'île, et tellement admiré, qu'on l'a mis au nombre des dieux, qu'on lui a dressé un autel et qu'il a ses fêtes annuelles.

Cet arbre géant, de quinze mètres de circonférence, appartient à cette variété de pins qu'en japonais on nomme *Ségui.*

De là, nous allons visiter un temple renommé, dédié à je ne sais quelle divinité sinthoïste.

Le dieu qui y réside est invoqué par les jeunes filles, les jeunes garçons, et même par les vieux qui veulent se marier. Les pèlerins sont si nombreux, qu'il fallut leur bâtir une auberge au milieu des bois, malgré la sauvagerie du lieu.

Le temple est bien délabré : il semble que l'argent offert par
les visiteurs profite plus au ministre qu'au dieu. Du reste,
l'ancien prêtre a déjà fait fortune, et il est allé vivre ailleurs de
ses rentes.

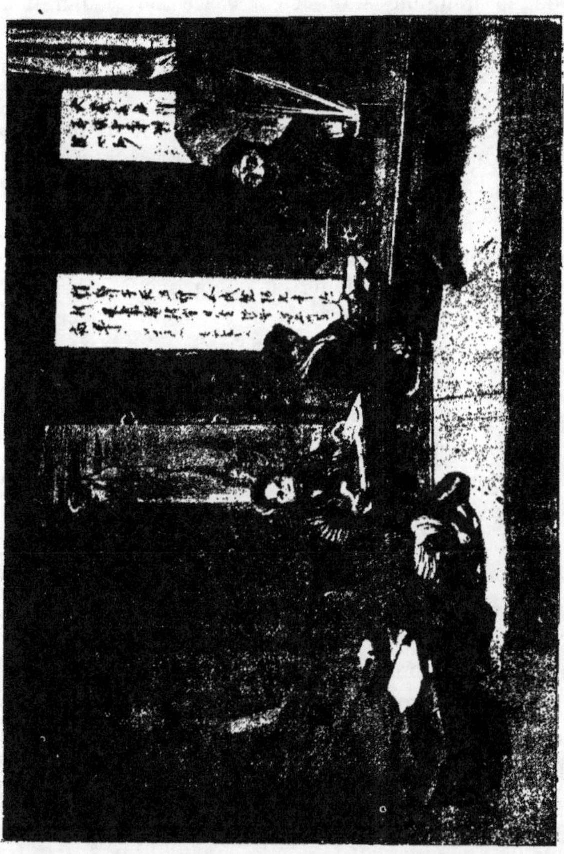

Maître d'école et petites filles.

Tous ces temples sont admirablement situés. Il n'est pas de
petite colline, de vallon, de grand arbre un peu remarquable,
qui n'ait sa *niche à dieu*. Ce sentiment est très humain ; l'homme
prête ses goûts aux *esprits* supérieurs. Et de même que nous
serions enchantés de posséder un petit castel dans un de ces
jolis sites et ravis d'y séjourner, de même les Japonais, très
appréciateurs des beautés de la nature, ont pensé que leurs

dieux se montreraient aussi très désireux d'habiter souvent de séduisants endroits, que par suite on doit pouvoir les y rencontrer plus aisément.

Cette idée poétique, très naturelle, entre bien dans l'esprit même de la religion sinthoïste, basée sur l'adoration des forces de la nature, des héros célèbres et de tout ce qui dépasse le niveau ordinaire, comme force physique ou comme intelligence.

La science du peuple ne va pas plus loin : il adore ce qu'il ne comprend pas et ne peut atteindre.

Or la beauté de la nature est une des choses qui frappe et élève davantage l'esprit. Se sentant incapable de la produire, il en a conclu, logiquement, l'existence d'un être supérieur. L'idée lui est venue de l'adorer là même où il apparaît à son intelligence d'une façon plus manifeste.

Le principe de ce raisonnement est juste, mais les shintoïstes se sont trompés sur le véritable auteur de toutes ces merveilles, qui n'est aucun de leurs prétendus héros, mais le seul Dieu créateur de l'univers, que nous venons leur révéler.

C'est du moins l'explication probable de l'heureuse situation de tous les temples sinthoïstes.

Ceux du bouddhisme ne sont pas moins bien placés. Il n'y a guère qu'un millier d'années que cette religion envahit le Japon. Elle venait des Indes, passant par la Chine et la Corée.

Pour mieux faire concurrence à la vieille religion du pays, le shintoïsme, les bonzes trouvèrent ingénieux d'établir leurs pagodes près des temples du culte rival. Cherchant les endroits les plus pittoresques ils répondaient d'ailleurs à l'instinct religieux du peuple.

Samedi, 18 avril. — Toute notre journée se passe à fouiller du regard l'horizon, afin d'apercevoir le bateau venant de Niigata, qui doit nous emmener. Mais le temps est mauvais, la mer grosse, et rien ne paraît.

Puisque le mauvais temps me retient prisonnier, à quoi emploierai-je mieux les loisirs de ma captivité qu'à vous résumer le récit que le P. Drouart de Lézey a fait de l'installation de ce poste de Sado en 1878?

Le P. Drouart de Lézey commença par envoyer un catéchiste,

avec ordre de chercher, à Ébise, une maison suffisante pour deux pères, de la louer en son nom personnel et d'y installer une hôtellerie.

Cela fait, le père expédia son domestique avec tous ses bagages, en dissimulant, autant que possible, avec de la paille les meubles européens.

Quelques jours plus tard, le P. Drouart, qui avait pris la précaution de débarquer à l'autre extrémité de l'île, arrive à Ébise. A peine entré dans les rues sales et étroites de la ville, il est entouré par une bande d'enfants dont les cris ameutent les habitants, étonnés de voir un Européen.

Ainsi escorté, il se présente à la porte de la prétendue hôtellerie. Devant cette foule, le rusé catéchiste fit toutes sortes de difficultés avant de consentir à admettre chez lui le voyageur étranger. Après avoir longtemps parlementé, il l'introduisit, et, la porte refermée, chacun put donner libre cours à son hilarité. Cette gaieté fut de courte durée ; la situation était pleine de difficultés, et l'avenir des plus incertains, car il fallait obtenir un bail régulier entre le missionnaire et le propriétaire, la loi japonaise n'admettant pas les personnes interposées. Auparavant il eût été très imprudent de déballer le mobilier.

Ce propriétaire était assez bon homme, mais faible, indécis, dominé par sa femme et par sa famille. Le missionnaire put l'entretenir de choses indifférentes, mais sans pouvoir le décider à revenir le voir.

Tous les jours le père sortait, cherchant pendant ses promenades en ville et aux environs à nouer quelques relations avec les habitants. Il ne rencontrait que des regards étonnés ou méfiants ; il ne savait quand et comment cette comédie finirait.

Un jour qu'il était arrêté sur le pont du canal séparant Ébise de la petite ville de Minato, contemplant la beauté du panorama, il réfléchissait aux moyens de sortir de cette triste situation, quand il fut apostrophé par ce mot : *donata?* (qui êtes-vous ?) prononcé d'un ton sec et hautain par un personnage borgne, d'un aspect peu sympathique, survenu inopinément. Il était d'un certain âge, et visiblement infatué de lui-même.

Le père lui répondit qu'arrivé depuis quelques jours à Ébise, attiré dans l'île de Sado par la beauté des sites, il était fort ennuyé de s'y trouver sans compagnon, mais très heureux de se trouver actuellement en présence d'un savant, versé dans la civilisation européenne, ainsi qu'il le voyait à son abord. Sur l'heure il l'engagea à venir le voir : il veut le faire goûter au vin de France, etc.

Ces compliments, surtout peut-être la perspective de cette dégustation, font sur notre Japonais la meilleure impression : quittant son air rébarbatif, il devient presque aimable et promet sa visite. Il arriva en effet peu d'heures après, mais raide et encore solennel.

C'était le principal médecin d'Ébise. Son abord désagréable pour les petites gens l'avait fait surnommer *le Cheval rétif*. A son aplomb on voyait qu'il jouissait d'une certaine influence. Il était important de se le concilier.

La bouteille annoncée fut débouchée en son honneur.

Le père, jugeant le moment venu, lui dévoile brusquement la situation. Il lui dit que lui seul par son intelligence et son habitude de la civilisation européenne peut le tirer d'embarras.

Cette flatterie produit un effet soudain. Le propriétaire de la maison se trouvait être son cousin : il promet d'arranger la chose et de se mettre immédiatement en campagne. Il ne tarde pas à revenir accompagné de son parent. Un nouveau bail fut signé séance tenante. Il fut en outre convenu qu'on dînerait ensemble afin de *regoûter* l'excellent vin. Le maire d'Ébise amènerait quelques-uns des principaux habitants de la ville. Le catéchiste fut chargé de porter l'invitation, qu'on accepta.

Dans l'intervalle les meubles européens avaient été retirés de leur cachette : quand les convives arrivèrent, grand fut leur ébahissement d'apercevoir une table dressée suivant les usages d'Occident. Les moindres particularités les intriguaient.

La glace était rompue. Pendant les trois années que le P. Drouart resta dans l'île de Sado, il entretint les meilleures relations avec les autorités locales et les gens les mieux posés.

Grâce à Dieu, la question la plus épineuse, celle du loyer, était arrangée, mais il restait à prévenir le mauvais vouloir, pour ne pas dire l'hostilité, du préfet de Niigata. L'île de Sado était sous sa dépendance, et il avait entrepris d'expulser le missionnaire avec son catéchiste.

Il fallut que le P. Drouart se rendît à la sous-préfecture d'*Aï-kawa*, capitale de l'île, et menaçât de porter plainte en haut lieu, à Tôkiô même.

Cet ultimatum produisit parmi les fonctionnaires une véritable panique. On renonça donc à l'expulsion, mais non pas aux tracasseries.

Notre missionnaire éprouvait encore la plus grande difficulté à vaincre la défiance habituelle des habitants contre tout occidental, quand il eut l'occasion de guérir d'une ophtalmie, maladie fort commune là-bas, un prêtre shintoïste. Ce succès, suivi de nombreuses cures semblables, valut au père la réputation d'oculiste distingué. Les malades l'aidèrent à installer des conférences, et, après plusieurs années de prédication, à obtenir quelques conversions.

Mais la plupart de ces nouveaux chrétiens, en butte à l'hostilité des autres habitants, furent obligés de quitter l'île. On accusait même le père d'avoir apporté le choléra. Peu après, en 1881, un incendie vint détruire la mission. Tels furent les commencements de l'évangélisation de l'île de Sado.

Dimanche, 19 avril. — Hier soir seulement, un bateau venant de l'un des ports de la côte jeta l'ancre dans le port. Il ne devait repartir que le surlendemain dans la matinée. J'ai donc pu profiter de cette journée pour faire encore quelques promenades.

J'aurais voulu pousser jusqu'à la capitale de l'île, *Aïkawa;* mais comme elle se trouve à sept lieues d'Ébisu, à l'autre extrémité de l'île, je remets cette excursion.

Lundi, 20 avril. — Ce matin, j'achevais ma messe lorsque j'entendis le sifflet du bateau. Je me hâtai de terminer mon action de grâce, et après avoir pris quelque nourriture je me dirigeai vers l'embarcadère.

Demain matin, si le temps le permet, le père Clément et moi nous reprendrons la mer, nous rendant à Naoétse, d'où nous repartirons, le soir même, sur un autre bateau arrivant le lendemain matin à Foushiki. Nous n'aurons plus que quinze lieues en voiture, pour arriver à Kanazawa, autrefois Kaga, terme de notre voyage.

Adieu, je vous embrasse tendrement.

XXII

Mardi, 21 avril. — A trois heures, nous nous levons pour
célébrer nos messes avant le départ du bateau. A cinq heures,
nous sommes à bord.

Le vent d'ouest souffle, ce qui rend la barre du fleuve mauvaise. De grosses et lourdes lames nous élèvent jusqu'au ciel, puis
tout d'un coup nous tombons à pic. Comme la profondeur est très
faible, chaque fois la quille du bateau touche en craquant.
Aussi, après quatre ou cinq bonds de ce genre, l'approche d'une
nouvelle lame inspire une anxiété visible sur les visages. On
craint que tout ne se brise...

Nous voilà passés!

Pour se hasarder ainsi il faut être Japonais. Jamais commandant européen ne commettrait cette témérité sans nécessité absolue. Il y a quelques années, un Anglais s'y risqua : on n'a
jamais retrouvé son corps.

Le vent était violent et la mer agitée. Pour les passagers la
traversée fut un vrai supplice. Chacun avait un petit vase qu'il
utilisait consciencieusement.

La route suivie par le bateau longeait la côte, toujours jolie au
Japon, même quand ce sont des dunes.

A cinq heures du soir, nous arrivons à Naoétse. Le bateau de la correspondance repart dès neuf heures pour *Foushiki*.

Mercredi, 22 avril. — Nous sommes partis hier soir à l'heure indiquée. La mer était devenue calme comme un lac. Traversée splendide, éclairée par la pleine lune.

De bonne heure, ce matin, nous étions sur le pont : nous pûmes encore admirer l'audace ou l'imprudence japonaise.

La vieille machine était chauffée à blanc ; les flammes s'échappaient par le tuyau, qui crépitait horriblement : le mécanicien avait eu l'ingénieuse idée de déposer un galet sur la soupape de sûreté. Je ne sais comment il ne s'est pas produit d'explosion.

Cette côte est très poissonneuse, aussi les pêcheurs sont nombreux. Le bateau était obligé de chercher son chemin au milieu d'un dédale de filets.

A huit heures et demie, nous entrons dans la grande ville de *Foushiki,* au fond de la baie formée par la presqu'île de *Noto*.

Sur toute la côte, les hommes étant occupés à la pêche, les femmes font métier de portefaix. Nous leur donnons nos petits colis, qu'elles transportent dans une auberge voisine.

Nous nous lavons, nous mangeons un peu, et de nouveau nous sommes en route, mais cette fois en kourouma.

Pour arriver à Kanazawa, il faut traverser toute la presqu'île de Noto.

La route est plane en général, sauf une chaîne de collines peu élevées ; le pays, riche, est très peuplé. On y récolte un riz renommé. Le sol semble assez boisé ; chaque rizière est entourée d'arbres, ce qui rappellerait, comme aspect, nos provinces de l'ouest de la France.

Les quinze lieues de voiture se firent rapidement, puisque nous arrivions à Kanazawa à six heures du soir. Les mêmes hommes nous avaient traînés tout le temps.

Les chrétiens nous attendaient depuis deux jours à l'entrée de la ville, en grand costume.

Nous descendons. Après les saluts d'usage, on nous offre le thé. Puis nous remontons, débarrassés de nos bagages, que chacun s'est disputés. Suivis de tout ce monde, également en voiture, nous entrons triomphalement à Kanazawa.

Jeudi, 23 avril. — Enfin nous sommes arrivés, et juste pour la Saint-Georges ! Après de nouveaux saluts échangés avec les chrétiens, nous sommes allés dîner dans un hôtel qui se pique de servir à l'européenne. Hélas ! les plats n'avaient d'européen que le nom.

On servit du saint-julien, mais on lisait au-dessous de l'étiquette, en anglais : *Manufactured...,* je ne sais plus où. A coup sûr, cette manufacture n'était point celle du bon Dieu.

Vendredi, 24 avril. — *Kanazawa,* qui signifie en japonais : *sawa,* vallée, *kané,* de métal, est la plus grande ville de la côte occidentale de l'île de Nippon. Elle compte cent mille habitants, elle a deux lieues de long sur autant de largeur. Elle est située à environ une lieue de la mer. Un petit hameau appelé *Kanaïshi* lui sert de port. Les bateaux qui font le cabotage sur les côtes restent ancrés à deux ou trois cents mètres du rivage ; de petits chalands amènent à terre marchandises et voyageurs.

Samedi, 25 avril. — Je suis sorti un peu dans la soirée, pour visiter le jardin public de Kanazawa. Il se trouve tout près de notre logement. C'est l'ancien parc du daïmio de l'endroit, fort joli d'ailleurs et très japonais.

L'habitation dont nous sommes locataires est immense. Elle appartenait au plus grand serviteur ou *kéraï* du daïmio. Aujourd'hui ce pauvre homme, ruiné par la révolution, vit pauvrement dans une autre partie de la ville.

Notre mur est mitoyen avec l'école de médecine et le grand hôpital : nous voyons les jeunes étudiants prendre leurs récréations et faire de la gymnastique, selon les règles d'une bonne hygiène.

A gauche de notre demeure, est le cercle des officiers de la garnison. Peut-être pourrai-je m'y introduire ; et, en leur donnant l'idée d'apprendre le français, leur faire aimer à la fois notre sainte religion et notre chère patrie.

Dimanche, 26 avril. — Les quelques chrétiens de Kanazawa sont venus ce matin à la messe, malgré la pluie. Il paraît du reste qu'il pleut beaucoup ici ; en tout cas l'hiver n'est pas très froid, malgré l'énorme quantité de neige. Cette année il y en avait une couche de deux mètres pendant le mois de janvier. Les vents d'hiver sont excessivement violents, de vrais ouragans.

Tous nos chrétiens de Kanazawa sont de la classe des shi-sokou, anciens guerriers du daïmio.

Guerriers avec leurs anciennes armures.

Ici, cette caste était très nombreuse, car le daïmio de Kana-zawa était le plus célèbre et le plus puissant du Japon. Ces guerriers ont aujourd'hui dépensé la modique pension qui leur avait été allouée ; ils ont vendu leur demeure, et n'ont pour toute fortune que le souvenir du passé et un air de noblesse que leur misère recouvre mal.

Pour mon compte, je regrette un peu l'ancien régime. Il y avait bien des abus, mais le présent vaut-il beaucoup mieux? En parlant de mes regrets pour la disparition de la féodalité japonaise, je me place surtout au point de vue religieux, et de la facilité plus grande de propager la foi. Les petits seigneurs étaient maîtres souverains chez eux. En sachant s'y prendre, on pouvait se concilier l'affection de l'un ou de l'autre, se faire tolérer, protéger quelquefois, et même convertir. Tout le peuple suivait alors l'exemple de son seigneur, comme par instinct : les pagodes se transformaient en églises. C'est ce qui explique peut-être le succès de saint François Xavier dans le sud, et les conversions en masse faites par les premiers missionnaires.

Aujourd'hui tout est changé : pour arriver jusqu'au mikado, ce ne sont pas des ministres à gagner, mais les Chambres et le peuple entier. Autrefois on commençait par la tête, le reste suivait; aujourd'hui c'est par le bas, pour essayer de monter tout doucement, petit à petit, jusqu'au sommet.

Lundi, 27 avril. — Notre temps se passe au milieu des ouvriers, afin de rendre notre immense maison japonaise, je ne dirai pas confortable, mais plus habitable.

Nous possédons un excellent puits, peu profond, dans notre cuisine même.

Mais ce qui est très incommode, c'est le peu d'élévation des poutres du plafond. On risque, à chaque instant, de s'y heurter la tête. Les Japonais, si petits, ont bâti à leur aune !

Mardi, 28 avril. — Il y a une vingtaine d'années, en 1870, lors de la dernière persécution des chrétiens au Japon, un certain nombre de ceux du sud furent exilés à Kanazawa. On les parqua au nombre de six cents, hommes, femmes, enfants, dans une étroite vallée, à l'extrémité est de la ville. Ils n'avaient pour abri que quelques nattes de paille. Un grand nombre y moururent de misère, vrais martyrs de la foi.

Après les édits de paix, les survivants rentrèrent chez eux; mais il en est peut-être resté quelques-uns, qui se cachent encore et n'osent se déclarer, redoutant de nouvelles persécutions. Le temps nous l'apprendra.

C'est dans cet endroit vénérable, sanctifié par les souffrances de ces pauvres gens, que nous sommes allés aujourd'hui, presque en pèlerinage.

Mercredi, 29 *avril.* — Nous avons un temps de saison, appellé en japonais *le brouillard des fleurs.* Il fait une chaleur humide; le ciel est couvert comme s'il allait pleuvoir, et pourtant il ne pleut pas.

Dans ces conditions si favorables à la végétation, les fleurs s'épanouissent vite. Aussi les Japonais, qui en ont fait la remarque, appellent ce temps *le brouillard des fleurs.*

Jeudi, 30 *avril.* — Maintenant que tout est en fleur, les Japonais en mettent partout : ils vont jusqu'à en boire. La fleur double du cerisier est la plus estimée et la plus en honneur. Aussi, dans certains hôtels, au lieu d'offrir une tasse de thé, sert-on une infusion de fleurs de cerisier. C'est plus poétique que bon.

Vendredi, 1ᵉʳ *mai.* — J'ai visité tantôt un musée japonais, établi dans la maison de la principale femme de l'ancien daïmio. Que de belles porcelaines peintes, et combien j'aurais aimé pouvoir vous les envoyer, pour vous les faire admirer !

J'ai vu aussi avec grand plaisir d'anciennes armures. Il y en avait autrefois beaucoup à Kanazawa ; aujourd'hui elles sont devenues plus rares.

Dimanche, 3 *mai.* — Le dimanche est bien triste, car nous n'avons encore que peu de chrétiens. C'est dans notre maison que nous avons établi la *chapelle.*

Chapelle, c'est trop dire, pour une pauvre chambre, fermée de fenêtres et de portes en papier !

En guise d'autel, nous nous servons de deux planches clouées sur quatre montants, et c'est sur cette misérable table que chaque matin nous offrons l'adorable Victime.

Espérons que bientôt de nouvelles aumônes viendront de France et nous permettront d'avoir un autel plus convenable ; plus tard, d'acheter un terrain et de bâtir une vraie chapelle dans cette grande ville ; mais ne soyons pas trop ambitieux pour commencer.

Les œuvres du bon Dieu débutent petitement en ce monde, et

les missionnaires, successeurs des Apôtres, ont hérité de leur pauvreté.

Après l'Ascension ils étaient restés sans rien : jusque-là Notre-Seigneur leur avait fourni tout. Le divin Maître les avait avertis que, remonté vers son Père, c'était à eux de se pourvoir du nécessaire... Et cependant la foi a grandi, elle a envahi le monde, et actuellement quel pays n'a pas reçu, une fois au moins, la visite du missionnaire ?

Mais j'aperçois que je fais un sermon et prêche des convertis, qui connaissent nos besoins et sauront y pourvoir dans la mesure de leurs forces.

Mercredi, 6 mai. — Nous avons orné de notre mieux la pauvre table de bois qui nous sert d'autel, afin de célébrer plus dignement l'Ascension. Nous y avons placé deux bouquets composés de fleurs de camélias, d'azalées et de rhododendrons. Ces fleurs seraient rares en France ; ici on en voit partout, ce qui ne les empêche pas d'être fort belles.

Jeudi, 7 mai. — Si j'avais eu un fusil, et si le gouvernement m'eût autorisé à m'en servir, j'aurais pu faire coup double sur deux énormes milans qui se disputaient les chairs saignantes d'un pauvre petit moineau qu'ils avaient pris. Ils n'étaient qu'à quinze pas de ma fenêtre ! Les milans sont du reste très nombreux, et c'est une bénédiction du bon Dieu, car, aidés des corbeaux, ils mangent toutes les immondices, toutes les chairs pourries qui infecteraient villes et hameaux. Mais ces affreuses bêtes sont si voraces et si peu sauvages, qu'elles se laissent approcher tout près. Dès qu'un bateau de pêche aborde, les corbeaux l'envahissent, et les bateliers sont obligés de les chasser à coups d'avirons, pour empêcher que ces oiseaux n'accomplissent le déchargement.

Samedi, 9 mai. — Le massage est très usité au Japon ; toute une classe de la population en fait métier, ce sont les aveugles vrais ou faux. On les appelle *amma*.

Chaque soir, jusqu'à une heure avancée de la nuit, on les entend annoncer leur passage par un cri aigu ou bien en soufflant dans un sifflet de bambou. S'ils sont nombreux, les clients le sont davantage encore, car beaucoup de Japonais se font masser chaque jour. C'est un excellent moyen, dit-on, de se refaire des fatigues d'un voyage ; cette opération repose en détendant les nerfs. Hommes et femmes exercent cette profession.

Le massage consiste en passes sur le corps, et à vous frapper régulièrement, et tout doucement, avec les doigts. Dans les hôtels, c'est la première demande : « Désirez-vous être massé ? » Si vous refusez, vos voisins de chambre acceptent toujours, et vous entendez bientôt, distinctement, l'opérateur.

Avec le massage, le bain *bouillant* est l'autre moyen employé par les Japonais pour se remettre de leur fatigue. Dans les hôtels il y a toujours une cuve bouillante, avec du feu dessous, et chacun de s'y plonger.

Nous n'en usons guère dans nos voyages, à cause de la température trop élevée de l'eau, et puis parce que nos habitudes européennes répugnent trop à se laver dans l'eau des autres. Chacun aime à être chez soi, au bain surtout. Nous autres, *barbares d'Occident,* que nous aurons de peine à nous civiliser sur ce point !

Dimanche, 10 mai. — On nous annonce pour le 3 juin prochain une fête splendide à Kanazawa même. On célèbre je ne sais quel centième anniversaire de la fondation de la ville. Cette date concorde précisément avec la fête des mânes des guerriers morts à l'ennemi.

Aussi fera-t-on une splendide *procession,* où figurera toute l'ancienne cour des daïmio. Ici, la chose est plus facile à exécuter qu'ailleurs, Kanazawa ayant été la résidence du plus important de ces personnages, et renfermant encore un très grand nombre d'anciens guerriers ayant fait partie de la cour. Ils ont conservé leurs ornements, leurs armures, et connaissent tous les vieux usages.

On se préoccupe beaucoup de cette cérémonie, qui coûtera fort cher.

Pour réunir les fonds, on prétend que des gens habiles engagèrent à un somptueux festin le chef de la ville et les édiles ; et qu'après de copieuses libations, suivies d'un discours très émouvant, très patriotique, presque pieux, chacun fut invité à souscrire dans la mesure de ses sentiments.

Grâce à cela, nous assisterons à un spectacle des plus curieux et nous verrons réapparaître, pour quelques instants, de très belles choses, vestiges d'une civilisation antique à présent disparue.

Lundi, 11 mai. — Voici une particularité qui étonnera sans doute plus d'un chasseur en Europe.

Dans la baie que forme la partie nord de la presqu'île de Noto, se trouve une foule de petites îles d'un effet pittoresque. L'une d'elles, d'un vert splendide en été, mais que la neige blanchit l'hiver, contient un grand nombre de cerfs de haute taille. Quoiqu'elle soit à trois lieues de la côte, en pleine mer, dès que la neige est fondue, on voit les cerfs s'y rendre à la nage, attirés par ses gras pâturages; puis, la neige revenue, gagner de la même façon d'autres endroits moins fertiles mais plus abrités.

Les pêcheurs connaissent cette habitude et guettent les émigrants, aux changements de saison. Ils les poursuivent en barque et les assomment. Le fait est authentique malgré son étrangeté.

Mardi. 12 mai. — Près de *Nikko* (au nord de Tôkiô), célèbre par la beauté de ses sites, et ses nombreux pèlerinages, se trouve, au bord d'un torrent, un rocher sur lequel a été gravé à une époque qui se perd dans la nuit des temps un caractère japonais. On ne manque jamais de le faire remarquer aux voyageurs, et voici comment l'un d'eux, un Français, a raconté cette légende :

« En ce temps-là, personne ne savait écrire. Le premier qui chercha par quels signes il pourrait exprimer sa pensée, était assis près d'un torrent. Il travaillait sans trêve, vivant d'offrandes et priant la déesse *Soleil*. Un jour sa main s'arrêta et longtemps il resta immobile, les sourcils froncés. Il était mécontent de tous ses essais; son esprit se refusait à concevoir et ses doigts fatigués, inertes, devenaient lourds comme le plomb. Pris de colère contre son impuissance, il jette son pinceau dans le torrent. Le bois léger, lancé comme une flèche, vient heurter le roc et trace (ô prodige!) le caractère tant cherché. C'est ainsi que fut inventée l'écriture... au Japon. »

Mercredi, 13 mai. — Vous savez que le czaréwitch avait obtenu la permission de visiter le Japon avec le prince Georges de Grèce. Débarqué à Nagasaki, il remontait vers Tôkiô, visitant au passage Kiôto et le lac Biwa.

Arrivé à Otse, petite ville sur le bord de ce lac, un des hommes de l'escorte que le gouvernement japonais lui avait fournie, tira subitement son sabre et essaya de lui faire sauter la tête. Le prince, protégé par son casque, reçut le coup à la joue, où il a deux profondes entailles. Il est très surprenant que l'*opération* ait été manquée, car d'ordinaire elle réussit toujours, surtout pratiquée, comme celle-ci, par un de ces samuraï, tous d'une merveilleuse adresse dans ce genre d'exercice. Ils fauchent une tête comme une simple fleur.

L'assassin avait fait, à Kanazawa même, un service militaire de dix années et était parvenu au grade de sergent. On l'avait décoré, puis nommé *policier;* il s'appelle Tscuda Sanzô.

Cet événement fait grand bruit. En l'apprenant, le mikado craignit d'autant plus une guerre avec la Russie, que, l'an dernier déjà, le ministre de Russie, étant à sa fenêtre, à la légation, avait été assailli par une grêle de pierres. Aussi le mikado, oubliant sa haute dignité, partit par train spécial, avec deux de ses ministres et les médecins de la cour à la rencontre du noble blessé. Le ministre de Russie vint également, suivi de l'évêque schismatique de ce pays, Nicolas, homme très estimable.

Jeudi, 14 mai. — Il paraît que les blessures du prince impérial ne sont pas graves. Il a été sauvé par l'un des deux Japonais qui traînaient son *kourouma.* Celui-ci, voyant l'action du policier, se jeta sur lui, lui prit les jambes et le renversa; puis, s'emparant du sabre, s'en servit à son tour contre l'agresseur, qu'il blessa.

Le czaréwitch a quitté Kiôto et s'est fait transporter sur son bâtiment de guerre, en rade de Kôbé.

Depuis, les habitants de Kanazawa de notre connaissance sont venus nous présenter leurs condoléances et leurs regrets de ce qui était arrivé à un si illustre Européen, voyageant dans leur pays, et leur hôte.

Vendredi, 15 mai. — Le préfet de l'une des provinces voisines de celle où le crime a été commis, et son chef de police, ont dit tout haut que si pareil événement s'était produit chez eux, ils seraient allés trouver le prince, et se seraient ouvert le ventre en sa présence, pour laver l'outrage. Ils auraient fait ce qu'on nomme le *Hara-Kiri*, cérémonie qui consiste à s'asseoir par terre, après avoir revêtu ses plus beaux habits, et à se plonger un sabre dans le ventre. Ce genre de suicide était fort en honneur, il y a moins de vingt ans. Je doute que ce spectacle sauvage eût donné, en Europe, grande idée de la civilisation japonaise.

Cependant les Français n'ont pas le droit de crier bien haut, puisque le point d'honneur autorise l'usage du duel, qui n'est, en somme, qu'un suicide doublé d'un homicide. On ne peut raisonnablement prétendre que le sang versé lave l'outrage, pas plus en France qu'au Japon. Pauvre honneur que celui que satisfait un crime ! On oublie trop facilement que notre vie appartient à Dieu seul, et qu'il nous l'ôtera quand il faudra.

Samedi, 16 mai. — Nous nous efforçons d'orner notre pauvre chapelle, pour célébrer plus dignement demain la grande fête de la Pentecôte.

Daigne le divin Esprit descendre dans nos cœurs et dans celui des pauvres aveugles qui nous entourent !

XXIII

Dimanche, 17 mai. — Pour la première fois depuis le commencement du monde, on a chanté solennellement la grand'messe à Kanazawa, et donné le salut du saint sacrement.

Ce n'est pas sans émotion que j'ai accompli l'une et l'autre cérémonie. Nos quinze chrétiens étaient venus pour la circonstance, amenant quelques païens déjà presque catéchumènes.

Ils ont été très impressionnés; car nos récits n'avaient pu leur donner l'idée de ce qu'ils ont vu. La fête a été rehaussée par six premières communions.

Pour montrer publiquement les cérémonies du culte catholique, pouvait-on choisir meilleur jour que celui où le Saint-Esprit vint manifester au monde la sainte Église? Et pour faire descendre solennellement Notre-Seigneur sur l'autel et le conserver pour la première fois au tabernacle, dans cette grande ville de Kanazawa, quel meilleur jour encore que celui où ce divin Esprit descendit visiblement du ciel pour vivre dans l'Église jusqu'à la fin du monde? Kanazawa, qui abrite tant de divinités infâmes, n'avait pas encore possédé son seul vrai maître, Jésus-Christ. Il y régnera désormais avec Dieu le Père en l'unité du Saint-Esprit, jusqu'à la fin des siècles. Ainsi soit-il !

Mercredi, 20 mai. — Avec une dizaine de nos chrétiens, c'est-à-dire avec presque tous, nous sommes allés explorer un grand lac, long de trois lieues sur une largeur de deux environ. Il est situé à trois lieues au nord de Kanazawa, et séparé seulement de la mer par un kilomètre de dunes. Il la rejoint à Kanaïshi, petit port à l'ouest de Kanazawa ; l'eau est légèrement saumâtre.

Il y a deux ans, on vit tout à coup surgir au milieu de ce lac une petite montagne. Depuis, elle a peu à peu disparu, et actuellement il n'en reste que des vestiges. Ces eaux sont poissonneuses, et sans cesse sillonnées par des barques de pêcheurs. On y prend certaines espèces de carpes, surtout des mulets.

Nous louâmes trois barques et fîmes pêcher nos hommes, tout en explorant le lac. Nous mangeâmes en bateau, ayant apporté du riz, des œufs et des sardines, achetées sur la côte, et que nous fîmes griller sur un petit réchaud. Le poisson fut servi cru, à sa sortie de l'eau, et avalé encore palpitant. J'en ai mangé, comme tout le monde, mais avec la modération que vous devinez. Je lui préférais modestement les pauvres sardines grillées.

Nous fûmes heureux d'avoir nos parapluies, car le soleil était si ardent, que nos chapeaux seuls nous eussent insuffisamment protégés.

Le soir, en descendant en barque, jusqu'à la mer, la petite rivière qui sert de déversoir au lac, nous rencontrâmes plusieurs barques remplies de bandes joyeuses. C'étaient de gros marchands de Kanazawa, venus se promener sur l'eau, en compagnie de danseuses, de musiciennes, de chanteuses.

Tout ce monde était fort bruyant, mais leurs chants n'avaient rien d'harmonieux et ne rappelaient guère les barcarolles des gondoliers de Venise. On se serait cru sur quelque arroyo de l'Annam ou sur un des grands lacs d'Afrique, tant le tapage était discordant et sauvage.

Arrivés à Kanaïshi, le petit port de Kanazawa, il nous restait deux lieues à pied pour rentrer au logis. La route est bordée de hauts sapins déformés par le vent. Çà et là de petites maisons, noyées dans les arbres, clôturées d'une haie d'azalées aux nuances variées, et entourées de larges tonnelles de glycines en fleur, dont les grappes pendantes viennent caresser la tête de ceux qui s'y reposent.

Partout un grand mouvement de voitures se croisant en tous sens et de pêcheurs rentrant chez eux, les paniers vides. Cette nuit, ils reprendront leur barque; et dès l'aube, au retour, leurs femmes et leurs enfants courront par centaines vendre leur pêche à la ville. C'est à qui arrivera le plus vite, afin de vendre plus cher, heureux si la journée rapporte une quinzaine de sous.

Jeudi, 21 mai. — D'après les derniers renseignements reçus, le czarévitch a quitté Kôbé sans aller à Tôkiô. Il retournera par Wladivostok, en Sibérie. Les journaux japonais sont muets sur les motifs de ce changement d'itinéraire.

Le mikado envoie après demain un vaisseau de guerre japonais en Russie, avec un prince de sa famille et l'un de ses généraux présenter des excuses.

Les deux voituriers auxquels le prince doit la vie ont été décorés par le gouvernement japonais, qui leur servira une rente annuelle d'environ cent cinquante francs. De son côté, le gouvernement russe les a aussi décorés et leur a assuré une pension des plus considérables.

Dimanche, 24 mai. — Lundi dernier, la mission catholique de Yokohama faillit être incendiée. Le feu s'était déclaré chez l'*artiste capillaire,* dont l'habitation était voisine. La fumée envahissait déjà les appartements, au point de rendre très difficile le sauvetage du mobilier, quand les pompiers, avertis par le tocsin, accoururent. En moins d'une demi-heure, ils furent maîtres du feu. Leur prompte intervention a sauvé la mission. On en a été quitte pour l'ennui d'un déménagement.

Lundi, 25 mai. — Ils en font de belles les habitants de Matsumoto, notre ancienne résidence ! Depuis longtemps leur ambition est de voir leur ville, actuellement sous-préfecture, transformée en préfecture.

Plusieurs fois déjà ils ont envoyé dans ce but des députations à Tôkiô. Impatientés de leur insuccès, ils ont eu recours aux moyens violents, à des réunions tumultueuses dans lesquelles des discours virulents ont été prononcés. La police voulut les interdire, mais des rixes sont survenues, ses agents ont été battus

et blessés. On dut envoyer des secours, et des magistrats arrivèrent de Tôkiô pour faire une enquête. Plus de cinquante
perturbateurs ont été coffrés : on a reconnu que les meneurs
étaient d'anciens chefs de police.

Décidément le gouvernement joue de malheur en ce moment
avec sa police, puisque l'agresseur du czaréwitch était aussi
chargé de veiller au bon ordre. Il faudra bientôt créer une
contre-police.

Mardi, 26 mai. — Ce n'est pas seulement au Japon que des
désordres se manifestent. Une dépêche nous apprend qu'à Shang-
Haï les Chinois ont incendié l'une des églises de la ville, et
qu'un consul anglais a été lui-même contraint de se réfugier sur
une barque, où des vaisseaux de guerre l'ont recueilli.

Mercredi, 27 mai. — En Corée, des troubles sont aussi sur-
venus, et voici ce qu'on nous écrit :

Un de nos missionnaires venait de terminer la visite de
son district et s'était tranquillement retiré chez lui, dans les
environs de Taikou, lorsque des païens de cette ville vinrent
l'insulter grossièrement, menaçant même de mettre le feu à la
maison.

Ces faits s'étant renouvelés plusieurs jours de suite, le père
demanda protection aux autorités locales, ainsi que son passeport
l'y autorisait.

Le mandarin prétextant une maladie et refusant de le recevoir, il crut pouvoir s'adresser au gouverneur, qui pour toute
réponse donna l'ordre de l'expulser.

Le père est aussitôt assailli par toutes sortes de gens, y compris
les fonctionnaires, et menacé de mort. Des pierres sont lancées
et blessent les quelques chrétiens venus à son secours. Ils sont
bousculés et foulés aux pieds.

Le père se cramponne à la porte du mandarinat, s'obstinant à
réclamer une escorte pour quitter le pays. Il l'obtient, mais part
en criminel. Il parvient à s'échapper pendant la nuit, et gagne
Séoul, la capitale, où réside notre représentant français, dont le
gouvernement coréen a plusieurs fois déjà reconnu l'énergie. Il y
arrive épuisé de faim et de fatigue, n'ayant pris aucune nourriture depuis deux jours. Notre représentant obtint que le père fût

accompagné jusqu'à l'endroit où il avait été insulté, escorté des
soldats fournis par le gouverneur de la province.

Tout s'est donc arrangé à l'entière satisfaction de la religion et
de la France. Une de nos canonnières était venue à Séoul pour
suivre cette affaire.

Samedi, 30 mai. — C'est le quatre-vingt-douzième anniversaire de la naissance de ma grand'mère, à qui je viens d'écrire.
J'ai voulu commencer ma journée en offrant à ses intentions le
saint sacrifice. Que le bon Dieu la comble des bénédictions que
de près comme de loin lui souhaitent d'un même cœur tous ses
petits-enfants.

Comme prêtre ne devais-je pas me charger des vœux de tous,
pour les offrir à Dieu? C'est ce que j'ai fait ce matin. J'ai pensé
aussi aux chers êtres, nombreux hélas ! qu'elle a pleurés dans
sa longue vie ; et j'ai demandé pour eux, si ses prières ne l'ont
déjà obtenu, leur éternel bonheur.

Vous voyez qu'un éloignement de plusieurs mille lieues n'empêche pas de songer à ceux qu'on aime, et de participer à toutes
les fêtes de famille.

Si ma bonne grand'mère eût été ici, je lui aurais souhaité ce
matin, comme les Japonais, un *banzai* (dix mille années ou dix
mille félicités) ; puis je lui eusse offert une tortue surmontée d'une
grue aux longues pattes. Ces deux animaux sont le symbole de
la longévité, par suite, du bonheur. Dans le contraste de leur
stature si différente, ils signifient aussi le souhait des bonheurs
petits et grands, c'est-à-dire universels.

Il est de ces groupes symboliques dont le métal et les incrusta-
tions atteignent un grand prix : on en fait souvent de véritables
objets d'art. D'autres atteignent des dimensions considérables,
deux mètres de hauteur ; mais tous vont, un jour ou l'autre, chez
le brocanteur, qui les revend à bon compte ; cela prouve, en ce
qui concerne au moins la fortune, que les vœux des donateurs
n'ont pas été exaucés, les possesseurs s'en étant défaits pour se
procurer du riz.

Je vous ai dit qu'au Japon on croyait avoir souhaité tous
les bonheurs en souhaitant une longue vie, et ce vœu est peut-être
justifié chez les nations païennes, car il est rare, en effet, d'y
rencontrer la joie que montrent chez nous certains chrétiens à

l'approche de la mort. C'est que rien n'est plus vague pour un païen que l'idée de l'autre vie, si tant est qu'il y croie.

Le bouddhiste n'a pas lieu d'être consolé par la perspective des transmigrations indéfinies qui attendent son âme avant qu'elle ne se perde dans l'anéantissement final de sa personnalité, en supposant qu'il ait toujours vécu en sage. Dans le cas contraire, il lui sourit peu de tomber d'homme en bête et de suivre une dégénération indéfinie, en attendant un amendement problématique.

On comprend que l'inconnu de ce problème lui fasse préférer la vie actuelle, quelle qu'elle soit : la souffrance future pouvant dépasser encore celle du temps présent.

Dimanche, 31 mai. — Nous sommes allés faire une très belle promenade à deux lieues de la ville, au cimetière de Kanazawa. Il est situé sur la pente d'une haute colline, vraie forêt de pins séculaires. Le sol est tapissé d'azalées roses en fleur dans les endroits sans tombes.

C'est un frappant contraste que ces fleurs aux couleurs si vives et cet air attristé des vieux arbres tordus par les tempêtes et le poids des années. Sur les tombeaux en pierre recouverts de mousse, noircis par le temps et la pluie, achèvent de se faner les bouquets déposés par le souvenir ou la superstition. Comme cela montre bien qu'en ce monde les larmes toujours succèdent au rire, que la mort côtoie la vie! Ici, ce spectacle est particulièrement attristant, car nulle part n'apparaît l'espérance. Au lieu de la croix, cette consolation suprême, se dressent toutes sortes d'emblèmes : un dragon, un lion chimérique; plus loin un vieux Bouddha, accroupi dans son nirwânah, qui ne pense à rien, et « pourrit sous lui », rapporte la légende. Voici la tombe d'un bonze célèbre, surmontée du symbole des cinq éléments bouddhistes : l'air, l'eau, la terre, le feu et l'espace. Enfin, dans tout ce champ mortuaire, rien qui élève l'âme et la fasse espérer.

A l'entrée de ce bois, assis sur le seuil d'une maison de thé, près de baquets remplis de gerbes de fleurs, à vendre pour les morts, des bonzes de la dernière classe attendent des pratiques.

Les gens qui ne savent pas réciter les prières se font accompagner d'eux. Moyennant quelques sous le bonze suivra, criera je ne sais quoi, — et lui non plus, — en l'honneur du défunt;

puis, tranquillement, retournera finir sa tasse de thé, fumer
ses pipes, attendre un autre client. Voilà toute l'occupation d'un
certain nombre de ces prêtres, dont les prétendues prières sont
le gagne-riz !

Le premier monument qui frappa mon attention fut un ensemble de six colonnes juxtaposées, abritées sous un petit hangar
clôturé de barreaux de bois, et ornées de fleurs offertes par la
piété populaire.

Voici l'histoire de ces *six idoles,* car tel est leur nom :

Il y a quelque trente ans, une famine sévissait à Kanazawa :
le riz était monté à des prix énormes, les pauvres mouraient de
faim. Cela durait depuis quelques mois déjà, quand un soir six
individus, des plus malheureux, à bout de souffrances, réso-
lurent, sans s'être concertés, d'en finir avec la vie. Le hasard
fit que tous avaient choisi le sommet solitaire d'une montagne
voisine. Ils y arrivent à la nuit, presque simultanément. Étonnés
de se trouver là, réunis à pareille heure, ils se font part de
leur funèbre dessein. « Mourons ensemble, dirent-ils, ce sera
plus gai de faire en compagnie le grand voyage ! »

Mais auparavant ils veulent se concilier les puissances d'en
haut, et pour être plus sûrement entendus, se mettent à pousser,
d'une seule voix, de grands cris.

Ces hurlements lugubres, en pleine nuit, éveillent le seigneur
de Kanazawa, endormi dans son château fort. Il prend peur et
dépêche ses gardes à la découverte. Guidés par le bruit, ils atteignent bientôt les malheureux, prêts à partir pour l'autre monde,
les amènent au seigneur, qui, instruit de leur sombre résolution, tire son sabre et, sans prononcer un mot, les décapite lui-
même, de sa propre main, l'un après l'autre.

On n'a pas bien compris si c'était pour les punir de l'avoir effrayé,
ou pour leur rendre service, en facilitant le trépas qu'ils sou-
haitaient ?

Toujours est-il qu'ils moururent, et qu'on les a enterrés là
où nous sommes.

Cependant, l'événement ayant attiré l'attention du seigneur sur
la misère de ses sujets, il abaissa les impôts, et fit importer du
riz dans sa province.

La famine disparut, et le peuple, attribuant le terme de ses souffrances au martyre de ces six victimes, en a fait des demi-dieux.

Telle est l'histoire des *six idoles,* telle qu'on me l'a contée.

Voici un autre trait relatif à ce même seigneur :

Vers le sixième mois, on célébrait alors à Yeddo, aujourd'hui Tôkiô, de grandes fêtes religieuses. Le peuple y affluait de tous côtés, et l'encombrement était tel sur certain pont fameux, que l'impossibilité de le traverser était devenue presque proverbiale : les plus hauts personnages ne l'eussent pas tenté.

Or notre daïmio paria un jour qu'il saurait bien passer. Il saute à cheval, se précipite au galop sur la foule qui en obstrue l'entrée, distribuant à droite, à gauche, de si grands coups de cravache, qu'il finit par se frayer un chemin et atteindre l'autre rive.

On raconte encore sur cet original l'anecdote suivante :

Près de son château se trouvait une longue et large avenue, où il avait défendu aux hommes et aux enfants de passer, de six heures du matin à six heures du soir; mais cette interdiction ne s'étendait pas aux femmes. Vous savez que leur coiffure est un véritable échafaudage, au faîte duquel sont piquées des fleurs, ou un ornement quelconque. Ce potentat, non moins adroit que Guillaume Tell, trouvait amusant d'abattre avec ses flèches cette sorte de panache. Naturellement les femmes, pour faciliter l'adresse du daïmio, et courir moins de risques, haussaient le plus possible l'édifice de leurs cheveux, cherchant à grandir encore cette cible d'un nouveau genre.

On prétend que l'habile tireur n'a jamais tué personne. Ce n'est pas bien sûr, car qui donc eût osé témoigner contre un tel maître ?

Il n'y a pas longtemps que ce héros est mort. On m'a montré l'endroit où il repose, près de ses aïeux.

La sépulture des daïmio de Kanazawa ne ressemble pas à celle des autres seigneurs de Tôkiô ou du centre du Japon, du moins à celles que j'ai vues. Ici, c'est un vrai tumulus cubique en terre, haut de cinq mètres, sur autant de largeur. Une palissade et un fossé le protègent.

Cet amas de terre gazonnée recouvre un caveau de pierre dans lequel a été placé le cercueil, qui renferme, assis sur les talons, le corps embaumé du défunt.

De l'ancienne féodalité d'il y a vingt ans, il ne reste ici, comme ailleurs, que des ruines et des tombeaux. N'est-ce pas le sort commun de tout en ce monde ? Plus ou moins de bruit, et puis le grand silence, troublé seulement par quelques souvenirs de plus en plus rares, à mesure que disparaissent les contemporains. Devant ces vieilles tombes, qui vont bientôt crouler à leur tour, je ne puis m'empêcher de répéter cette sentence si profondément vraie :

Vanitas vanitatum, et omnia vanitas, præter amare Deum et illi soli servire! En dehors de l'amour de Dieu et de son service, il n'y a que vanité !...

Dernier écho redit par ces funèbres lieux.

XXIV

Fanatisme patriotique. — Un temple shintoïste. — L'humidité. — Ancienne persécution des chrétiens exilés à Kanazawa. — Leurs survivants. — Un bolide. — Indélicatesse d'un gouverneur. — Envoi d'une lettre par émissaire. — La religion nationale. — Édit relatif aux écoles. — Les bonzes. — L'empereur fils du ciel.

Lundi, 1ᵉʳ *juin.* — La tentative d'assassinat commise contre le czaréwitch est, paraît-il, l'œuvre d'un fanatique égaré par une sotte exaltation patriotique. Il a cru bien mériter de son pays en lui sacrifiant l'héritier d'un tout-puissant souverain, capable de l'asservir un jour. Il était hanté par l'idée du voisinage sibérien.

Ce même sentiment vient de pousser une jeune fille à s'ouvrir le ventre, afin, cette fois, de détourner la vengeance dont elle croyait le Japon menacé de la part des Russes, insultés grièvement dans leur prince.

Avant de s'immoler, elle avait averti par écrit le czaréwitch qu'elle s'offrirait en expiation.

Chose singulière, le suicide de cette jeune fille et la tentative d'assassinat obtiennent dans le peuple la même admiration : leurs auteurs seront peut-être un jour honorés comme des demi-dieux.

Mardi, 2 *juin.* — Tout dernièrement, à Kanazawa, on a construit un temple shintoïste afin de rendre un peu d'éclat à cette vieille religion nationale, fort menacée par les envahissements du bouddhisme. Mais il fallait attirer du monde. Voici comment on s'y est pris. Après beaucoup de réclame, on construisit le long du temple une immense halle en bois destinée à recevoir chanteuses, danseuses, musiciennes : une véritable maison de plaisir. Les dévots dès lors abondèrent, très reconnaissants aux prêtres des distractions qu'ils leur avaient ménagées. Ceux-ci y trouvent aussi leur compte, moins peut-être par l'accroissement des aumônes, que par leurs prélèvements sur les profits de l'établissement adossé à l'édifice sacré. La religion païenne, loin de proscrire le vice, le provoque donc quelquefois.

Samedi, 6 juin. — La saison des pluies commencera prochainement. C'est une période bien ennuyeuse ; elle dure du 10 juin au 10 juillet. La chaleur est forte, et l'humidité telle, que tout moisit, même les vêtements et les souliers qu'on porte. Il faut chaque jour essuyer les livres de sa bibliothèque, que cette petite mousse envahit. Malheur aux rhumatisants !

Dimanche, 7 juin. — Le dimanche, dans ces pays païens, manque de la pompe religieuse à laquelle nous étions habitués en France. Aussi nous paraît-il plus triste que les autres jours

Comme nous célébrions la solennité du Sacré-Cœur, fête patronale de notre poste de Kanazawa, nous avons chanté la grand'-messe et donné, le soir, le salut du saint sacrement. L'assistance était peu nombreuse ; mais fallait-il à cause de cela priver ces quelques chrétiens, les seuls que nous possédions, des solennités du culte ?

Lundi, 8 juin. — Nous avons essayé de recueillir, de côté et d'autre, des renseignements sur le séjour des anciens chrétiens à Kanazawa. Voici le peu que nous avons appris. Lorsque l'édit d'exil fut lancé contre les chrétiens des provinces du sud, environ six cents d'entre eux furent conduits dans le nord ; mais tous, comme on le croyait jusqu'ici, ne restèrent pas à Kanazawa. Le plus grand nombre fut relégué encore plus au nord.

Ceux qui s'arrêtèrent ici furent parqués dans une étroite vallée, au nord-est de la ville. Le gouvernement impérial les plaça sous la surveillance du seigneur local, l'invitant à user de tous les moyens capables de les faire abjurer.

Comme ils étaient doux et tranquilles, on se contentait de leur envoyer chaque jour des bonzes les prêcher. Obligés de subir leurs sermons, qui ne produisaient d'ailleurs aucun résultat, ils n'en continuaient pas moins à réciter matin et soir, tous ensemble, publiquement, à haute voix et à genoux, les prières catholiques. Leurs surveillants, voyant l'inutilité de ces efforts, et fatigués de la signaler en haut lieu, cessèrent d'assister à ces prières. Ils purent donc déclarer, avec une apparente sincérité, qu'ils ne voyaient plus rien d'anormal chez leurs prisonniers.

Ceux qu'on avait arrachés à leur demeure et traînés jusque-là, sans les laisser rien emporter, étaient tombés dans une noire misère et dans une saleté repoussante. Quand l'un d'eux succombait, c'était le bonze qui l'enterrait, nous raconta l'un des surveillants, ancien chef de village, aujourd'hui catéchumène.

Mais après l'édit de grâce des chrétiens, concédé sous la menace des canons européens, tous ces pauvres gens ne purent retourner chez eux. Plusieurs restèrent ici. On se rappelle en avoir vu chercher leur subsistance dans le faible produit de la pêche des ruisseaux. Ils finirent par se mêler aux païens : on ignore aujourd'hui ce qu'ils sont devenus.

Y en a-t-il encore à Kanazawa? La crainte de nouvelles persécutions les empêche-t-elle de se révéler à nous? C'est possible, aussi nous occupons-nous de les faire adroitement rechercher.

Mardi, 9 juin. — Nos chrétiens actuels se rappellent qu'il y a une quinzaine d'années un Japonais, parlant fort bien, faisait à Kanazawa de fréquentes conférences. Il enseignait une morale très élevée, mais, quand on l'interrogeait sur sa religion, il répondait qu'il ne pouvait en dire le nom.

Ceux de nos chrétiens qui l'ont entendu, et qui connaissent à présent notre doctrine, prétendent que la sienne ne différait pas de la nôtre. Il est donc possible que cet homme fût un ancien catéchiste, prêchant sa foi jusque dans son exil : qu'est-il devenu ?

Ce sont là les seuls renseignements que nous ayons encore obtenus sur le séjour ici des exilés chrétiens.

Mercredi, 10 juin. — Dans la partie sud de la ville, appelée *Téramatchi,* la ville des temples, à cause du nombre infini de ses pagodes bouddhistes, il existe encore plusieurs familles pratiquant, dit-on, une religion cachée, qu'elles ne veulent pas révéler, mais qu'elles appellent le « bouddhisme de la croix ». Au lieu de traduire le mot croix par l'expression japonaise « djoudjika », elles disent *croux* ; c'est le mot latin *crux,* croix. Nous trouverions donc là encore des familles qui depuis saint François Xavier auraient conservé les traditions chrétiennes, se transmettant peut-être le baptême, ainsi que cela se pratiquait chez les chrétiens retrouvés il y a vingt-cinq ans, à Nagasaki, par Mgr Petitjean.

Mais comment arriver jusqu'à eux, et leur prouver que nous sommes les ministres de la religion qu'ils professent ? Au milieu des sectes hérétiques et schismatiques qui nous disputent ici les âmes, ces pauvres gens, certainement peu instruits, nous reconnaîtront-ils pour leurs vrais pasteurs ?

A Nagasaki, les chrétiens avaient providentiellement conservé pour cela un triple criterium à travers trois siècles de persécutions, et malgré le défaut de prêtres, de sacrements et de livres :

1° La dévotion à la très sainte Vierge, qui nous différencie d'avec les protestants.

2° Le célibat des prêtres, qui nous distingue des schismatiques russes.

3° La primauté du pape de Rome, ce vrai criterium de toute erreur.

Si le bon Dieu a conservé si longtemps ces quelques familles, il saura bien, à son heure, les éclairer et nous les conduire.

La seule chose que nous ayons pu savoir, c'est qu'ils font venir le bonze, comme les païens, pour toutes les cérémonies ordinaires de la vie ; mais qu'après son départ, ils en accomplissent eux-mêmes d'autres, afin, croient-ils, de défaire l'œuvre du bonze.

Les anciens chrétiens du Kiou-Siou agissaient de même. Dans l'endroit le plus apparent de leur maison ils avaient des idoles ; mais par derrière, dans une salle fermée, ils possédaient et vénéraient une croix cachée dans une colonne. Pour détruire tout soupçon ils appelaient le bonze, car jusqu'à ces dernières années la peine capitale était édictée contre les sectateurs du Christ. Pour empêcher les trahisons, ils avaient décidé qu'ils les puniraient eux-mêmes de mort.

En ce qui me concerne, j'offre souvent la messe pour le repos de l'âme de ces milliers de chrétiens, morts avec le baptême seul, et qui, privés du secours des autres sacrements, vécurent entourés de païens. Il est probable que leur vertu a plus d'une fois sombré : n'est-il pas naturel que nous, prêtres, chargés de l'âme de leurs frères et de leurs fils, nous suppléions à ce que les pénitences qu'ils firent pendant leur vie auraient eu d'insuffisant ; et que, par les mérites du sang de Jésus-Christ, nous ouvrions les portes du ciel à ceux qui gémiraient encore dans les flammes vengeresses du purgatoire ?

La crainte de nouvelles persécutions, les serments qui les lient, leur ignorance religieuse rendent bien difficile l'acceptation par eux de notre ministère. C'est ainsi qu'à Nagasaki des milliers de vieux chrétiens se baptisent mutuellement, n'osant pas encore revenir à nous. Certains préfèrent sans doute aussi la liberté morale dont ils jouissent actuellement à l'assujettissement que nécessiterait leur retour aux exigences du vrai christianisme. On les appelle *Hanaré,* « les Séparés. »

Enfin, voici un fait dont on nous affirme la réalité. Il y a à Kanazawa même deux familles possédant des appartements fermés et secrets, dans lesquels on n'admet personne, et où, dit-on, se trouvent cachés des objets appartenant à une religion qu'on croit être celle de Jésus. Pourrons-nous jamais nous en assurer ?

Jeudi, 11 juin. — Vers minuit, un phénomène singulier s'est produit ; on a vu un globe de feu tomber sur la ville. Sa chute a fait le bruit d'un coup de canon ; il a réveillé tous les habitants. A mon avis, ce doit être un bolide qui n'a laissé aucune trace, sa chute ayant eu lieu dans la mer. Mais les païens se perdent en conjectures superstitieuses. Pour eux, un animal marin, signe des plus grands malheurs, famine, peste, etc., est sorti du sein des eaux. Sur ce, mille commentaires dont on nous rebat les oreilles.

Vendredi, 12 juin. — Voici une petite histoire qui vient de se faire jour, et qui montre l'honnêteté païenne. Lorsque le mikado actuel renversa l'ancien ordre de choses et détruisit la noblesse féodale, il fallut bien dédommager, d'une façon quelconque,

tous les pauvres guerriers entretenus jadis par chaque seigneur,
et qui formaient sa garde, son armée, sa police. Tous ces gens
de guerre, intrépides devant la mort, ne savaient que bander l'arc,
manier le sabre ou brandir la lance. Habitués dès l'enfance à la
fainéantise des camps, ils étaient incapables de tout travail et de
tout négoce. On leur distribua des pensions.

Le chef de la province de Kanazawa, nommé par l'empereur,
reçut donc une très grosse somme, destinée à tous ces malheureux, fort nombreux ici, car l'ancien seigneur du pays était des
plus puissants. Mais la tentation était trop grande pour le gouverneur : il vit sa fortune faite, s'il pouvait tout empocher, et c'est
ce qu'il fit. Longtemps après, une indiscrétion révéla son *indélicatesse*. Les victimes crièrent d'autant plus haut que leur misère
était devenue plus pénible. Ils se précipitèrent vers la caisse,
(des *fonds secrets,* sans doute) : elle était presque vide. Les plus
pauvres obtinrent à peine cinquante sous.

C'est pour toucher cette modique somme que notre domestique,
ancien guerrier, nous a demandé tantôt de sortir. Nous tenons
de lui cette anecdote peu honorable pour l'ancien gouverneur de
la province, mais qui pourrait s'excuser sur ce qui se fait en pays
chrétiens.

Lundi, 22 juin. — Voici un ancien usage japonais dont je
n'ai pas encore parlé. Il s'agit de la manière de correspondre
par émissaire. Dans une boîte en laque, plus ou moins ornée et
faite exprès, on dépose la lettre, sous enveloppe cachetée. Sur
l'enveloppe, l'expéditeur a tracé quelques signes particuliers, afin
qu'on ne puisse la remplacer par une autre. La boîte de laque
a vingt centimètres de long sur cinq de large, comme celles dont
on fait, en France, des boîtes à gants. On l'enveloppe ensuite soigneusement dans un foulard de soie, dont on noue les deux
bouts. Puis, avec une ficelle en papier japonais, très résistant,
vous le savez, on renoue le nœud du foulard. Les extrémités de
la ficelle coupées ras, on trace sur le nœud de papier de nouveaux signes. Pour ouvrir le foulard il faudrait dénouer la ficelle,
dont il serait impossible de refaire le nœud, car la symétrie des
caractères ayant disparu, le destinataire s'apercevrait de la
fraude.

Après toutes ces précautions, on confie le paquet au porteur, qui à son tour l'enveloppe dans un second foulard, afin que la première enveloppe arrive immaculée.

Ces divers procédés sont ingénieux, mais quelque peu enfantins.

Jeudi, 25 juin. — Un document officiel assez important vient de paraître. Il s'agit de certains règlements que le mikado vient de promulguer relativement aux écoles. On conseille aux maîtres d'amuser et d'intéresser leurs élèves les jours de congé. Ces jours sont fixés au dimanche, comme précédemment, mais le congé commencera le samedi, à midi. C'est à l'Amérique que cet usage est emprunté.

En dehors du dimanche le mikado fixe certains autres jours de repos, un par mois environ. Ils sont choisis parmi les fêtes shintoïstes : aucun n'appartient à la religion bouddhiste. Cela mérite d'être remarqué, et semblerait indiquer que dans les hautes sphères on se propose de revenir aux traditions nationales, de sacrifier le bouddhisme qui, venu de la Chine, a été importé de Corée vers l'an 552 de notre ère. Voudrait-on rajeunir la vieille religion shintoïste, qui ne compte plus guère d'adhérents parmi les gens instruits ; et serait-ce encore pour cela qu'on a bâti récemment ici, comme je l'ai raconté, un temple shintoïste très attrayant?

Aussi les bouddhistes sortent de leur torpeur. Les bonzes multiplient les instructions, et en ont même changé le genre. Leur langage, autrefois *bourré* de mots chinois, sanscrits, était incompréhensible au vulgaire. Actuellement ils nous copient, et parlent de façon à être compris de tous.

Disons hautement que la plupart de ces bonzes sont des vauriens et des viveurs, ce qui n'empêche pas que quelques-uns soient très intelligents et même excellents orateurs. En peu de mots, ils savent émouvoir leur auditoire et lui arracher des larmes.

Évidemment les moyens oratoires pour obtenir le pathétique diffèrent en Orient et en Occident ; et il est très difficile, même après un long séjour dans ces pays, possédant une grande connaissance des usages, avec une sûreté de langue parfaite, de se les être assez bien assimilés pour être sûr toujours de son effet.

Ainsi, certain jour, à ma connaissance, un bonze, des moins instruits, fit sangloter tout son auditoire en racontant l'histoire d'un de ces vers immondes qui naissent, vivent et meurent dans une fosse d'aisance. Il lui compara le sort de l'homme, et parvint sans peine à attendrir le public.

Je doute qu'en France pareille comparaison eût produit autant d'effet, même sur des cœurs sensibles.

Vendredi, 26 juin. — En vous parlant hier de l'édit du mikado relatif aux écoles, j'ai omis le point principal.

Il est prescrit, depuis des temps très reculés, que chaque année, au premier de l'an, tous les officiers japonais adorent la *divine* personne de l'empereur, et, s'il est au loin, une tablette de bois portant son nom gravé.

C'était, pour certains esprits sérieux, un acte idolàtrique par lequel on reconnaissait le mikado comme dieu et fils du ciel, nom qu'il porte d'ailleurs.

Or, même au Japon, où l'esprit rationaliste a pénétré, il était peut-être devenu difficile de faire croire, aux gens instruits que le mikado, sujet comme tous aux maladies et aux misères humaines, voire même à l'influenza, était Dieu néanmoins. Aussi l'empereur, bien conseillé, a-t-il jugé opportun de voiler sa noblesse céleste.

Pour ne blesser aucune susceptibilité, on prit un biais. Le décret précité ordonne aux maîtres de faire faire de temps en temps à leurs élèves la cérémonie du premier de l'an ; mais, au lieu de donner à cet acte le nom chinois *d'adoration,* on a métamorphosé le caractère qui exprimait cette idée en un autre signifiant *hommage très respectueux.* On n'a changé de fait qu'un seul signe ; mais cette modification capitale semble devoir permettre à tout le monde de prendre part, sans scrupule, à cette cérémonie, qui a conservé la même apparence.

Presque personne, dans le peuple, ne sera frappé de cette substitution, qui pour lui ne signifiera pas grand'chose : la situation aura donc été habilement sauvée par une *chinoiserie* véritable.

XXV

Dimanche, 5 juillet. — Depuis trois jours, Kanazawa et ses environs sont en fête, pour honorer les mânes des guerriers morts à l'ennemi. L'armée s'était chargée d'organiser la majeure partie de ces réjouissances, se réservant d'y prendre une juste et large part.

La fête ayant un caractère religieux, c'est là le côté qui nous a d'abord intéressés. Nous nous sommes donc rendus dans le jardin public, où se trouve la statue colossale de je ne sais quel ancien guerrier resté fort célèbre dans cette ville, depuis le séjour qu'il y a fait, paraît-il.

Au pied de sa statue, on avait établi une vaste tonnelle en feuillage, précédée d'un portique de fleurs de lis et de chrysanthèmes.

La partie centrale de l'édifice est réservée à ceux qui ont envie de prier : c'est là que les prêtres shintoïstes exécutent leurs danses sacrées. Les deux nefs latérales reçoivent ceux qui préfèrent se reposer, boire, manger et rire. Nous, qui n'avions rien à faire de tout cela, nous nous sommes contentés de passer, non sans remarquer la facilité avec laquelle les prêtres des deux religions rivales, les shintoïstes d'un côté, et les nombreuses sectes bouddhistes de l'autre, s'entendent pour se partager l'argent des crédules.

On pouvait croire que l'obole des pèlerins appartiendrait aux prêtres shintoïstes, puisque le héros en question avait été leur adepte, et que la fête était essentiellement shintoïste. Mais les bonzes de toute couleur réclamèrent, et, en gens avisés, obtinrent de faire à leur tour les cérémonies. La conséquence fut, on le devine, le partage du butin.

Or les shintoïstes, tous de la même secte, alors que celles des bouddhistes sont très nombreuses, partagèrent par tête les profits qui leur revenaient; ce fut très simple. Il n'en alla pas de même pour les bouddhistes, et, l'année dernière, la plus puissante secte bouddhiste, celle de *Nitchirén,* accapara seule tout ce qui revenait aux autres. Aussi, cette fois, les sectes spoliées s'étaient-elles entendues pour l'évincer.

Au surplus, la partie religieuse de ces cérémonies est de beaucoup la moins intéressante, et ce n'est pas la prière qui attire la foule; suivons-la donc.

On inaugurait des courses de chevaux. L'essai a été très réussi... comme amusement. Ces animaux, pris dans la campagne, n'avaient encore, en fait d'entraînement, que traîné des charrettes dans les montagnes, et se trouvaient tout dépaysés sur la piste d'un champ de course.

Cette réunion d'étalons et de juments, montés par de bons Japonais transformés en jockeys, était entourée d'une foule vociférant, ce qui n'était pas fait pour rétablir le calme dans ses rangs.

Quant au personnage chargé de donner le signal du départ, armé d'un énorme drapeau rouge et blanc, il l'agitait fiévreusement sous le nez des chevaux, suffisamment effrayés déjà.

Aussi, quand il l'abaissa subitement pour la course, les animaux épouvantés, au lieu de s'élancer en avant, firent demi-tour et s'emballèrent en sens inverse. Les cavaliers, qui ne s'y attendaient pas, furent désarçonnés, et les voilà courant à leur tour à la suite de leurs coursiers, pour les reprendre et les ramener dans la bonne voie, l'homme au signal n'étant plus là pour leur faire peur.

Mais il n'était pas facile d'achever le parcours. Trois mètres avant le but se trouvait un obstacle sérieux, même pour des courses plates : l'entrée des écuries. Les chevaux, en effet, n'éprouvèrent aucun scrupule pour franchir la corde qui en défendait l'entrée; et résultat : nouvelle culbute des cavaliers et nouvelle poursuite.

Je passe beaucoup de péripéties, prouvant toutes qu'il n'est pas aisé de gagner une course au Japon. Les jockeys désarçonnés en même temps s'étaient, je ne sais pourquoi, plus tôt pris aux cheveux qu'ils n'avaient rattrapé leurs montures... En vérité, les vainqueurs auront bien droit d'être fiers de leurs succès! Mais cela dure trop longtemps, allons ailleurs. Je crains que les vaincus ne tiennent à honneur de lutter encore entre eux, jusqu'à ce que le dernier ne trouvant plus d'adversaire, le combat cesse enfin « faute de combattants », comme dans la tragédie.

Rien n'est curieux comme l'aspect de cette vaste prairie, qui réunit une foule immense, où les citadins sont mêlés aux campagnards. Quand le Japon produira un Téniers, son pinceau immortalisera de ces petites scènes, prises là sur le vif, et dont la gaieté ne le cédera pas à celles de Flandre.

Beaucoup sont venus de loin, apportant tout ce qu'il leur fallait pour séjourner trois jours en plein air. Ils mangent devant les spectacles, pour n'en rien perdre. Certains, craignant sans doute de *jaunir* leur teint, s'abritent sous de larges parasols en papier huilé. D'autres, redoutant la pluie, assez fréquente à cette époque, portent sur le dos une natte sur laquelle l'eau glissera, et qui leur servira, le soir, à s'étendre pour dormir.

Au milieu de cette multitude, circulent des individus offrant à grands cris des morceaux de neige glacée, conservée dans des fosses depuis l'hiver. Ils s'efforcent de vendre leur marchandise avant qu'elle ne fonde. On en achète des morceaux qu'on suce pour se désaltérer. Çà et là, je vois des baquets sur lesquels on trébuche, non sans danger, car ils sont remplis par les passants. Les propriétaires y trouveront de quoi fumer gratuitement leur jardin. C'est un genre de commerce profitable, il y vient tant de monde !... Mais passons vite.

Nous voici devant les lutteurs.

Sur un tertre de sable fin, haut de cinquante centimètres, en forme de cirque, une douzaine d'hommes nus, d'une grosseur

surprenante, commencent par se livrer à une sorte de panto-
mime; ils frappent des mains en cadence, et lèvent les jambes
qu'ils laissent retomber comme des pilons.

Cette espèce de danse macabre, sans caractère, dure trop longtemps.

Guékkén, escrime du sabre.

Le public partage mon impatience, il appelle à la lutte ces her-
cules charnus et bouffis.

Deux de ces monstres sortent alors des rangs, et saluent.

Ils commencent par s'éponger avec du papier, se lavent les
mains, se rincent la bouche, se crachent sur le corps, s'aspergent

de sable ; enfin, après mille grimaces dont je vous fais grâce, les voilà prêts. Ils s'accroupissent nez à nez, se défiant mutuellement. Tout à coup se redressent, se précipitent l'un sur l'autre, s'enlacent, cherchent à se culbuter, se dégagent, se rattrapent, et luttent jusqu'à ce que l'un parvienne à jeter l'autre hors de l'arène. Il est vainqueur.

Près d'eux, debout, un Japonais en costume de cérémonie tient un éventail en guise de *fouet,* et préside au combat, qui doit cesser au premier signe. Sa présence n'est pas inutile, car la lutte finit souvent par perdre tout caractère amical.

Ce genre de spectacle est un des plus en vogue au Japon ; on l'appelle le *scumô*.

Près de là, sur une estrade semblable, on s'escrime au sabre, l'arme favorite des Japonais. Les anciens guerriers en avaient toujours deux à la ceinture. Ils le manient à deux mains, un peu comme nous le bâton. Autrefois, quand ils le portaient encore, ils faisaient tomber des têtes aussi facilement que ces pâquerettes des champs que le promeneur fauche de sa canne. C'était un vrai et perpétuel danger pour les Européens : on l'a pu voir à propos du czaréwitch. Aussi le gouvernement a-t-il été prudent d'interdire à tous le port de cette arme redoutable ; il a sauvé ainsi bien des étrangers, en qui les fanatiques voient toujours des ennemis de la patrie.

Les escrimeurs que nous avions sous les yeux se servaient fort habilement de leur sabre de bois ; mais qu'ils étaient fatigants par leurs cris sauvages ! Leur assaut avait l'air d'un combat de bêtes féroces.

Près d'eux se tenait également le juge chargé de mettre fin au combat et d'apprécier les coups.

Pendant tous ces spectacles, nous étions distraits par un feu d'artifice, en plein jour. On lançait des bombes qui en éclatant laissaient échapper, gonflés d'air en se dépliant, d'énormes bonshommes en baudruche et des animaux chimériques qui descendaient, se dandinant de la façon la plus comique du monde.

Quelquefois, de leur intérieur, s'envolaient encore des pigeons : nous avions peine à comprendre comment ces animaux pouvaient en sortir vivants, ou du moins sans être étourdis d'une si rapide ascension.

Nous continuâmes notre excursion, traversant les tonnelles sous lesquelles les Japonais buvaient et mangeaient à l'abri du soleil.

Nous vîmes, comme à nos foires, des baraques de toutes sortes, des poules et des singes savants, des ours non moins bien éduqués ; enfin, quantité de marchands de friandises de toute couleur et de toute forme. Je ne sais si elles étaient bonnes, mais aucune n'était appétissante : on les voyait faire, et la sueur du fabricant y entrait en trop large part.

Au milieu de la place, du sommet d'une haute tour de bois, on lançait sur la foule des poignées de gâteaux de riz rouges et blancs. Les malins retournaient leur parapluie pour en recueillir davantage.

Mais nous tenions surtout à entendre exécuter certains vieux chants japonais, appelés *nô*, spectacle qui ne se donne plus qu'à Kanazawa.

La représentation avait lieu dans l'ancienne salle des spectacles, qui jadis faisait partie des appartements de la femme principale du daïmio. Cet aménagement se retrouve d'ailleurs dans tous les châteaux.

Autrefois, les daïmios, auxquels leur dignité ne permettait pas d'assister à une représentation publique, mélangés avec la populace, mais qui ne voulaient pas cependant être privés de spectacles, faisaient donner chez eux des représentations plus convenables. Un certain public, celui des châteaux, pouvait même s'y rendre, à condition de garder le silence et de conserver une attitude correcte. C'était la reproduction exacte de l'une de ces anciennes fêtes que nous allions avoir sous les yeux.

La mise en scène est des plus simples. Le décor, toujours le même, se compose d'un arbre vert, aux formes contournées, peint sur le fond.

L'acteur arrive sur la scène par un couloir découvert, dans lequel se passe l'action, par moments.

Le parterre est en plein air. Derrière, un peu plus haut, se trouve une galerie abritée et fermée, pour les gens de distinction ; la mode européenne s'y est même déjà introduite, puisqu'on y trouve des chaises.

C'est là que nous avons pris place, au milieu des officiers de la garnison, organisateurs de la fête. Ils se sont montrés d'une extrême politesse, nous faisant passer des rafraîchissements, et nous mettant au premier rang.

Les scènes représentées sont toujours de vieilles légendes japonaises, événements plus ou moins fantastiques, arrivés à tel ou tel daïmio ou mikado.

Voici celle dont nous fûmes spectateurs :

La femme d'un seigneur fut infidèle, et son mari l'a tuée. Elle lui en a conservé un profond ressentiment jusqu'au fond des enfers : chaque nuit elle lui apparaît, cherchant à le faire périr à son tour.

Obsédé de cette vision, le seigneur vient trouver un prêtre shintoïste, et le conjure d'obtenir des dieux l'éloignement du fantôme. C'est là que commence la scène.

Le prêtre promet son intercession. On apporte l'autel, pour les prières, et tous les ustensiles nécessaires à ses divinations. Il revêt ses plus beaux ornements et commence ses sorcelleries.

Il est exaucé, car à peine s'est-il retiré que la femme apparaît : elle vient révéler devant l'autel qu'une force invincible la retiendra désormais en enfer, et l'empêchera d'exécuter ses projets homicides.

Telle est la pièce, peu compliquée comme intrigue.

Le récit, psalmodié sur un ton presque uniforme, est accompagné par les sons criards d'une flûte et le bruit cadencé de deux ou trois tambourins.

Le plus bel effet est produit par un chœur de fortes voix d'hommes, psalmodiant à l'unisson, pendant que deux ou trois autres chanteurs poussent des cris perçants et discordants. Ce contraste si fort et si enfantin étonne d'abord, mais on finit par en comprendre l'utilité : c'est pour faire mieux ressortir la psalmodie, trop monotone par elle-même. Si j'empruntais une comparaison à la peinture, je dirais que l'effet est analogue à celui produit dans les admirables tableaux de Rembrandt, où les tons de lumière si éclatants déjà, sont encore renforcés par la noirceur des ombres.

Cette représentation me faisait songer à celles de la Grèce classique, et je trouvais certaines analogies entre ce que je voyais et les anciens spectacles de l'Europe méridionale.

Même foule massée en plein air : d'où nécessité, pour être entendu, d'élever fortement la voix et de scander chaque syllabe, ce qui donne à la déclamation un genre particulier. Le seul effet cherché est la chute des phrases sur un ton plus ou moins varié, tout de convention.

Reste à savoir ce que valaient en eux-mêmes ces poèmes, que nous ne pouvions apprécier, n'en saisissant pas un seul mot. Il fallait pourtant qu'ils fussent beaux, puisque je voyais des assistants émus, et tout le monde attentif.

Comme en Grèce encore, le fond du sujet est une de ces vieilles légendes nationales que les mères ont racontées à leurs enfants dès le berceau ; elles émeuvent surtout par les souvenirs qui sont venus successivement s'y greffer, en avançant dans la vie. Certains passages du poème viennent parfois douloureusement les réveiller au fond de l'âme, où l'on pouvait les croire à jamais endormis.

Quant aux rôles de femmes, ils sont remplis par des hommes masqués, car, au Japon, la femme ne doit point (encore comme en Grèce) paraître sur la scène.

Les accessoires sont très simples : on les apporte sur le théâtre, au fur et à mesure, sans craindre de laisser la scène vide pendant un changement. Point de rideau.

Les acteurs portaient les costumes mêmes du temps, faciles à se procurer, puisqu'il ne fallait guère remonter au delà de vingt ans. Les choristes avaient celui de cérémonie.

Comme nous devons regretter la disparition de ces splendides costumes brodés, encombrants sans doute et difficiles à porter, mais si originaux ! On les a remplacés par nos affreux vêtements européens, si peu artistiques, dont tous les gens en place, l'empereur en tête, ont fait adopter l'usage.

Cette substitution de costumes a enlevé pour nous beaucoup de son prestige à la noblesse japonaise.

Autrefois, plus un Japonais avait un rang élevé, moins il devait faire de mouvements ; il semblait *figé* dans sa dignité. Quand il se déplaçait, son corps remuait d'une seule pièce. La tête droite, les mains immobiles, le buste légèrement penché en avant, les jambes à demi fléchies ; il s'avançait lentement, glissant majestueusement un pied devant l'autre, scandant chaque pas. C'était la marche solennelle.

Avait-il à tourner ? il tournait tout entier, comme une poupée inarticulée ; voulait-il examiner si son ombre le suivait : toute sa personne à la fois devait regarder en arrière, tant il était *empesé* par la conscience de sa grandeur.

Essuyer la sueur perlant sur son visage, par suite de l'accumulation de ses lourds manteaux brodés, eût été une action servile, indigne de lui-même. Il devait sortir, pour s'éponger au milieu de ses serviteurs, lentement empressés à le servir.

Et si c'était une femme, il fallait qu'une autre le fît.

Nous pouvons sourire; mais, vu dans son cadre, cela ne choque plus. Même cette solennité, toute de forme, ne messied pas à ces personnages ; au fond, ils n'ont guère que cette dignité empruntée, puisqu'ils manquent, le plus souvent, de cette grandeur morale qu'on voit en Europe resplendir sur certains fronts, indépendamment du costume. On retrouve peu chez eux ce que j'appellerai cette distinction native, qui trahit chez nous le vrai gentilhomme sous les haillons du pauvre ; ces manières distinguées qui permettent de parler, de rire, de se mouvoir, de se moucher sans perdre de sa dignité. Tous ces petits riens, enfin, qui ne peuvent exactement s'analyser, encore moins s'emprunter, mais que chacun remarque. Tout cela n'existe pas en Orient ; aussi l'on a dû recourir, dès l'antiquité, à des moyens factices pour faire sentir les supériorités sociales.

C'est ainsi que, par dignité, le mikado et les empereurs chinois se sont crus obligés de rester enfermés derrière d'impénétrables murailles, de ne se laisser voir qu'à certains jours, dans un formidable appareil, et de ressembler plus à des statues qu'à des hommes.

Or les Japonais ne se sont pas assez aperçus qu'en renonçant à leurs usages séculaires, qu'en se dépouillant de leurs magnifiques costumes orientaux pour endosser la vulgaire redingote européenne, ils perdaient une grande partie de ce qui faisait leur considération. Le *Persan* de Montesquieu le savait bien.

Cette représentation théâtrale m'a montré ce qu'étaient les cours brillantes du Japon, toutes d'apparences ; et je revoyais saint François Xavier revêtant, il y a trois cents ans, ses plus beaux habits sacerdotaux, traînés sous tous les cieux, pour se présenter plus dignement devant les seigneurs dorés de l'endroit; mais toute sa splendeur *intérieure*, comme dit l'Écriture, « *omnis gloria filiæ regis ab intus,* » qui se reflétait sur son visage, le charme de ses manières, car c'était un vrai gentilhomme doublé d'un grand saint, en imposèrent plus, sans doute, que le dénuement de son triste accoutrement, en dépit de ses efforts pour en rehausser l'éclat.

Avant de quitter ce sujet, je veux vous communiquer encore cette autre réflexion personnelle.

De tout temps la religion fut une des principales sources de la poésie. Athènes, Rome y puisaient largement, et les légendes religieuses y étaient devenues de plus en plus l'œuvre des poètes, qui les utilisaient, développées de toute manière.

Si les premiers chantres poétiques s'étaient montrés respectueux de l'idée religieuse, il en fut autrement quand la philosophie et la raison eurent tout sapé. Seuls d'abord les esprits forts rirent secrètement des vieilles légendes de Jupiter et de sa cour.

Bientôt on en fit tout haut des gorges chaudes. On vit la comédie mordante succéder aux chants épiques et à la tragédie admiratrice.

En Grèce, après le vieil Homère, après Pindare, après Sophocle même, on entendit Euripide lancer des pointes aux dieux, bien différentes, il est vrai, de celles d'Aristophane, qui ne cachait pas beaucoup son rire.

Et plus tard, à Rome, Térence délicatement, et Plaute sans réserve ridiculisèrent en même temps ce que leurs ancêtres avaient respecté. La décadence religieuse était au fond complète : on n'adore plus ce qu'on méprise.

Au Japon, ne voyons-nous pas quelque chose d'analogue : la vieille religion nationale morte avec ses fables ?

Les comédiens osent faire monter sur les planches, pour s'en divertir, les anciens dieux et leurs clients, les prêtres avec leurs autels, sans que personne ne proteste.

N'est-ce pas le plus grave symptôme de la décadence d'une religion? L'histoire et la raison le prouvent : comment prier avec foi un Dieu dont on vient de s'amuser pendant une heure ?

Eh bien, nous venons précisément d'assister à un spectacle de cette nature, car les vieilles légendes païennes étaient entrecoupées de scènes burlesques. J'en cite une.

Un vieillard, tout courbé par les ans et les infirmités, se traîne à grand'peine, appuyé sur son bâton.

Il voudrait bien pouvoir marcher droit, redevenir jeune : c'est pour obtenir cette faveur qu'il vient trouver le dieu de la montagne. Il est reçu par le prêtre, qui écoute favorablement sa requête, avance un tabouret, fait asseoir le vieux, et, séance tenante, commence ses prières avec force grimaces : on jurerait qu'il le magnétise. L'effet ne tarde pas à se produire : le bon-homme fait des soubresauts de carpe, allonge la jambe, le bras, la tête, redresse l'échine : il se ragaillardit à vue d'œil. Le voilà debout, droit comme un jeune homme. Ravi, dans l'admiration, il demande au prêtre si chaque fois ses prières réussissent aussi bien.

Sans hésiter, celui-ci le lui affime. Mais comme les vieux ne sont guère crédules (ils ont été trompés si souvent), notre homme, pour s'en assurer tout à fait, demande de le mettre dans un état encore pire que le précédent.

Aussitôt les prières recommencent; leur succès n'est pas moindre. Le bonhomme en tombe sur le ventre, sans pouvoir se relever. Furieux, il exige qu'au moins on le fasse redevenir ce qu'il était en arrivant. Le prêtre consent toujours, et reprend ses prières. Enfin, après toutes sortes de nouvelles contorsions, fort drôles, le vieillard retrouve un regain de jeunesse : il en profite pour chasser le pauvre prêtre à coups de bâton, au lieu de payer sa note; et tout le monde de rire de la singulière récompense.

Nous autres, ministres de l'Évangile, nous ne pourrions que nous réjouir de cette décadence religieuse, si, comme à Rome et à Athènes, la vérité remplaçe la religion tombée. Espérons-le : un peuple sans croyance serait chose monstrueuse.

XXVI

Jeudi, 9 juillet. — Nous devions partir pour Tôkiô, afin d'assister au sacre de Mgr Berlioz. Aussi ce matin, dès cinq heures, nous quittions Kanazawa pour aller prendre le bateau à Kanaïshi, espérant nous embarquer à sept heures; mais, comme nous sommes au Japon, nous n'avons levé l'ancre qu'à neuf heures, après avoir fait le pied de grue sur la plage tout ce temps-là. Le soleil heureusement n'avait pas encore beaucoup de force.

De Kanaïshi à Tseurouga, où nous nous rendions, la traversée est d'une quarantaine de lieues. Nous naviguâmes toujours en vue de la côte. Le temps était splendide. A mi-chemin nous nous arrêtons en face du petit port qui dessert la grande ville de *Foushiki*, située à quatre lieues dans les terres.

A partir de cet endroit, le rivage change d'aspect; il devient ravissant. La province d'*Etchizén*, devant laquelle on passe, est en effet l'une des plus pittoresques du Japon. Au lieu de falaises arides, on aperçoit des montagnes verdoyantes, baignant dans la mer, sans plage à leur base. Çà et là émergent quelques rochers. Le plus beau site est l'entrée de la grande baie de Tseurouga, toujours couverte de barques de pêche. De loin, elle me rappelait, en raccourci, l'entrée de la rade de Hong-Kong, sur les côtes de Chine.

La nuit approchait, la teinte verte de ces belles montagnes s'assombrissait, tandis que les petits villages de pêcheurs, abrités dans des excavations de collines, gardaient seuls leur clarté. Puis, tout à coup, comme obéissant au signal de la nuit, ces milliers d'embarcations qui nous entouraient, s'illuminèrent. On avait allumé des monceaux de bois blanc, entassés sur l'arrière, dans un réchaud de fer, en guise de fanal pour éclairer la route et la pêche. L'effet de toutes ces lumières, circulant dans la nuit, et reflétées par l'eau, était vraiment féerique.

Vers dix heures, on jeta l'ancre, nous étions à Tseurouga.

Nous descendons à la recherche d'un hôtel pour souper et dormir. Nous fûmes bien reçus et d'autant mieux servis qu'on y mit plus de temps. Aussi est-ce à minuit passé que nous nous sommes étendus sur nos nattes.

Vendredi 10 *juillet.* — À six heures du matin, nous prenons le train de Kiôto. En nous rendant à la gare, nous traversons une partie de la ville, dont nous avons remarqué la propreté et la coquetterie. Mais que de bonzes ! On voit bien qu'on approche de la ville sainte, de Kiôto, résidence du *pape* bouddhiste !

De *Tseurouga* à *Maïbara,* au nord du lac *Biwa,* il faut deux heures en chemin de fer. C'est là qu'on change de train pour prendre la grande ligne de Tôkiô à Kôbé.

Nous longeons tout le temps, à l'ouest, ce magnifique lac, l'une des merveilles du Japon, et toujours sillonné d'embarcations. Sur cette petite mer entourée de hautes montagnes soufflent souvent de terribles tempêtes.

Nous nous arrêtons quelque temps à *Otse,* au sud du lac. C'est dans cette ville que le czaréwitch a été blessé.

La route d'Otse à Kiôto serpente doucement, entre deux montagnes couvertes de sapins et de bambous, au milieu de temples dédiés à toutes sortes de dieux.

À midi nous arrivions à Kiôto, où les deux pères nous attendaient.

Vous savez que Kiôto, ancienne résidence des mikado, dont le château existe toujours, est aussi la capitale du bouddhisme, qui y possède plus de *trois mille* temples, et tant de bonzes, que les rues en sont pleines : on ne voit qu'eux, n'entend qu'eux, leurs clochettes et leurs prières. On l'appelle irrévérencieusement la *Rome* du Japon.

Samedi, 11 juillet. — Dans la soirée, nous sommes allés voir le grand temple de *Hongwandji*, encore en construction. (Il avait été détruit par un incendie.) Cet édifice a déjà coûté des millions. Les colonnes sont d'énormes poutres de *kéaki*, bois le plus estimé au Japon : c'est pour traîner ces poutres que les femmes japonaises donnèrent leur chevelure, dont on tressa un gros câble, qu'on montre à l'entrée.

Le fanatisme religieux peut donc, même chez des païens, engendrer quelquefois des actes héroïques; car pour une Japonaise la chevelure est son plus cher ornement. Elle la *cultive* avec le plus grand soin.

Dimanche, 12 juillet. — Les chrétiens, à Kiôto, sont au nombre d'environ trois cents. Ce poste est desservi par deux missionnaires, trois catéchistes hommes et un catéchiste femme.

Dans cette ville où le bouddhisme est si honoré, la position de ces pauvres chrétiens est difficile. On les traite un peu comme des *parias*. Néanmoins ils pratiquent bien leur religion, ayant souvent à faire preuve de courage.

Mardi, 14 juillet. — Je suis allé visiter dans la journée le palais du plus célèbre des *mikado*, *Taïko Sama*, qui régnait il y a environ trois cents ans. Il fut un des grands persécuteurs chrétiens : c'est sous lui qu'on mit à mort les vingt-sept martyrs japonais canonisés par Pie IX en 1862.

Toutes les chambres de son magnifique palais sont entourées de paravents à fond d'or, couverts de fines peintures représentant des chrysanthèmes, des paons et des sujets chinois. Les plafonds eux-mêmes ne sont pas moins beaux.

Ce qui m'a le plus frappé, c'est l'immense salle des audiences : les tons du coloris y sont remarquablement bien fondus.

A côté du palais, se trouvent les jardins de Taïko, au milieu desquels était sa résidence d'été, et d'où il pouvait dominer la ville.

Les allées de ce parc sont étroites, on n'y passe qu'un à un. Elles sont enfouies sous des arbres séculaires, et bordées de frais ruisseaux, sur lesquels sont jetés des ponts en pierres très estimées, apportées de Corée.

Le bassin possède des milliers de carpes, qu'on appelle en frappant : elles mangent dans la main.

En quittant ce palais, nous sommes montés sur la *montagne sainte*. Elle est couverte des temples les plus riches.

C'est là que se trouve le fameux temple des trente-trois mille trois cent trente-trois divinités : chacune a sa *cage* propre.

Un peu plus loin, on rencontre le *daïboutse*, énorme tête de bouddha en bois, mesurant plus de trente mètres de hauteur.

Mais je n'en finirais pas, s'il fallait décrire tous ces temples célèbres. De l'un d'eux, bâti sur le bord d'un précipice, les fanatiques se précipitaient pour s'immoler à la divinité; afin de les empêcher, il a fallu mettre partout des grillages, qui nuisent à l'aspect général.

Jeudi, 16 juillet. — Malgré le soleil brûlant, nous sommes allés nous promener dans les bois de la montagne sainte. En passant, nous nous sommes arrêtés quelques instants dans le temple célèbre de *Tchion-Ine*. Il est voisin d'une des grandes bonzeries, où se trouve l'un des *séminaires* bouddhistes les plus renommés.

Du sommet de la montagne, on a vue sur la route d'Otse, toujours si fréquentée.

Vendredi, 17 juillet. — Je quitte Kiôto à trois heures du soir.

A cinq heures, je suis à *Osaka*, la seconde ville du Japon, la plus importante au point de vue commercial ; elle est ouverte aux Européens. De grands canaux, sur lesquels voguent les bateaux qui desservent la mer intérieure, la sillonnent en tous sens; aussi l'a-t-on appelée *la Venise du Japon*. Ses fêtes nautiques sont célèbres dans tout l'empire.

Samedi 18 juillet. — Osaka n'est pas moins ville de plaisir que de commerce ; les Japonais ne séparent point ces deux choses habituellement.

Une rue entière est remplie de baraques de toutes sortes et de théâtres, où chacun s'entasse. Nous l'avons visitée dès le matin, afin d'éviter la foule en même temps que la chaleur. C'est curieux et très oriental; mais on a le regret d'y trouver un panorama représentant la bataille de Sedan. Les Français n'y ont pas le beau rôle, et nous nous en affligeons, car notre prestige national peut en souffrir. On accuse les Allemands d'en être les auteurs.

En sortant de la rue des théâtres, nous sommes allés à l'orphelinat des garçons de la Sainte-Enfance, tenu par un de nos confrères.

Daïboutse. — Grand Bouddha de Kamakoura.

Dimanche, 19 juillet. — J'ai célébré à l'orphelinat, où j'avais couché, la messe de communauté; à midi, je suis rentré à l'évêché d'Osaka, le long des quais; et à cinq heures, je prenais le train de Kôbé, où j'arrivais une heure après, juste pour le salut du saint Sacrement.

Après souper, promenade au bord de la mer, sur le port, pour trouver un peu d'air.

Les feux des nombreux bateaux en rade étaient d'un charmant effet. Ici, les plus grands navires peuvent accoster à quai, ce qui rend Kôbé le port le plus commode du Japon. Au surplus, tout le grand commerce d'Osaka se fait par là.

Lundi, 20 juillet. — Je compte m'embarquer aujourd'hui avec un missionnaire du Japon central, afin d'atteindre Yokohama par mer. Je prendrai l'un des paquebots faisant le service entre Shang-Haï, Nagasakï, Kôbé, Yokohama, Sendaï et Hakodaté. Ils appartiennent à la compagnie Yousén-Kaïsha, la plus grande du Japon, mais dont les bateaux sont encore commandés par des officiers anglais ou américains.

J'arriverai à Yokohama demain dans la soirée. La traversée est de trente heures.

Si je prends la voie de mer, au lieu de celle de terre que je comptais suivre, c'est d'après les instructions de Mgr Midon, l'évêque d'Osaka, qui redoute pour moi la chaleur suffocante régnant depuis quelques jours, et les fatigues d'un long séjour en chemin de fer. Je remets donc au retour le voyage par terre.

Mardi, 21 juillet. — Hier, à midi, nous quittions la rade de Kôbé. Nous étions à bord du *Sagami Marou,* vaisseau de deux mille tonneaux, qui faisait autrefois le service entre l'Amérique et le Japon, sous un autre nom. Devenu trop vieux pour affronter les tempêtes du Pacifique, il fut acheté par des Japonais.

Le temps était mauvais : cependant, à l'abri de la rade, nous étions peu secoués : nous fîmes honneur à la cuisine du bord.

Mais, vers deux heures, exposés davantage à la houle de la haute mer, nous ressentîmes péniblement la tempête qui souffla toute la nuit.

Je parvins pourtant à dormir quelque peu. Le calme ne reparut que vers quatre heures du soir, de sorte que nous avions été pendant vingt-quatre longues heures fort malmenés.

La traversée dura trente-deux heures, au lieu des vingt-six que mettent les paquebots français, et ce n'est qu'à huit heures et demie, à la nuit, que nous pûmes débarquer à Yokohama, où nous étions impatiemment attendus.

Mercredi 22 *juillet*. — Je ne restai que quelques heures à Yokohama, car je tenais à aller sans retard présenter mes hommages à Monseigneur.

Jeudi, 23 *juillet*. — Comme plusieurs confrères étaient venus du sud et du nord à Tôkiô, pour le sacre, je me fis leur guide et les menai visiter les choses les plus remarquables de la capitale.

Vendredi, 24 *juillet*. — Toujours une chaleur accablante :

Un temple d'Osaka.

40 degrés à l'ombre. Les nuits sont étouffantes, personne ne peut sommeiller.

Ceux qui ont habité la Malaisie, sous l'équateur, sont unanimes à dire que les chaleurs du Japon sont beaucoup plus difficiles à supporter, car nous n'avons pas de brise, comme là-bas, et les quasi quotidiennes petites pluies qui rafraîchissent le sol.

Samedi, 25 *juillet*. — C'est aujourd'hui le sacre de Mgr Berlioz, le nouvel évêque de la partie nord de la mission. La cérémonie a lieu à Tôkiô, dans l'église d'*Asakousa,* dont il fut jadis chargé.

C'est la plus belle fête religieuse qu'on ait encore vue dans cette capitale.

« La nouvelle église d'Asakousa, écrit le P. Ligneul, terminée cette année, avec son large sanctuaire, ses nefs spacieuses, était parfaitement appropriée à la circonstance. Elle était remplie d'autant d'assistants qu'elle en pouvait contenir, c'est-à-dire près d'un millier de personnes, parmi lesquelles bon nombre d'étrangers, qui n'ont pas voulu laisser aux Japonais seuls l'honneur de prendre part à cette solennité.

« La messe en plain-chant harmonisé, et plusieurs motets d'un bel effet religieux, ont été exécutés par les jeunes Japonais de notre école professionnelle de Sékigoutchi et quelques missionnaires. Le plus beau moment a été celui où le nouvel évêque a parcouru l'église pour bénir la foule, et s'est assis ensuite sur le siège de son consécrateur, au chant de l'hymne triomphal *Te Deum laudamus*. »

Mgr Osouf était le prélat consécrateur, assisté des évêques du Japon méridional et du Japon central : NN. SS. Cousin et Midon, l'un et l'autre déjà précédemment consacrés par lui. Tous les missionnaires de notre mission et ceux de la nouvelle étaient présents, moins deux. L'évêque du centre en avait amené trois de la sienne ; et celui du sud, un seul, à cause de l'éloignement plus grand.

Après le dîner, auquel assistaient les marianites, et qui fut très fraternel, chacun se retira pour faire quelques visites.

J'allai visiter la cathédrale des schismatiques russes, qui occupe la plus belle position de Tôkiô, sur une hauteur d'où elle est aperçue de partout. Le fond de l'église, tout doré, avec peintures sur bois très fines, faites en Russie, est d'un grand effet ; le czar, du reste, contribua largement à sa construction.

Dimanche, 26 juillet. — Mgr Berlioz a chanté aujourd'hui sa première messe pontificale, à la cathédrale. Les trois autres évêques et tous les missionnaires y assistaient. Après la cérémonie il a nommé son vicaire général, qui est le P. Lecomte, de Laval. Ce choix a été accueilli avec joie.

Mardi, 28 juillet. — Voici un changement. Monseigneur m'enlève de Kanazawa et me nomme à la cathédrale, paroisse du quartier de *Tsoukidji*, à Tôkiô, sur la concession européenne. Je remplirai en même temps les fonctions de procureur de l'évêché, et d'autres encore ; la besogne ne manquera pas. Je compte donc dès demain quitter Tôkiô pour retourner à Kanazawa chercher mes bagages, et mettre ordre à mes affaires.

XXVII

Jeudi, 30 *juillet.* — Hier, j'ai donc quitté Tôkiô pour me rendre à Yokohama, où j'ai soupé.

A dix heures du soir, nous sommes montés dans le train. Malheureusement il y avait d'autres voyageurs, et l'entassement nous empêcha de dormir.

La ligne du chemin de fer suit à peu près la côte jusqu'à Nagoya, où nous arrivâmes vers dix heures du matin.

Cette ville est une des cinq plus grandes du Japon. Désirant la visiter, je suis resté une journée à la mission.

Le P. Tulpin, chargé de ce poste, s'est construit, l'an dernier, une assez grande maison, ce qui lui permet de recevoir plus convenablement les missionnaires de passage. Un arrêt d'un jour, chez lui, coupe un trop long voyage, et repose des fatigues qu'il occasionne toujours.

Nagoya est très peuplé. C'est le chef-lieu d'une division militaire. Les troupes sont massées dans l'enceinte de l'ancien château fort, l'un des plus beaux qui existent, et le seul conservé intact.

Cette année, le mikado l'a mis au nombre des résidences impériales : pour le visiter, il faut une permission du général de division.

Grâce au missionnaire de Nagoya, en relations avec les officiers de la garnison, auxquels il apprend le français, nous obtînmes d'y pénétrer. Mgr Cousin, l'évêque de Nagasaki, qui passait aussi par Nagoya, retournant dans sa mission, et le P. Vasselon, vicaire général du Japon central, furent de la partie. On nous conduisit partout.

Je ne vous décrirai pas ce château : il ressemble à tous les autres, car tous sont bâtis sur le même modèle. La seule différence consiste dans la beauté, le luxe ou les dimensions, plus ou moins grands. Il en va de même des temples, des maisons et des jardins. Les Japonais ont, pour ces choses, un seul type qu'ils reproduisent avec plus ou moins de fidélité.

Le château de Nagoya possède au moins trois enceintes, séparées par des fossés, quelques-uns remplis d'eau. Ceux qui sont à sec, servent de prison à de jolis cerfs japonais, de l'espèce appelée en Europe *sica* (corruption du mot japonais *shika,* qui signifie cerf). Cette variété a été introduite en France cette année même.

Ce qui m'a frappé, dans les salles du château que j'ai parcourues, ce sont les peintures murales.

Ordinairement les paravents à fond d'or ne représentent qu'un oiseau ou une branche de fleurs, artistement jetée dans un coin. Ici, ce sont de vraies scènes, non pas chinoises, ce qui est assez fréquent, puisque l'art japonais a été emprunté à la Chine, mais des scènes très japonaises, tirées de l'histoire du pays, chose précieuse pour ceux qui veulent étudier l'histoire d'un passé déjà lointain. C'est ainsi que dans un coin de panneau on voit, distinctement figurés, deux moines d'Occident, assistant, avec un seigneur quelconque, à un tournoi. L'origine étrangère de ces personnages est visible à leurs yeux ronds, yeux de *bœufs,* disent les Japonais, employant à propos de nos yeux une expression moins polie que la nôtre pour les leurs, que nous comparons à une *amande ;* enfin ces personnages sont reconnaissables encore à leur taille plus élevée, et à leurs vêtements.

Outre les belles peintures des paravents de ce château, faites évidemment pour être vues de loin, j'ai remarqué aussi les bois sculptés qui décorent leur sommet. Ils sont découpés à jour,

sur une épaisseur de plus de quarante centimètres, et représentent des oiseaux au milieu de fleurs. Parmi ces sculptures, on fait
admirer aux visiteurs un coq de grandeur naturelle, si bien imité,
qu'il chante, prétend-on, certains jours.

Enfin nous montons à la grande tour par un escalier des plus
difficiles ; ceux de nos vieilles cathédrales peuvent à peine en
donner idée. La vue dont on jouit là-haut récompense des
fatigues de l'ascension. On aperçoit la mer, et l'on domine toute

Château de Nagoya, un des seuls encore debout au Japon.

la vaste plaine de Nagoya : le regard se perd dans l'infini quand
il n'est pas arrêté par les montagnes. Sur le sommet du toit, aux
angles, se trouvent deux énormes dragons en or, estimés plusieurs millions de francs. Un soldat ayant essayé de s'emparer
de quelques-unes de leurs précieuses écailles, on entoura ces
poissons d'un filet de fer, et le coupable a été fusillé.

Quelques-uns des temples de la ville sont très remarquables,
et du *premier rang*. On reconnaît cela au nombre de ses galons,
tout comme un officier ; seulement, pour les temples, ces galons
sont des raies tracées sur le mur d'enceinte. S'il est de premier
rang, il en porte cinq, à égale distance du bas au haut. C'est le
colonel.

Dans le temple principal de Nagoya, l'autel est une merveille
artistique. C'est là que, l'an dernier, le mikado, venant assister

aux grandes manœuvres, donna un immense dîner, où il fit venir des danseuses pour amuser ses invités. Personne n'y trouva à redire, les bonzes moins que les autres, car ils empochèrent de l'argent.

Dans une autre pagode, située derrière la mission, j'ai été frappé des nuances que les artistes ont données aux frises intérieures. Au lieu des tons si harmonieusement fondus, qu'on remarque ailleurs, tout est heurté, criard, un peu comme la musique de certaine école moderne.

Les protestants se sont installés auprès du gouverneur de la province. La situation est très centrale, trop sans doute, puisque les carreaux de vitres de leurs chapelles ont été percés par des pierres lancées de la rue.

En nous promenant, nous nous arrêtons, surpris, devant la boutique d'un graveur, reproduisant une grande image, qui figurait saint Paul, le premier ermite, la tête nimbée, les yeux gonflés de larmes, et tenant dans ses mains une tête de mort. Nous entrons et, faisant les ignorants, nous demandons l'explication de cette gravure. On nous répond que c'est le portrait du père et chef de la médecine (un Hippocrate quelconque), et qu'on en vend beaucoup aux étudiants en médecine : ils l'honorent comme une divinité.

Voici, sans doute, d'où vient la confusion. Au temps des persécutions, cette gravure fut trouvée dans une famille chrétienne. La tête de mort fit supposer que c'était le portrait d'un médecin célèbre, s'occupant de *craniologie;* d'où sa *canonisation* nouvelle, comme dieu de la médecine.

Nous détrompâmes le lithographe en lui disant la vérité. Je renonce à vous décrire son étonnement, quand il apprit qu'il reproduisait « un saint de la religion de Jésus ».

Je suis bien certain qu'il n'en dira rien, et continuera à vendre le portrait de saint Paul aux *carabins* japonais. Puisse son image les protéger, et leur apprendre que la science matérialiste ne peut expliquer la vie intellectuelle, et qu'il faut admettre l'existence d'une âme, principe spirituel !

Vendredi, 31 juillet. — A trois heures, nous prîmes le train qui devait nous mener à Tseurouga. Nous passâmes par la ville de Guifou, située au pied d'une chaîne de montagnes.

A Maïbara, changement de train ; à dix heures du soir, arrivée à Tseurouga, où nous dûmes coucher : le bateau de Kanazawa était parti depuis une heure.

Je louai une petite voiture et un homme pour demain afin d'atteindre Kanazawa par la voie de terre. Il y a quarante lieues environ.

Samedi, 1ᵉʳ août. — Dès quatre heures du matin, j'étais en route. Pendant les dix premières lieues, le chemin longe, à mi-côte, la jolie baie de Tseurouga. Comme la route montait aussi souvent qu'elle descendait, je pris un second homme pour aller plus vite.

Tout à coup un énorme serpent, gros comme le bras, ayant plus de trois mètres de long, traverse le chemin, devant moi, à trois pas. Nous le suivîmes longtemps des yeux pendant son ascension, sans courir après lui. Je n'avais d'ailleurs que mon parasol.

Il paraît que ces montagnes recèlent d'assez nombreux reptiles, notamment des boas, qu'on rencontre seulement sur la côte ouest ; c'est du moins ce qu'affirment les indigènes.

A dix heures, j'arrivais à *Takéfou*. Ces quinze premières lieues m'avaient fait traverser un des plus beaux sites du monde. Les montagnes y sont partout très boisées, et de gros lis rouges, tachetés de noir, éclairent d'une façon charmante la sombre verdure des pins et des bambous. Dans la plaine, au contraire, la teinte verte des rizières donne l'illusion d'une immense prairie.

Parmi les villes principales que je traversai, se trouve *Foukoui*, un chef-lieu. C'est une ville importante, dans laquelle nous désirerions bien établir un poste. Mais quand sera-ce possible ?

Après Takéfou, le paysage change. Il m'a rappelé d'une façon saisissante ceux de l'ouest de notre chère France. C'est unique au Japon.

A huit heures et demie du soir, j'arrivai à *Daïtchindji*. Je devais y coucher, comptant repartir à trois heures du matin, afin d'être vers dix heures à Kanazawa, dix lieues plus loin. C'était le dimanche, et je tenais à dire la messe pour les chrétiens ; mais une aventure vint brusquer mon départ.

Mon voiturier m'avait conduit au bout de la ville, dans une maison de modeste apparence et qui semblait tranquille. Installé dans une chambre, au premier étage, on vint prendre mes ordres.

Je demandai d'abord un baquet d'eau pour me rafraîchir, puis commandai mon dîner : du riz, une salade de concombres et des œufs durs. Enfin je priai de préparer de suite des couvertures et une moustiquaire, pour me coucher. On écouta mes ordres avec un peu d'étonnement, sans observation, et l'on ferma ma chambre, séparée des autres par de simples stores.

Je fus servi par un jeune homme d'une vingtaine d'années, qui me posa mille questions sur mon pays.

Le silence régnait dans toute la maison ; je me réjouissais déjà de pouvoir employer à bien dormir les quelques heures dont je disposais, quand, vers dix heures, j'entendis de la musique, des chants, des éclats de rire : je n'en pouvais douter, j'étais dans un de ces établissements qui, dans certaines villes, servent en même temps d'hôtel.

Je m'habille aussitôt, je fais appeler l'aubergiste et le prie de m'amener ma voiture, ne voulant pas demeurer là un instant de plus.

Le maître de l'établissement me supplie de rester, offre de me conduire dans un endroit séparé, où je n'entendrais aucun bruit. Je refuse tout, et lui jette les quinze sous de mon souper.

J'attendis, debout à la porte, mon véhicule pendant une bonne demi-heure, déclinant obstinément l'offre d'une espèce de fauteuil boiteux qu'on était allé dénicher pour la circonstance.

Mon mécontentement était si visible, qu'on essayait de m'adoucir par toutes sortes de politesses.

Il était onze heures moins le quart quand je pus enfin me remettre en route.

La nuit était noire et le chemin désert. Je ne m'en inquiétais point, quand tout à coup nous croisâmes un individu habillé à l'européenne, sans lanterne, ayant une sorte de casque sur la tête : en somme personnage de fort mauvaise mine.

Mon voiturier fait un bond de côté, part à toutes jambes, et m'entraîne avec lui, regardant de droite et de gauche, avec épouvante, si nous étions poursuivis. Je compris alors que j'avais commis une imprudence de m'aventurer ainsi seul, la nuit. A cette époque, les routes sont parcourues par les marchands qui achètent les cocons de soie dans la campagne : ils portent souvent sur eux des sommes importantes. Les brigands ne l'ignorent point, les détroussent parfois, et je risquais d'être pris pour l'un de ces négociants. Afin de diminuer le danger, j'aurais dû au moins me faire traîner par deux hommes. Pour l'instant, je me contentai de mettre près de ma main un petit casse-tête, la seule arme que je porte en voyage.

Dimanche, 2 août. — A six heures et demie, j'arrivais sain et sauf à Kanazawa, mais non sans fatigue, les reins endoloris par les cahots de la route.

Après la sainte messe, je pus enfin m'étendre sur mon lit : je dormis jusqu'à midi.

Lundi, 3 août. — Journée bien remplie, car je trouve le moyen d'emballer tout ce qui m'appartient, ornements, livres, linges, meubles, etc.

Mardi, 4 août. — Avant six heures, je quittais ce matin Kanazawa, accompagné d'une députation des chrétiens, qui voulut me conduire jusqu'à la sortie de la ville. Là nous prîmes ensemble une dernière tasse de thé, et après les adieux je continuai mon voyage.

Grâce à Dieu, la chaleur était plus supportable qu'hier : des nuages voilaient parfois le soleil.

Primitivement, je devais coucher à Foukoui le premier soir, et, le second, à Tseurouga ; mais en chemin je modifiai mes projets, pour arriver plus vite à destination. Ma première étape eut lieu à Takéfou, au bas des montagnes, afin d'atteindre dans la journée Tseurouga, d'y prendre le dernier train, et d'arriver à Kiôto la nuit suivante.

Je fis mieux encore, car, avec la promesse d'un petit pourboire, j'avais obtenu de mes voituriers qu'ils me feraient arriver demain dès onze heures.

Mercredi, 5 août. — Je partis le matin, à trois heures et demie, de Takéfou, avec deux hommes pour me traîner dans la montagne. Ils marchèrent si bien, qu'à dix heures nous entrions à Tseurouga.

Après m'être un peu reposé dans une auberge, je prenais le train, et arrivais à Maïbara.

Là, je dus attendre trois heures. Enfin, à sept heures j'étais à Kiôto, où l'on ne m'attendait pas sitôt.

Jeudi, 6 août. — Dans la journée, lorsque le soleil fut un peu tombé, nous sommes allés faire une délicieuse promenade près d'un temple nommé *Kamô*, dédié à quelque divinité shintoïste.

L'emplacement, bien choisi, rappelle les plus jolis sites du parc de Saint-Cloud. On y accède par une large allée droite, que côtoie un petit torrent et que bordent de grands arbres très ombreux.

Ce charmant petit endroit, d'apparence toute française, nous a ravis : nous y sommes restés longtemps abrités. Nous y dîmes notre bréviaire, et le temps s'écoula si vite, que nous nous aperçûmes fort tard que l'heure de notre repas était depuis longtemps passée. Mais qu'importait, puisque personne ne nous attendait? Nous étions seuls ce soir-là.

Ce *Kamô* sert aussi de rendez-vous aux Japonais qui viennent chercher le frais, pour mieux se divertir. On navigue sur le torrent, on boit toutes sortes de breuvages, servis sur des plates-formes établies sur l'eau même, pour obtenir plus de fraîcheur ; on monte à cheval ; on tire de l'arc. Les anciens guerriers y viennent faire preuve de leur adresse, et profitent d'un heureux coup pour raconter leurs exploits d'autrefois. Les jeunes s'exercent aussi afin de faire honneur à la réputation de leurs ancêtres, et ravir l'amour-propre de ceux des leurs qui, n'ayant plus le bras assez robuste pour bander l'arc, sont réduits à applaudir aux succès de leurs descendants.

Vendredi, 7 août. — Il fait trop chaud pour sortir. Du reste, à cette époque caniculaire, toutes les administrations, grandes et petites, se livrent au repos.

Samedi, 8 août. — Le P. Vagner et moi partons de grand matin pour faire l'ascension de la plus haute montagne de Kiôto, le *Hiésan.*

Un Japonais chrétien nous accompagne.

Nous nous faisons conduire en voiture jusqu'au bas de la montagne, afin de ménager nos forces.

Pour mieux marcher, nous sommes chaussés à la japonaise,

c'est-à-dire avec des espèces de chaussettes en toile blanche, appelées *tabi*, et des semelles de paille, nommées *waradji*, retenues au pied par des cordelettes. Ainsi équipés, nous commençons l'ascension.

Youmiya, archer s'étudiant à tirer de l'arc.

Nous n'étions pas bien haut que déjà nous ruisselions de sueur : nous n'avions plus un fil sec. Notre pauvre Japonais avait plus d'une fois demandé grâce : pour lui, nous avions fait de fréquentes haltes.

A certain moment, nous perdîmes le sentier. Que faire ? Il eût été trop pénible de redescendre. Nous prîmes le parti de piquer tout droit vers le sommet, qui se dressait au-dessus de nous. Nous dûmes alors nous frayer un passage à travers les hautes herbes, qui nous dépassaient la tête. Dans l'impossibilité souvent de voir où nous posions les pieds, nous nous heurtions péniblement à de grosses pierres.

Après quelque temps de cette pénible marche, nous étions tout trempés, non seulement de sueur, mais de l'abondante rosée laissée par la nuit. Aussi quelle fut notre joie de retrouver tout à coup le sentier!

Notre ascension redevint dès lors relativement aisée : nous n'avions plus qu'à faire jouer nos jarrets.

Du sommet nous contemplâmes d'un côté la plaine de Kiôto, que nous venions de quitter; de l'autre, le grand lac Biwa, dont nous embrassions toute l'étendue, et qui baigne le pied de la montagne.

Malheureusement à chaque instant des nuages venaient nous envelopper de leur brume, et nous voilaient le spectacle que nous admirions.

Au lieu de l'affreuse statue de Bouddha, plantée là-haut dans une niche, comme une croix ferait mieux! Cette montagne est d'ailleurs célèbre dans l'histoire du catholicisme. La légende raconte que saint François Xavier, qui séjourna à Kiôto, nommé par lui *Méako* (capitale), y monta pour cueillir une herbe possédant la vertu de guérir la lèpre.

Après lui, ses successeurs ayant gagné à leur cause un des shôgoun, ce seigneur fit détruire quantité de temples bouddhistes, sur les flancs de cette même montagne, et massacrer des milliers de bonzes armés pour la défense de leurs idoles. C'était donc presque un pèlerinage que nous entreprenions là.

En descendant, nous trouvâmes, en effet, ces vieilles ruines, rappelant un temps où le christianisme fut près de vaincre.

Ce versant de la montagne, moins rapide que celui de Kiôto, est aussi plus pittoresque, à cause de ses grands arbres.

Comme il était tard, nous avisâmes une cabane perdue dans les bois, et nous demandâmes à manger. Ces pauvres gens ne purent nous servir, pour nous trois, dans une soucoupe, que des aubergines bouillies avec de vieux poissons séchés au soleil; le tout arrosé d'une infusion de thé, où se trouvaient aussi des choses qu'on eût préféré voir ailleurs.

Quand nous fûmes descendus, nous nous trouvions à deux petites lieues en avant d'Otse. Pour gagner cette ville, nous louâmes un bateau qui nous y conduisit par le lac de Biwa.

Nous avions dû laisser nos chaussettes de toile toutes tachées de bouc, et nous faire capucins pour quelques heures, en ne portant aux pieds que de simples semelles de paille.

Avant de débarquer à Otse, nous avions admiré un immense sapin dont les branches, soutenues par des piquets, couvrent une superficie énorme. Aussi est-il vénéré dans tout le Japon, où il compte parmi les divinités. Il est connu sous le nom de *pin d'Otse*. Autour de lui s'est bâti un petit village, dont il est *la providence*, par les pèlerins voyageurs qu'il y attire.

Au moment où nous traversions Otse, nous apprenons que le petit bateau desservant le canal établi entre cette ville et Kiôto allait partir. La curiosité nous poussant, nous profitons de l'occasion.

Je ne sais dans quel but les Japonais ont imaginé de faire communiquer par un canal, en partie souterrain, les eaux du lac de Biwa et Kiôto.

L'empereur est venu l'an dernier présider à l'inauguration de cette voie.

La largeur du canal est d'environ trois mètres, et il ne mesure guère qu'un mètre de profondeur. Il traverse deux chaînes de montagnes sous des tunnels revêtus de briques.

Ce travail, accompli uniquement par des Japonais, fait, sans doute à cause de cela, leur grande admiration. Ils vont faire une excursion sur le canal, tout comme les Parisiens se rendent au bois de Boulogne.

Pour nous, cette navigation, à la lueur de torches fumeuses, est plus curieuse qu'amusante.

Partis de Kiôto en escaladant la montagne, nous rentrions en passant dessous.

Lundi, 10 août. — J'ai quitté Kiôto ce matin pour gagner mon nouveau poste de Tôkiô. La mer étant mauvaise, j'ai préféré prendre la voie de terre.

Voulant couper mon voyage pour éviter la chaleur et la fatigue, je me suis donc arrêté à Nagoya, à la mission, et n'ai repris le train qu'à huit heures du soir. Malheureusement le wagon était au complet, et dormir fut impossible. Au surplus, la lumière des lampes y avait attiré un essaim d'insectes volants : nous étions dans une véritable ruche. La nuit fut en partie employée à donner des coups d'éventail, à droite et à gauche, pour se défendre de ces très incommodes petites bêtes.

Pendant le trajet, je liai connaissance avec mes deux jeunes voisins, élèves tous deux au *lycée* de Tôkiô. Ils me firent force politesses, m'offrirent même des *kashi* (sorte de gâteaux). L'un d'eux alla jusqu'à m'obliger à prendre sa place afin que je pusse dormir plus à l'aise. Je dus me soumettre. Pendant que j'essayais de m'assoupir, il éloignait de moi, avec son éventail, les ennuyeux moustiques. Ces prévenances délicates m'étonnèrent d'autant plus qu'elles sont bien étrangères, ordinairement, aux étudiants japonais. Seraient-ce les quelques gouttes d'alcool de menthe sur un morceau de sucre, offertes en échange de leurs gâteaux, qui me gagnèrent la faveur de leurs bonnes grâces ?

Enfin, à huit heures du matin, j'arrive à Yokohama pour célébrer la sainte messe, et faire diacre au service funèbre du P. Testevuide, notre confrère, mort au sanatorium de Hong-Kong, où il se soignait depuis trois mois. Monseigneur était venu exprès de Tôkiô pour y assister et donner l'absoute.

Le P. Mayrand, parti de France avec moi pour le Japon, doit désormais résider à Yokohama : nous serons donc voisins.

XXVIII

Mercredi, 12 août. — Hier, à deux heures, j'arrivai à Tôkiô avec
Monseigneur, qui m'installa dans mes nouvelles fonctions. J'entrai
aussitôt en exercice, appelé par une vieille femme atteinte d'une
hémiplégie. Baptisée depuis trois mois, elle se confessait pour la
première fois. Aussi pendant que, près de sa natte, je l'écoutais
les yeux fermés, la laissant parler sans l'interrompre, la bonne
vieille, peu habituée sans doute à cette réserve, me secoua
vigoureusement par le bras, croyant que je m'étais endormi. Je
dus la rassurer.

Jeudi, 13 août. — Tous ces jours vont être pris par mon
initiation à mes nouvelles fonctions. Les confessions vont d'ailleurs être très nombreuses à cause de la fête de l'Assomption.
Je compte sur plus de cent cinquante.

Mercredi, 26 août. — Pour sauver le plus d'âmes que nous
pouvons, nous allons les chercher partout, même dans les prisons,
quand nous pouvons y pénétrer, et nous prêchons les condamnés
à mort au pied de la potence. Ce dernier ministère a bien réussi
et nous a procuré plusieurs baptêmes.

Au Japon, la peine de mort est très fréquemment appliquée, et ce n'est pas sans nécessité. Le mode d'exécution actuel est la pendaison, comme en Angleterre. On fait monter le condamné dans une sorte de petit pigeonnier ; on lui passe autour du cou une corde attachée à un crochet du toit; puis on laisse tomber le plancher de l'appartement : le supplicié, se trouvant suspendu dans le vide, ne tarde guère à expirer. Autrefois les condamnés étaient crucifiés, on leur traversait ensuite le corps d'une lance ; c'est ainsi que périrent beaucoup de martyrs japonais.

Le condamné ne connaît le jour de sa mort qu'au moment de l'exécution. Ordinairement il se révolte et lutte en désespéré contre ceux qui veulent l'entraîner ; mais les bourreaux finissent bien par en avoir raison.

Or la loi japonaise permet, à tout individu qui en fait la demande, de s'entretenir pendant quarante minutes avec le condamné à mort, le jour de son exécution, et cela sous la surveillance d'un magistrat.

Je connais un missionnaire des plus zélés qui profite de cette liberté pour envoyer un de ses catéchistes demander la permission, sans dire aux officiers le motif qui l'amène. Elle est accordée, et le catéchiste commence ainsi :

« Je viens, avant que vous ne mouriez tout à l'heure, vous parler d'une affaire des plus importantes : écoutez-moi donc avec la plus grande attention, car je n'ai que quarante minutes pour la traiter. Ne m'interrompez pas. Peut-être au commencement ne verrez-vous pas très clair où je veux en venir; mais écoutez, je vous en prie. »

Le condamné, rendu attentif par cet exorde, prête toute son attention. On lui parle alors de l'immortalité de son âme ; du bonheur du ciel ; des tourments de l'enfer; d'un seul Dieu en trois personnes ; de Notre-Seigneur qui l'a sauvé en mourant pour lui, s'il veut recevoir le baptême et regretter ses fautes. D'ordinaire, le pauvre homme se jette à genoux et supplie qu'on lui donne ce baptême. Alors le catéchiste prend un peu d'eau et le baptise.

Quand les bourreaux viennent, plus de scènes de désespoir, mais la tranquillité et quelquefois la joie de mourir, le patient étant assuré par la foi de voir Dieu. Le changement est si profond, et la différence dont meurent les baptisés et les païens si grande, que, dans une des prisons où le catéchiste fait souvent

de ces baptêmes, les bourreaux croient qu'il administre aux
condamnés une potion enchantée. Dernièrement l'un de ces
baptisés dit au catéchiste : « Je vais d'abord régler toutes mes
affaires temporelles : vous direz donc ceci à celui-ci, cela à cet
autre. Maintenant que j'ai fini mes affaires de ce monde, je
ne veux plus penser qu'au ciel ; baptisez-moi, et je ne prononce-
rai plus une seule parole, car je veux aller au ciel sans l'ombre
d'un péché. »

Quand les bourreaux vinrent ils le trouvèrent à genoux. À leur
entrée, il se leva, les suivit sans ouvrir la bouche ; mort, il semblait prier encore.

Voilà comment la foi et le baptême changent une âme en
quelques minutes, et d'un assassin font un saint. C'est l'histoire
du bon larron qui se trouva le soir en paradis avec Notre-
Seigneur.

Mais le plus difficile est de savoir le jour exact de l'exécution. Pour cela il faut tâcher de gagner un des geôliers, et c'est
ce qu'on essaye de faire.

Jeudi, 27 août. — Les fortes chaleurs sont passées. Le typhon
dont nous avons eu la queue la semaine dernière les a emportées.
A Tôkiô, les effets de ce typhon n'ont pas été terribles, mais
à Kôbé les dégâts sont très grands. Les quais en pierres ont été
emportés, des bateaux jetés à la côte, l'église de la mission a
eu une fenêtre enfoncée.

En général, les typhons commencent ici à l'est ; puis, graduel-
lement, gagnent l'ouest par le midi. Arrivés à l'ouest, il n'y a plus
rien à craindre, c'est la fin.

Vendredi, 28 août. — Ce soir, si le temps le permet, je partirai avec le directeur de l'école des Frères marianites pour aller
passer quelques heures dans leur maison de campagne, à *Katasé,*
au delà de Yokohama, au bord de la mer, près d'une plage
splendide. Je rentrerai ici demain, dans la soirée, afin d'être
à mon poste pour le dimanche. La nouvelle paroisse dont
je m'occupe a une population de plus de quatre cent mille
païens, sur lesquels nous comptons cinq cent quatre-vingts catholiques. Cette année, nous y avons eu cent quatre-vingt-quatorze
baptêmes : le bien n'y est pas facile à faire. Le nombre des bap-

tèmes qu'on glane çà et là est faible, dans ce milieu trop mêlé aux Européens et aux affaires commerciales.

Samedi, 29 août. — Comme je vous l'annonçais hier en terminant ma lettre, je suis allé chez les Frères marianites. La maisonnette qu'ils ont louée pour les vacances se trouve sur la ligne de Tôkiô à Kôbé. On descend à la station de Foudjisawa. Pour y arriver, il reste encore une lieue à faire en voiture. Le village, appellé *Katasé,* est situé au bord de la mer. Cet endroit est célèbre dans l'histoire légendaire du Japon : il a donné naissance au fondateur de l'une des sectes japonaises bouddhistes les plus florissantes ; du moins c'est là que ce fondateur, condamné à mort, fut sauvé, dit-on, par un miracle : le sabre qui devait lui trancher la tête vola en éclats en s'abaissant sur lui.

De la plage, on découvre, tout entière, la jolie baie qui part, au nord, du cap *Misaki,* entrée de la baie de Tôkiô, et qui se continue par les montagnes de *Hakoné,* le *Foudji-Yama* et la presqu'île d'*Idze,* au sud. Au fond, on aperçoit l'île d'*Oshima,* dont je vous ai parlé. Tout près du rivage, à cent mètres, se trouve la très célèbre petite île d'*Inoshima,* qu'on pourrait appeler le petit mont Saint-Michel du Japon. On y accède à pied sec, à marée basse. C'est un lieu de grand pèlerinage pour tout le Japon. Pendant une certaine époque de l'année, les visiteurs y affluent, chaque jour, par milliers.

La légende raconte que jadis, un jour de grande tempête, le ciel fut obscurci par les nuages ; la mer envahit au loin la terre et noya beaucoup d'habitants. Mais le lendemain, tout étant rentré dans le calme, les survivants aperçurent tout près du rivage la nouvelle île qui venait de sortir des eaux, et au-dessus, dans un nuage, la déesse *Béntén.*

Aussitôt on lui rendit adoration, car son pouvoir est fort grand; elle peut donner, croit-on, le bonheur, la fécondité et autres choses semblables.

A première vue, cette île rocheuse ne semble pas avoir poussé tout d'un coup, au moins dans les temps historiques; quoi qu'il en soit, le petit îlot d'Inoshima est une merveille. Le hameau principal se trouve à l'entrée; partout on ne voit que des bois plus ou moins sacrés, et des temples de toutes sortes, avec nombre de maisons de thé, où les pèlerins se reposent.

Une des choses qu'on visite toujours, ce sont les grottes qui se trouvent au bout de l'île, et qu'en *pieux pèlerins* nous n'avons pas omis d'aller voir. Les lames de la mer viennent s'engouffrer et se briser dans cet étroit canal souterrain.

Nous rentrons de notre excursion un peu fatigués, car la chaleur est accablante. Nous nous étions reposés quelque temps dans l'île, pendant qu'à nos pieds des gamins s'amusaient

Charnier.

à plonger et à faire dans l'eau mille prouesses, pour ramasser quelques sapèques jetées par les passants.

Vers trois heures, je repris le chemin de fer de Tôkiô, où j'arrivai pour souper, après avoir essayé de baptiser les enfants mourants d'une pauvre famille atteinte tout entière de la petite vérole.

Dimanche, 30 août. — Pendant que Monseigneur disait lui-même la messe de paroisse à la cathédrale, je suis allé dire, ce matin, la mienne dans une autre église, située au bout de Tôkiô, dans le quartier d'Azabou, et y entendre les confessions.

Jeudi, 10 *septembre.* — Voici dans l'histoire politique du Japon un fait bien exceptionnel :

Le ministre de l'intérieur, voyant la dépravation morale, veut à son tour y mettre un terme. Sentant que la religion seule peut la combattre victorieusement, il a lancé une circulaire pour ressusciter le bouddhisme.

Un décret a été adressé aux bonzes. Il constate d'abord leur inconduite scandaleuse et les tance vertement, disant qu'ils devraient servir de modèles. Il leur enjoint donc d'avoir à s'amender s'ils ne veulent pas voir tomber sur leur tête les foudres de la colère ministérielle.

On peut douter que cette *fulmination* produise un résultat appréciable. Un journal laisse, en effet, remarquer que le bouddhisme est un cadavre : on ne pourra guère en obtenir que des soubresauts, provenant de l'action des *piles* gouvernementales. Songer à le ranimer réellement serait une chimère, car le bouddhisme est bien mort, et les morts ne ressuscitent que par miracle. Or, pour faire des miracles, messieurs du gouvernement ne sont pas encore... des saints.

Le document officiel a fait d'autant plus de bruit que c'est la première fois que le gouvernement met le nez dans les affaires religieuses pour les réformer. Ce renversement des rôles est assez bizarre. Pendant que certains bonzes défroquent pour escalader les fauteuils parlementaires, le ministère inspecte la vie intime de ces messieurs.

Au surplus voici la note adressée, le 3 août 1891, aux bouddhistes par le ministre de l'intérieur Shinagawa Yadjiro.

« Nous avons pris connaissance des préceptes des diverses sectes bouddhistes, et nous savons qu'ils enjoignent à tous les prêtres : l'obligation d'entretenir une bienveillance sincère et un esprit de bonne volonté et de clémence envers tous les hommes ; le soin de toutes les âmes qui leur sont confiées ; l'imitation des vertus de leurs ancêtres défunts ; la pratique exacte de leurs devoirs d'état et le zèle dans la prédication et la propagation de la vraie doctrine.

« Mais nous avons été informés que ces préceptes ne sont pas observés ; qu'il s'est formé parmi les bonzes des groupes de partisans et une honteuse émulation pour acquérir du gain et des honneurs mondains. Une telle conduite n'est assurément pas digne de prêtres. Les chefs des sectes doivent donc désormais mettre tout leur zèle à réformer leur conduite et, par leur bon exemple, corriger les habitudes vicieuses des autres ; ils choisiront pour occuper les postes inférieurs des hommes vertueux et dignes, et fuiront les vices de l'extravagance et de la vanité. Non seulement les chefs, mais tous et chacun des membres doivent observer les règles de la morale et réformer complètement leur conduite. Si on ne tient pas compte de ces avis, nous aurons recours à des mesures plus rigoureuses. De tels désordres suffiraient par eux-mêmes pour causer la ruine du corps religieux ; le nom pourrait lui rester quelque temps encore, mais la force et la vie auraient disparu. Et alors, quand les membres de ces sectes paraîtront devant leurs vertueux ancêtres, ils n'auront d'autre partage que la honte. Nous espérons que cette société religieuse va sans retard se réveiller de sa léthargie, et que sa paix ne sera plus troublée à l'avenir. »

Jusqu'ici, même au Japon, les avis venaient du côté opposé ; mais aujourd'hui le gouvernement se voit obligé de gourmander les bonzes et de les rappeler à l'observation des principes qu'ils ont mission d'enseigner aux autres. Les nombreux articles publiés récemment par la presse japonaise pour flageller la conduite scandaleuse de ces prêtres, témoignent en faveur de la mesure prise par le ministre de l'intérieur.

Stimulé par le zèle de réforme de son collègue de l'Intérieur, le ministre de l'instruction publique déplore également la perversité des écoliers de son ressort, filles et garçons ; et il cherche inutilement les moyens d'enrayer le mal.

A ce propos, *Maïnitchi Shimeboun*, le *Journal quotidien*, compare le ministre à un phare. Quand on est dedans, dit-il, on aperçoit bien ce qui se passe au loin ; mais auprès on est aveuglé. Et il ajoute malicieusement : « Commencez donc, monsieur le ministre, par vous réformer vous-même, avant de vouloir réformer les autres. » Nous aurions dit nous autres : *Medice, cura teipsum :* « Docteur, guérissez-vous d'abord. »

Vendredi, 11 *septembre.* — Nous recevons de Hakodaté les détails suivants sur l'installation de Mgr Berlioz, le nouvel évêque. « Le mardi matin, 11 août, Monseigneur arrivait à Hakadoté. Sa Grandeur descendit dans une des embarcations que la douane avait gracieusement mises à sa disposition, et se rendit à terre, où l'attendaient les chrétiens, venus en grand nombre pour saluer leur pasteur et recevoir une première bénédiction. Le cœur du père dut être profondément ému en voyant à genoux ses enfants, vénérant, dans celui qui les avait évangélisés si longtemps, l'envoyé du saint-siège et le descendant des Apôtres.

« On s'achemina vers la mission. Les sœurs de Saint-Paul de Chartres étaient là avec toute leur petite famille, au grand complet, disposée sur deux lignes : en tête, les Enfants de Marie avec leur bannière, puis les autres élèves portant des oriflammes. La joie était peinte sur tous les visages; et quand Sa Grandeur s'avança au milieu des rangs, toutes ces petites têtes s'inclinèrent pour recevoir sa bénédiction.

« Pendant la traversée de Yokohama à Hakodaté, Mgr Berlioz avait souffert d'une assez grave indisposition dont il n'était pas encore entièrement remis. Néanmoins, après un court instant de repos à la maison, il revêtit le rochet et la mosette, et l'on se rendit en processisn à l'église, devant laquelle les chrétiens étaient réunis. Passant sous un arc de triomphe, que leur piété avait élevé en son honneur, Sa Grandeur alla s'asseoir sous le porche et y écouta avec bienveillance les deux compliments que lui lurent un enfant, au nom des chrétiens, et une jeune chrétienne, au nom des associés de la congrégation du Saint-Rosaire.

« Monseigneur répondit quelques mots de remerciement, et l'on entra dans l'église, parée comme aux jours de grande fête. L'autel semblait dressé au milieu d'un jardin de fleurs : ici et là, des arbustes verdoyants ; et, courant tout autour de la nef, de gracieuses guirlandes de feuillage. Huit jours durant, les chrétiens avaient travaillé avec un zèle infatigable à préparer ainsi à leur évêque la réception la plus solennelle possible.

« Après quelques moments d'adoration, Monseigneur s'étant assis au trône, lecture fut faite par un missionaire, du bref apostolique, érigeant la nouvelle Mission de Hakodaté. Puis, Sa Grandeur, assistée de deux autres missionnaires, célébra la sainte messe, pendant laquelle les sœurs de Saint-Paul de Chartres et les enfants de l'école, chantèrent le *Benedictus* et plusieurs autres morceaux, dont le choix et l'exécution ne laissaient rien à désirer.

« Le soir, à sept heures, la bénédiction du très saint Sacrement réunit de nouveau les chrétiens à l'église, et nous ne doutons pas des vœux qu'ils firent alors pour leur pasteur, ni des bénédictions que celui-ci demanda à Jésus-Hostie de répandre sur le troupeau dont la charge lui était confiée. Une brillante illumination, que notre situation exceptionnelle, à mi-côte de la colline, permettait d'être aperçue de la ville entière, fut la digne conclusion de cette fête dont Hakodaté gardera le souvenir. »

Samedi, *12 septembre*. — Voici, au 15 août 1891, la statistique officielle de l'état de notre mission de Tôkiô, qui compte 21 provinces de l'île du Nippon, avec la capitale de l'empire.

Du 15 août 1890 au 15 août 1891 on a baptisé :

Adultes.	923
Conversions d'hérétiques et de schismatiques. . . .	16
Enfants païens.	322
Enfants chrétiens	145

1 406

Dans ce chiffre total de 1 406 baptêmes, la ville de Tôkiô figure pour 847, sur une population catholique de 3 124 individus.

Le surplus, 559 baptêmes, concerne les autres districts, qui comptent 6 000 catholiques environ.

Sur ces 1 406 baptêmes, 515 adultes et 283 enfants (ensemble 798) ont été baptisés à *l'article de la mort*.

A cette même date du 15 août 1891, tout le Japon comptait à peu près 50 000 catholiques sur plus de 40 000 000 de païens, et le nombre total des baptêmes s'élevait à 4 000 environ. Son personnel était de 15 prêtres indigènes, 80 missionnaires français et 4 évêques.

Les 27 missions confiées à la Société des Missions-Étrangères réunies ont donné :

    38 101 baptêmes d'adultes ;
       462 conversions d'hérétiques ;
    182 376 baptêmes d'enfants et de païens.

Et le nombre total des chrétiens est à présent de 1 009 265. C'est la première fois que la Société des Missions-Étrangères a le bonheur d'enregistrer un pareil nombre de néophytes.

Remercions-en la divine Providence.

XXIX

Dimanche, 13 septembre. — Nous avons repris ce matin les grand'messes du dimanche. Durant les grandes chaleurs, nous sommes obligés de raccourcir les offices le plus possible, et encore sont-ils fort pénibles. On ne s'en acquitte pas, même maintenant, sans être trempé de sueur, au point de devoir changer de vêtements. C'est ce qui m'est arrivé trois fois aujourd'hui, après la messe, le salut de la cathédrale et celui que je suis allé donner, le soir, à Asakousa, l'une des paroisses de Tôkiô.

Lundi, 14 septembre. — Encore une queue de typhon qui se fait rudement sentir ici. Il a fallu barricader portes et fenêtres pour qu'elles ne fussent pas enfoncées.

Mardi, 15 septembre. — Le typhon dont nous avons eu la queue a surtout sévi à Kôbé, augmentant les ruines faites par le précédent. Cependant il n'y a pas eu beaucoup de morts à déplorer, malgré l'effondrement de plusieurs maisons.

Mercredi, 16 septembre. — J'ai commencé hier les catéchismes aux enfants de la paroisse : tous le savent fort bien et ne manquent pas une syllabe. Voici la façon de le faire. D'abord, on récite la leçon tout entière ; je pose des questions à droite et à gauche, puis demande l'explication de tous les mots difficiles, en donnant les principales définitions.

Cela fait, on écrit tous les noms des enfants sur un tableau, et l'on pose une question, prise au hasard, dans tout ce qui a été vu depuis le commencement du livre. Ceux qui peuvent y répondre lèvent la main, et on les interroge à tour de rôle sur la question demandée. S'ils récitent sans hésiter et sans manquer un mot, on marque un bon point. Celui qui en a le plus obtenu à la fin de la séance reçoit une image comme récompense. De la sorte, les enfants stimulés repassent toujours ce qui précède et finissent par si bien savoir le tout, qu'il est impossible de les trouver en défaut. Il faut alors poser des questions, en dehors du livre, sur les explications données. Au reste, dès que l'un d'eux se trompe, tous ceux qui ont remarqué la faute doivent la signaler : je vous assure qu'ils n'y manquent pas. Il est bien entendu que les livres sont toujours fermés, car ce n'est pas le moment d'apprendre la leçon, supposée sue.

Lundi, 21 septembre. — Nous avons appris que la dernière malle française avait éprouvé un accident, en subissant le typhon de l'autre jour, et qu'elle faillit se perdre. Entraînée par des courants, elle toucha entre Yokohama et Kôbé, à l'endroit où, l'an dernier, à pareille époque, le bâtiment de guerre turc fit naufrage. Heureusement c'était sur un banc de sable. L'eau entra dans les cabines, notamment dans celle des dépêches. La valise ministérielle, qui contenait notre courrier, eut particulièrement à souffrir. L'agent des postes écrivit au ministre qu'en arrivant en France toutes les dépêches seraient probablement réduites en bouillie.

Mercredi, 24 septembre. — Je ne veux pas laisser partir le bateau d'Amérique sans vous envoyer un mot de souvenir. C'est en effet l'anniversaire de ma naissance, et fête de Notre-Dame de la Merci.

Mais le grand événement que je veux de suite vous faire savoir, c'est l'établissement de la hiérarchie ecclésiastique notifiée officiellement aujourd'hui. Monseigneur a reçu ses bulles d'ar-

chevêque de Tôkiô et celles de ses trois suffragants. Sa Grandeur est allée tout d'abord l'annoncer au gouvernement japonais, puis au ministre de France.

Vendredi, 25 septembre. — Je me suis mis en campagne, ce matin, pour aller annoncer à tous les postes de Tôkiô cette bonne nouvelle. Monseigneur m'avait chargé de cette mission.

Auparavant, après la messe, j'avais dû me rendre auprès d'une vieille femme mourante, lui porter le bon Dieu et les derniers sacrements, en même temps que la confirmation, qu'elle n'avait pas encore reçue.

Rien de plus pauvre que le petit réduit qu'elle occupait, couchée sur sa natte. Il ne restait dans cette chambre que juste la place où me tenir, moi et le clerc minoré qui m'accompagnait. Point de porte à la maison : un simple rideau en paille pour protéger un peu des regards des passants. Aucune table pour déposer le saint Sacrement : je dus le garder dans une petite bourse attachée à mon cou.

Je confessai cette pauvre femme, ou plutôt je lui donnai l'absolution, car elle pouvait à peine parler; puis, après quelques mots d'explication, le sacrement de confirmation. Je lui fis faire alors sa première communion. Après quoi je lui donnai l'extrême-onction. Je la revêtis du scapulaire du Mont-Carmel, qui la protégera dans ses derniers moments. Enfin, avant de partir, je lui conférai la bénédiction apostolique avec l'indulgence plénière.

Puissions-nous tous mourir ainsi, munis des sacrements, des grâces et des prières de l'Église !

Samedi, 26 septembre. — J'aurais voulu que cette lettre fût plus longue et plus intéressante ; mais si vous saviez combien mon temps est pris par une foule de petits détails matériels !

De plus, Monseigneur, qui désire commencer demain à officier solennellement au trône, m'a chargé de préparer les cérémonies. Je dois donc les apprendre, pour les enseigner aux autres. Et comme nous sommes peu nombreux, et à l'étroit dans le chœur de notre *métropole,* il faut suppléer en corrigeant légèrement le cérémonial. D'où grand travail.

Dimanche, 27 septembre. — Aujourd'hui, nous avons donc

annoncé, à la grand'messe, l'établissement officiel de la hiérarchie ecclésiastique; aussi était-ce fête.

Nos chrétiens sont dans la joie de l'honneur que Rome vient de leur faire en mettant le Japon sur le même pied que les autres nations civilisées. Puissent-ils s'en montrer dignes !

J'ai chanté la grand'messe en présence de Monseigneur assistant à son trône, nous conformant l'un et l'autre au cérémonial exigé.

Après l'office, les Frères marianites envoyèrent une députation féliciter notre nouvel archevêque. On les retint à dîner. Le soir, ils nous aidèrent à rendre plus solennel le salut du saint Sacrement. C'est Monseigneur qui pontifia. On chanta le *Veni Creator* pour attirer les dons du Saint-Esprit sur la nouvelle phase de vie religieuse dans laquelle entrait le Japon; puis le *Te Deum*, en action de grâces.

Hélas ! que notre église, devenue l'église métropolitaine du Japon, est petite ; combien nous aurions besoin de quelques billets de mille francs pour l'agrandir, et la rendre moins indigne de sa nouvelle dignité ! Espérons que saint Joseph, à qui elle est dédiée, inspirera une âme charitable.

Lundi, 28 *septembre*. — J'ai lu avec la plus grande admiration la lettre latine du pape, érigeant ici la hiérarchie. Les pensées et le style vont de pair. C'est l'historique religieux du Japon.

Mardi, 29 *septembre*. — La fête de saint Michel est la fête patronale de tout le Japon. Lorsque saint François Xavier vint évangéliser ce pays, c'est au prince des anges qu'il consacra cet empire, où Satan était si puissant.

Dans la circonstance actuelle, tous les missionnaires de la capitale se sont réunis pour venir féliciter ensemble notre vénérable archevêque Mgr Osouf.

Mercredi, 30 *septembre*. — Nous avons subi un typhon, depuis ce matin huit heures jusque vers une heure de l'après-midi.

Grâce à Dieu, il n'a pas été trop fort et les dégâts sont, chez nous, peu considérables. Du reste, nous avions pris toutes les précautions possibles, barricadant portes et fenêtres.

Ma situation était un peu celle d'un capitaine de navire pendant la tempête, courant à droite, à gauche, pour voir si tout résistait : il eût suffi d'une porte enfoncée pour faire sauter un plafond, comme craque un ballon trop gonflé. A peine osait-on sortir, car les tuiles pleuvaient.

Ce qui menaçait le plus, c'était la toiture de notre église, depuis si peu cathédrale et métropole. La rafale soulevait les tuiles, je crus un instant que toutes allaient s'envoler comme des cartes à jouer. Nous en fûmes quittes pour une centaine emportées, deux cheminées tombées, trois portes de jardin enfoncées et une trentaine d'arbres déracinés. C'est à bon compte.

Après le typhon vint un calme, qui parut d'autant plus grand, que nous sortions d'une agitation plus terrible. Mais aujourd'hui quel spectacle attristant ! Les arbres sont sans feuilles, sans fruits ou renversés ; les plantes desséchées par l'air saturé de sel marin qui les a brûlées en passant dessus ; le sol jonché de débris ; dans le ciel, où courent encore quelques petits nuages, restes de la tempête, les oiseaux effarés volent dans toutes les directions. Une poussière épaisse a envahi l'intérieur des maisons : elle recouvre tout, les vitres en sont opaques.

Ce qui nous a préservés de plus grands dégâts, c'est l'absence presque complète de pluie. Quand il pleut beaucoup, le typhon chasse des paquets d'eau avec une force irrésistible. Trop heureux si l'incendie n'éclate pas, dans ces circonstances, par la chute d'une lampe à pétrole : alors toute une grande ville peut devenir la proie des flammes, sans qu'on puisse songer à autre chose qu'à une fuite rapide, pour ne pas trouver la mort sous les débris des maisons embrasées par le souffle destructeur.

Jeudi, 1ᵉʳ octobre. — On prétend que le gouvernement se dispose à racheter les quelques lignes de chemins de fer existant dans l'empire, afin de pouvoir les utiliser en cas de guerre civile ; « la prévoyance est mère de la sûreté. »

Samedi, 3 octobre. — Veille de la fête du Rosaire, beaucoup de confessions. Nous avions commencé la journée par une grande et longue cérémonie. Monseigneur a consacré plusieurs pierres d'autel : c'est une des cérémonies les plus compliquées de la liturgie.

Dimanche, 4 octobre. — Beaucoup de monde aux offices toute la journee. Après les vêpres et le salut, j'ai donné aux tertiaires de saint François la bénédiction papale, en vertu de pouvoirs spéciaux.

Lundi, 5 octobre. — Voici l'histoire édifiante d'un chrétien de notre paroisse de la cathédrale.

Depuis plusieurs années déjà, ce pauvre homme fait le métier de *kouroumaya,* c'est-à-dire qu'il traîne une de ces petites voitures dont on se sert pour voyager. Ce rude métier, peu lucratif, est toute sa ressource pour vivre et entretenir sa nombreuse famille, qui se compose de sa mère, de sa femme et de cinq enfants. Baptisé dans le protestantisme, il se trouvait alors dans une condition aisée. Peu après, reconnaissant son erreur, il abjura l'hérésie.

Or, dernièrement, voyant son extrême pauvreté, une personne appartenant à une mission protestante, et demeurant dans notre même quartier de *Tseukidji,* lui fit une proposition des plus séduisantes. Elle lui offrait, chez elle, une place de portier, ne lui demandant que de garder la maison et de catéchiser les personnes qu'elle lui adresserait. Pour cela, elle le payerait dix *yén* par mois : le yén ayant la valeur du dollar, cela faisait plus de cinquante francs. Bien entendu, il lui aurait fallu revenir au protestantisme, c'était la condition absolue.

Notre *kouroumaya,* par politesse ou autrement, demande réflexion. Il vient nous trouver, et reçoit la réponse à laquelle il s'attendait. Il se retire bien décidé à agir en conséquence. Néanmoins il veut à son tour tenter sa famille. Rentrant tard, il trouve tout le monde endormi. Il réveille d'abord sa femme, lui fait part de la bonne nouvelle et de la fâcheuse condition; mais aussitôt il en reçoit cette réponse héroïque : « Jamais! plutôt une misère encore plus noire! » Les enfants, réveillés à leur tour, font semblable réponse.

Le lendemain matin, ce courageux catholique allait remercier la protestante de sa *brillante* proposition, ajoutant que lui et sa famille tenaient avant tout à rester fidèles à leur foi.

La divine Providence s'est chargée de récompenser immédiatement cette belle conduite. Trois jours après, il trouvait une excellente place dans une maison catholique, où il est entré, rendant grâces à Dieu.

Mercredi, 7 octobre. — J'ai eu beaucoup de peine à dire, ce matin, une messe d'enterrement, ayant été pris d'un accès de *malaria,* je pense. Plusieurs fois je crus que je me trouverais mal et ne pourrais achever le saint sacrifice. Je dus m'asseoir pour donner l'absoute : le catéchiste qui m'assistait me dit à la fin, que j'étais plus pâle que le *mort !* Je ne pus aller au cimetière.

Dimanche, 11 octobre. — C'est ce soir que nous commençons notre retraite annuelle. Je ne devrais pas dire *nous,* car pour mon compte je ne la ferai pas. Je la remets à plus tard, je suis trop fatigué en ce moment. Je ne me rétablis pas d'un accès de fièvre bilieuse que je viens d'avoir. J'ai assez de m'occuper de diriger notre nombreuse maison, de faire manger et loger tout notre monde. Chaque jour, nous serons une vingtaine à table.

Dimanche, 18 octobre. — La semaine qui précède fut employée en exercices pieux, que rien n'est venu troubler. M⁹ʳ l'archevêque, profitant d'un plus grand concours de missionnaires près de lui, désira officier pontificalement. Notre nombre est habituellement si restreint, que c'est impossible. Ces cérémonies ont été trouvées fort belles par nos chrétiens qui, pour la première fois, les voyaient dans toute leur pompe.

Décidément je ne vais pas bien, j'ai l'estomac tout *détraqué.* Une diarrhée persistante, climatérique, disent les médecins, me fatigue extrêmement et m'empêche de me livrer à aucune étude.

Mardi, 20 octobre. — Nos Frères marianites éprouvent de grandes difficultés pour la fondation de leur école à Nagasaki.

Ils avaient loué une maison dans la partie japonaise de la ville, mais on leur refuse la permission d'y habiter. Bien plus, on a manifesté contre eux.

Il s'est formé une société qui vint dire au propriétaire que si les marianites voulaient acheter leur maison, quelles que fussent leurs offres, on payerait plus cher qu'eux.

Ces difficultés ont contraint le nouveau directeur, déjà parti pour Nagasaki, à rentrer à Tôkiô, où il est venu consulter. Si ces obstacles ne peuvent être aplanis, il sera forcé de s'établir sur la concession européenne.

Mercredi, 21 octobre. — La plus grande secte bouddhiste est en ce moment fort embarrassée : elle est criblée de dettes, qu'elle ne sait comment solder, tous ses temples étant déjà hypothéqués. Les prêtres n'osent plus recourir à leur ancien moyen trop usé, qui était de décider la fondation d'un temple. Ils établissaient alors un devis, double du prix réel, quêtaient chez les fidèles, les rançonnaient au besoin, et gardaient l'excédant des dépenses.

Les fidèles ont fini par se lasser de défrayer ainsi les plaisirs de leurs bonzes, qui sont actuellement réduits aux abois.

On dit même que les ministres de l'empire sont divisés sur la question des réformes à leur imposer. Quelques membres du gouvernement refusent de suivre sur ce terrain le ministre de l'intérieur, et demandent le *statu quo*.

Lundi, 26 octobre. — Quelqu'un m'ayant fourni une carte, je suis allé, en voiture, visiter le nouveau palais des chambres. Il est bâti sur l'emplacement de celui détruit au mois de janvier par un incendie. Aménagé avec soin, il renferme beaucoup de salles de réunion. Sa plus grande commodité, c'est la proximité des deux chambres, la haute et la basse, qui se touchent.

Dans la chambre haute se trouve, au fond, derrière le siège du président, et faisant face à l'assemblée, le trône du mikado. Il est placé dans une sorte d'alcôve, tendue à l'intérieur de satin bleu ciel, et, par devant, d'une portière rouge sombre, relevée à l'italienne.

Parmi les nombreux bureaux et petites salles du palais, s'en trouvent d'exclusivement affectées aux journalistes ; car la presse, même au Japon est devenue une puissance. Pour vous en donner une idée, lisez cette éloquente statistique : en 1888, on comptait 511 journaux ; en 1889, il y a augmentation de 137, soit 648 journaux ; et en 1890 le chiffre atteint 716.

Nous avons, nous aussi, deux journaux catholiques : l'un s'imprime à Tôkiô et l'autre à Kiôto. Ils contiennent des articles religieux, scientifiques et de controverse. Leur but est d'apprendre aux chrétiens les nouvelles religieuses, et de faire connaître notre religion aux païens. En cela nous suivons les avis donnés à tous par le saint-père, qui recommande avec tant d'instances la diffusion de la bonne presse.

Nous avons reçu récemment la visite d'un Japonais, véritable ami de la France. D'après lui, on prodiguerait trop en ce moment S. M. le mikado ; on le fait sortir pour des riens, inaugurer ceci ou cela, comme un simple ministre, ce qui contribue à amoindrir le prestige mystique dont l'entourait l'imagination populaire. Cette appréciation semble juste. Jadis, il n'y a pas vingt ans, il ne sortait qu'invisible dans une litière fermée. Sur le passage du cortège impérial, chacun devait venir se prosterner. A cette époque, on le prenait pour un dieu. Maintenant qu'on peut le voir de temps en temps et le contempler de près, on s'aperçoit que c'est un homme semblable aux autres. Le jour où le bas peuple ne l'adorera plus, ne le redoutera plus, il pourra se prêter à une révolution, car le païen ne respecte que ce qu'il craint : la vraie religion, seule, inspire le respect sans la crainte. Elle apprend à tous que tout pouvoir vient de Dieu, et que manquer à son représentant, quel qu'il soit, c'est manquer à Dieu même.

XXX

Mardi, 27 *octobre*. — Je suis toujours très souffrant et très faible : Monseigneur vient de me condamner au repos le plus absolu.

Nous avons ressenti un petit tremblement de terre pendant que j'achevais ma messe. On dit que c'est signe de changement de temps. Le vent a en effet tourné, et il fait presque froid. Jusqu'ici les journées avaient été splendides.

Mercredi, 28 *octobre*. — Je vous écris par la malle américaine, afin de vous rassurer sur mon sort, après le terrible tremblement de terre de ce matin. Le télégraphe a dû déjà l'annoncer en Europe.

Lorsque le phénomène s'est produit, il était environ six heures quarante minutes du matin. Je venais de terminer ma messe et faisais dans l'église mon action de grâces. Mgr l'archevêque, qui m'avait succédé à l'autel, en était à l'épître. Tout à coup je me sens ballotté de droite à gauche, absolument comme si j'eusse navigué sur une mer agitée. La charpente de l'église craquait : c'était un tremblement de terre. Que faire ? s'enfuir ; mais en traversant toute l'église j'avais le temps vingt fois d'être écrasé. Dehors même, serais-je plus en sûreté ? D'ailleurs, les secousses durent ordinairement si peu de temps. Mon parti est pris, je reste. Le moment et le lieu pour mourir ne pouvaient être mieux choisis.

J'entends derrière moi qu'on s'esquive. L'archevêque continue sa messe, comme en temps ordinaire. L'épître récitée, il passe du côté de l'évangile en s'appuyant sur l'autel, comme lorsqu'on célèbre à bord par le roulis.

Tout continuait à trembler : lustres, lampes décrivaient des courbes énormes. Que le temps semblait long ! Nos cœurs battaient fort : à chaque instant nous jetions un regard sur les murs et sur la voûte, nous attendant à être écrasés sous les décombres.

Je m'étais recommandé à Dieu par un suprême acte de contrition. J'employais ce qui me restait de force à me maintenir en place, prêt à tout événement.

Je ne pouvais m'empêcher de comparer notre situation à celle d'un soldat exposé au feu de l'ennemi, se demandant, en voyant tomber ses compagnons, quand son tour va venir, mais gardant néanmoins son poste, par devoir.

Ces terribles ondulations durèrent, dit-on, sept minutes.

A la fin de la messe de l'archevêque, le lustre du chœur, qu'on avait pourtant arrêté deux fois, battait encore les murs.

Ceux qui étaient sortis voyaient du dehors l'église, les maisons, les arbres décrire des oscillations. L'eau des bassins et des canaux sautait d'un bord à l'autre, comme celle d'une cuvette qu'on emporte. Les oscillations furent giratoires, mais d'une amplitude très grande. Heureusement elles se produisirent fort doucement, sans quoi tout Tôkiô n'eût été que ruines, comme il y a trente-sept ans. Les morts se fussent comptés, encore une fois, par milliers.

A quoi attribuer ce bonheur relatif? Peut-être que le bon Dieu, voyant, à ce moment même, la sainte messe s'offrir à Tôkiô en tant d'endroits, a voulu sauver la ville. Peut-être Celui qui, pour dix justes, eût épargné Sodome et Gomorrhe, a-t-il eu pitié de ses missionnaires, de ses religieuses, qui tous eussent été infailliblement écrasés : c'était l'heure où tous étaient à l'église.

Quoi qu'il en soit, nous sommes sauvés pour cette fois : les dégâts matériels sont presque nuls chez nous.

Dans ma chambre, mon réveil-matin s'est arrêté, m'indiquant ainsi l'heure du phénomène.

A Yokohama une usine s'est écroulée.

D'ordinaire, les maisons sont construites d'une façon spéciale pour prévenir ces catastrophes. Toutes les poutres sont reliées par des tirants en fer, ce qui en fait de véritables cages : elles peuvent remuer tout d'une pièce sans s'écrouler.

Crevasses dans le sol après les grands tremblements de terre, près de Nagoya.

Jeudi, 29 octobre. — De sinistres dépêches nous arrivent de tous côtés. Le tremblement de terre a été épouvantable aux environs de Nagoya : le nombre des morts se chiffre par milliers.

La ligne du chemin de fer est interrompue en deux endroits, entre Tôkiô et Kôbé.

Les fils télégraphiques sont brisés ; les rares dépêches qui parviennent doivent passer par le centre du Japon et remonter jusqu'à Niigata. Nous sommes dans la plus profonde inquiétude pour nos missionnaires de ces parages. Au télégraphe, on refuse nos dépêches. C'est naturel, chacun voulant correspondre ; car il n'est personne qui n'ait, là-bas, au moins un ami ; et les fils directs étant rompus, il faut que les dépêches passent par une foule de bureaux. Il paraît même que les établissements des postes et des télégraphes se sont écroulés, et qu'une partie du personnel a été écrasé. Si j'avais été valide, comme j'eusse été heureux de demander l'autorisation à Monseigneur d'aller porter secours à nos chers confrères !

Le centre du cataclysme est la ville de *Guifou,* entre Nagoya et Kiôto, sur la ligne du chemin de fer.

Les secousses ont été ressenties jusqu'en Chine : on le télégraphie de Shang-Haï par le câble qui relie cette ville à Yokohama.

Samedi, 31 octobre. — Enfin nous recevons des nouvelles de Nagoya. Nos deux Pères sont sains et saufs ; mais leurs bâtiments de service et leur chapelle sont écroulés ; leur autel, en pièces.

L'un d'eux commençait la messe, quand il vit que la petite chapelle allait s'effondrer. Vite il prend le saint Sacrement et se sauve dans le jardin. En effet, l'écroulement ne tarda pas.

La maison des Pères, nouvellement bâtie, est restée debout, mais elle a glissé de plusieurs centimètres sur ses fondations et s'est inclinée vers le nord.

La terre a tremblé pendant environ quarante-huit heures, les secousses se répétant à de courts intervalles.

Tout le monde est campé dehors. Sans cesse de nouvelles maisons s'écroulent. A ce bruit sinistre succèdent les cris des blessés et des mourants, que personne n'ose, ou ne peut secourir, car il faut les retirer de sous les poutres qui les écrasent.

Comme toujours, en pareil cas, l'incendie ne tarda pas à se déclarer ; ce second fléau complétant l'autre. Pour comble de malheur, il fait un vent violent ; le feu en est activé : on ne songe plus à l'arrêter, car le sol tremble sans cesse. On entend sous terre un bruit formidable, ressemblant à celui d'un escadron d'artillerie passant au galop. La mer y joint au loin ses mugissements. Elle est remuée par les oscillations de la terre. A chaque instant de grosses vagues pénètrent plus avant dans la ville : on redoute un ras-de-marée et l'affaissement général du sol.

Les prisons ont été ouvertes, ainsi que les bagnes ; leurs hôtes, reprenant leurs criminelles habitudes, pillent partout, en bandes : Il faut aussi se défendre contre eux.

Heureusement les troupes sont nombreuses à Nagoya. Un petit peloton de soldats protège la mission ; des patrouilles occupent les points principaux.

Mais qui comptera le nombre des morts et des blessés ! Mon Dieu, que de ruines ! C'est le cri général. Grâce à la divine Providence, aucun des chrétiens de la ville n'a été blessé.

Dimanche, 1ᵉʳ novembre. — *Guifou, Ogagni* n'existent plus. Ce qui n'a pas été renversé est devenu la proie des flammes. La terre est affreusement crevassée : et de là il sort de la fumée. Une rivière a disparu ; de petits lacs apparaissent dans la campagne.

A Osaka, à Kiôto, à Kôbé, on dit que les dégâts sont considérables ; mais nous sommes encore sans nouvelles précises. Certainement, dans les temps historiques, il y a eu peu de cataclysmes aussi terribles.

Il paraît que deux trains, partis ensemble de Nagoya dans des directions opposées, ont déraillé : un pont qu'ils traversaient s'est écroulé.

Certains païens faisaient tout haut cette réflexion : « C'est une punition du Maître du ciel. » En effet, cette partie du Japon est la plus corrompue, au dire des Japonais eux-mêmes.

Mardi, 3 novembre. — C'est aujourd'hui, à neuf heures du soir, le trente-septième anniversaire de la destruction de la ville de Yeddo, le Tôkiô actuel, causée par un tremblement de terre accompagné d'un immense incendie et d'un ras-de-marée. Aussi chacun tremble-t-il, car on annonce qu'il y en aura un autre, non moins terrible. Les Japonais ont, en effet, remarqué que ces redoutables phénomènes se reproduisent tous les trente-sept ans. Les événements de la semaine dernière semblent leur avoir donné raison, car ces tremblements de terre ne peuvent être fixés à un jour ou à une heure précis. Cela tendrait à démontrer qu'il existe une certaine périodicité dans ces grands cataclysmes.

On *tremblait* donc un peu hier à Tôkiô dans le peuple, et cela nous a valu quelques bonnes confessions de chrétiens.

En effet le temps, le matin, beau et très chaud, s'est alourdi vers le soir, comme à l'approche d'un tremblement de terre : les indigènes l'ont remarqué.

Neuf heures ont sonné, mais rien n'a tremblé... que les hommes. Espérons que la suite sera renvoyée à trente-sept ans ; nous aurons le temps d'y songer.

C'était aujourd'hui la fête de l'empereur du Japon : car c'est l'anniversaire de sa naissance. Tout le monde est en liesse, les maisons sont pavoisées. A midi on a tiré je ne sais combien de coups de canon.

Le soir, Mgr Osouf, accompagné de l'un de ses grands vicaires est allé à la réception que le ministre des affaires étrangères Inamotto donnait aux notables Européens de Tôkiô.

Monseigneur nous a raconté que, cette année, les Japonaises, femmes des ministres, avaient eu le bon goût de conserver leur costume national, qui leur va beaucoup mieux que nos modes parisiennes.

Elles avaient des robes de soie blanche et noire brodées.

Les Européens se sont empressés près de l'archevêque, quand il fit son entrée dans la salle avec son grand costume violet. Son vicaire général suivait, en manteau de cérémonie.

Ce fut d'un grand effet sur les Japonais présents de voir tous les ministres étrangers s'incliner respectueusement devant le prélat catholique, et leurs femmes baiser à genoux son anneau pastoral.

Vendredi, 6 novembre. — On nous annonce que le volcan de l'Asama-Yama, dont j'ai fait l'ascension l'an dernier, fume beaucoup en ce moment et vomit de la lave et de la cendre. On s'attend à une éruption.

Samedi, 7 novembre. — Le missionnaire envoyé par Monseigneur à Nagoya, sitôt après le sinistre, pour aider nos confrères, vient d'en revenir.

Les tremblements de terre y continuent assez violemment.

On cache le nombre des morts. Dans les provinces de Nagoya et de Guifou, on en compte plus de vingt mille, et plus de cinquante mille blessés. Le nombre des maisons renversées, ou tellement endommagées qu'il faudra les abattre, approche de deux cent mille. Aucun chrétien n'a été blessé ; aucun d'eux n'a eu sa maison renversée, alors que tout autour ce ne sont que ruines. Ce fait montre combien la divine Providence veille sur nous.

Un savant géologue qui s'est rendu sur le lieu du cataclysme affirme que ce tremblement de terre renverse toutes les théories scientifiques admises jusqu'à présent.

Çà et là, dans la campagne, de grandes crevasses se sont ouvertes. Il en sort de la fumée et une espèce de boue blanchâtre.

A Guifou, au début du tremblement de terre, la femme du catéchiste puisait de l'eau au puits. L'eau, qui était très limpide, devint tout à coup boueuse et chargée d'un dépôt rougeâtre. Elle jaillit hors de la margelle pendant que cette femme s'y cramponnait pour ne pas être renversée. Huit jours plus tard l'eau avait encore cette coloration.

Les puits voisins sont tous à sec ; dans celui-ci, au contraire, le niveau a monté. Comment expliquer ce phénomène ?

A Osaka il y a quelques dégâts à la cathédrale, qu'il faudra consolider.

Peu de chose à Kiôto.

Dimanche, 8 novembre. — Hier soir, à trois heures et demie, le ministre de France prenait le train de Tôkiô pour Yokohama, afin d'être plus tôt à bord du paquebot le lendemain matin. Il retourne en Europe en congé.

Mᵍʳ l'archevêque m'envoya pour le saluer en son nom et lui souhaiter, une dernière fois, bon voyage. Je me suis trouvé en nombreuse compagnie.

Tous les ministres étrangers étaient venus : ceux d'Angleterre, de Russie, de Portugal, de Chine, de Corée, avec leurs costumes bizarres.

Beaucoup de Français, de fonctionnaires japonais et quelques officiers.

Plusieurs personnes apportèrent de jolis bouquets comme souvenirs. C'était une démonstration tout à l'honneur de la France : j'en étais fier pour mon pays. Les équipages se pressaient si nombreux aux portes de la gare, que la circulation en était obstruée.

Au moment où je rentrais à la mission, vers quatre heures, nous ressentîmes encore un petit tremblement de terre, long mais faible. La frayeur est encore grande, car depuis les événements de Nagoya les secousses continuent presque sans interruption. On se sent sur une chaudière, ou plutôt sur un volcan.

Les tremblements de terre continuent du côté de Nagoya, où en moins de vingt heures, avant-hier, il y en a eu plus de sept cents, d'après une dépêche.

A Guifou, depuis le 28 octobre, il y en a eu deux mille cent deux.

Jusqu'à présent, rien de très extraordinaire ici, mais cela peut changer d'un instant à l'autre.

Jeudi, 12 novembre. — L'archevêque a ordonné des prières spéciales pour la cessation du fléau. Pendant neuf jours, tous les missionnaires devront réciter à la messe les oraisons composées dans ce but par l'Église.

Samedi, 14 novembre. — Nous avons encore été réveillés ce matin par une nouvelle secousse. Nous les trouvons fréquentes en ce moment, mais qu'est-ce en comparaison de Nagoya ?

Depuis le 25 octobre environ, la terre ne cesse pas d'y trembler; c'est épouvantable.

Le plus grave, c'est que les bonzes excitent le peuple contre le christianisme, en disant que ce sont les chrétiens qui ont attiré la colère des dieux. Les protestants, qui se sont abattus en nuées sur tout ce pays, sont repoussés de tous : les gens les plus malheureux refusent leurs secours. La croix est détestée de plus en plus; les voitures d'ambulances ont dû même faire disparaître la croix de Genève qu'elles portaient, afin de ne pas ameuter la populace. Nos deux confrères ont installé chez eux une ambulance où ils soignent des blessés.

Dimanche, 15 novembre. — Le temps continue à être d'une chaleur exceptionnelle pour la saison. Ce soir, en chantant les vêpres, j'étais en nage sous ma chape.

Lundi, 16 novembre. — Ma santé ne se remettant pas du tout, le docteur a décidé que je passerais l'hiver à Hong-Kong, et que je m'y rendrais dans le courant de décembre.

Mgr l'archevêque a confirmé cet ordre, à mon grand regret.

Mercredi, 18 *novembre.* — Les nouvelles que nous recevons de Nagoya ne sont pas encore rassurantes. On entend toujours de sinistres grondements : tout fait croire qu'un volcan pourrait bien sortir de la montagne appelée *Ibouki,* située à l'ouest du lac Biwa et au nord de Guifou.

On dit qu'autrefois (il y a plusieurs siècles) le Foudji-Yama n'existant pas au Japon, lorsqu'il surgit, le lac Biwa s'est en même temps creusé.

Qui sait si un événement semblable ne menace pas toute cette grande plaine de Nagoya, et si la mer n'en fera pas son domaine ?

Vendredi, 20 *novembre.* — Quelqu'un qui se trouvait à Nagoya, six jours après le cataclysme, nous racontait que les Japonais, qui tous comptaient des amis parmi les morts et les blessés, et qui peut-être avaient encore des parents agonisant sous les décombres, riaient et s'amusaient comme aux plus beaux jours : vrais enfants jusque dans le malheur. Quel caractère indéfinissable ! Figurez-vous semblable catastrophe dans nos pays, tant de gens ruinés, blessés, morts : que de pleurs, que de cris de douleur ! Ici on s'amuse, on ne voit que le moment présent, sans songer au lendemain : à quoi bon s'attrister, puisque le danger est passé ?

Samedi, 21 *novembre.* — Le commandant du paquebot des Messageries maritimes, qui vient d'arriver à Yokohama, *le Salazie,* en entrant dans les mers du Japon, trouva tous ses compas déviés d'une quantité très grande. Fort inquiet, il crut d'abord à la maladresse de quelqu'un de son équipage ; mais il acquit vite la persuasion que les tremblements de terre qui venaient d'avoir lieu étaient la cause de la déviation de l'aiguille aimantée de ses boussoles ; car on a maintes fois remarqué l'influence de ces phénomènes sur le magnétisme terrestre.

Mercredi, 25 *novembre.* — Il paraît que, lors de la grande secousse du tremblement de terre à Kiôto, le P. Vagner célébrait la messe à l'autel de la sainte Vierge. Il en était au *Pater,* quand un pendentif, se détachant de la voûte, fort élevée, tombe à terre avec fracas, effleurant le bout de sa chasuble, mais sans lui faire de mal. L'autel fut couvert de plâtras. Comme les oscillations continuaient, le missionnaire, craignant d'être enseveli sous les ruines de l'église, et que les saintes espèces ne soient profanées, communie aussitôt et sort, emportant son calice pour le purifier dehors.

A cette messe assistaient les religieuses du Saint-Enfant-Jésus de Chauffailles (diocèse d'Autun), ainsi que toutes les petites filles de l'orphelinat. Dès que ces enfants s'aperçurent du danger couru par le père, s'oubliant elles-mêmes pour ne penser qu'à lui, quelques-unes quittèrent leurs places et vinrent se prosterner contre terre, autour de l'autel, demandant au bon Dieu de les faire mourir, mais d'épargner leur missionnaire. On eut toutes les peines du monde à les faire sortir.

Admirez cette sainte générosité, qui promet pour l'avenir catholique de beaux jours au Japon [1].

Adieu, je vous embrasse tous tendrement, vous confondant dans une même affection.

---

[1] Voici l'état officiel de la mission de Tôkiô (partie seulement de l'ancien vicariat apostolique du Japon septentrional) au 15 août 1892.

I. — Étendue et population.

La mission comprend les provinces centrales de la grande île de Nippon, depuis les provinces d'Owari, Mino et Etchizén inclusivement, jusqu'à celles d'Etchigo, Iwashiro et Iwaki exclusivement.

Population infidèle, environ. 14 045 000

— catholique. 9 002

II. — Personnel.

MISSIONS
- 1 archevêque ;
- 25 missionnaires européens ;
- 2 clercs minorés indigènes ;
- 30 catéchistes indigènes.

MAISONS D'ÉDUCATION
- 14 marianites, dont 2 prêtres et 12 frères laïques ;
- 23 religieuses du Saint-Enfant-Jésus (Saint-Maur), dont 19 européennes et 4 indigènes ;
- 8 novices ou aspirantes indigènes (Saint-Maur) ;
- 11 sœurs de Saint-Paul de Chartres.

III. — Établissements.

14 postes ou districts (les résidences fixes des missionnaires sont, en plus des 5 paroisses de Tôkiô, les villes de Yokohama, Shidzuoka, Nagoya, Matsumoto, Kanazawa, et Outsenomiya) ;

54 églises ou chapelles, improvisées la plupart dans des maisons japonaises ;

1 séminaire, avec 2 élèves en théologie et 6 à l'école préparatoire. En outre,
4 séminaristes, appartenant à la mission de Tôkiô, étudient au séminaire
de Nagazaki ;

1 collège, dirigé par les marianites, avec 102 élèves, dont 51 pensionnaires
et 51 externes ;

3 pensionnats de filles, avec 79 internes et 45 externes ;

18 écoles, dont 3 de garçons, 4 de filles et 11 mixtes, comprenant ensemble
1155 élèves, savoir : 409 garçons et 746 filles ;

4 orphelinats, avec 974 enfants ;

7 ateliers et ouvroirs, fréquentés par 77 élèves ;

3 pharmacies.

Ces pensionnats, écoles, ouvroirs et pharmacies se distribuent comme il suit :

1° Les sœurs du Saint-Enfant-Jésus dirigent, à Yokohama et à Tôkiô :

a/ 2 pensionnats, comprenant 45 pensionnaires et 34 externes ;

b/ 2 écoles, suivies par 437 élèves ;

c/ 2 orphelinats, comptant 681 enfants, dont 465 internes, et 216 en nourrice ;

d/ 2 ouvroirs, avec 19 élèves ;

e/ 2 pharmacies.

2° Les sœurs de Saint-Paul de Chartres dirigent, à Tôkiô :

a/ 1 pensionnat, réunissant 34 pensionnaires et 10 externes ;

b/ 1 école, suivie par 101 jeunes filles ;

c/ 1 orphelinat, comptant 164 enfants, dont 149 internes et 15 en nourrice ;

d/ 1 ouvroir, avec 21 élèves.

e/ 1 pharmacie.

3° La mission administre directement les autres établissements, savoir :

a/ 15 écoles, comprenant 620 élèves (409 garçons et 211 filles) ;

b/ 1 orphelinat, entretenant 129 garçons ;

c/ 4 petits ateliers, avec 37 garçons ;

d/ 1 hôpital pour les lépreux, avec 54 malades ;

e/ 1 petit hôpital pour les vieillards (25 sont présents actuellement).

IV. — Administration.

(Du 15 août 1891 au 15 août 1892.)

Baptêmes d'adultes.	1263	⎫
Conversions de dissidents.	3	⎬ 1963
Baptêmes d'enfants de païens.	504	⎪
— d'enfants de chrétiens.	193	⎭
Confirmations.	245	
Confessions annuelles.	3423	
Communions pascales.	39	
Saints viatiques.	2382	
Extrêmes-onctions.	81	
Mariages.	50	
Décès connus.	1157	

Nota. — Sur le nombre 1963, total des baptêmes, 887 adultes et 442 enfants ont
été baptisés *à l'article de la mort.*

CONCLUSION

La voilà, l'existence du missionnaire catholique au Japon.

Chez ces vaillants Français, prêtres et religieuses, l'amour de Dieu, le dévouement à l'humanité souffrante sont les passions dominantes ; mais elles n'ont point affaibli le culte de la patrie.

Leur admirable vocation les a poussés au bout du monde, alors qu'ils savaient devoir y débarquer en suspects, car rien de ce qui se fait en France n'est inconnu là-bas.

La plupart n'ont pour vivre que le produit aléatoire des aumônes catholiques. Quelques secours venus d'Europe pourraient prolonger leur existence, accroître aussi le champ de leur abnégation.

Je fais donc appel à tous les gens de cœur : ils ne peuvent rester insensibles, connaissant la détresse de ceux qui vont chercher une mort obscure. loin de tous ceux qui leur étaient chers, se sacrifiant ainsi pour faire aimer Dieu et la France [1].

Un ancien magistrat.

---

[1] Toutes les offrandes, si minimes soient-elles, seront reçues avec reconnaissance par le séminaire des Missions-Étrangères, 128, *rue du Bac, Paris*, qui se chargera de les faire parvenir aux évêques du Japon. On peut aussi les envoyer directement, par la poste, à Sa Grandeur Msr l'archevêque de Tôkiô, — *à la mission catholique, Tôkiô, Japon*, — spécifiant, si on le désire, l'œuvre à laquelle on les destine ; car toutes ont des besoins égaux.

TABLE

XVII

XVIII

XIX

XX

XXI

XXII

XXIII

XXIV

XXV

XXVI

XXVII

XXVIII

XXIX

XXX

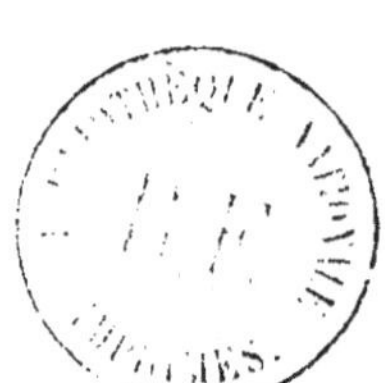

23430. — Tours, impr. Mame.

9 782329 578934